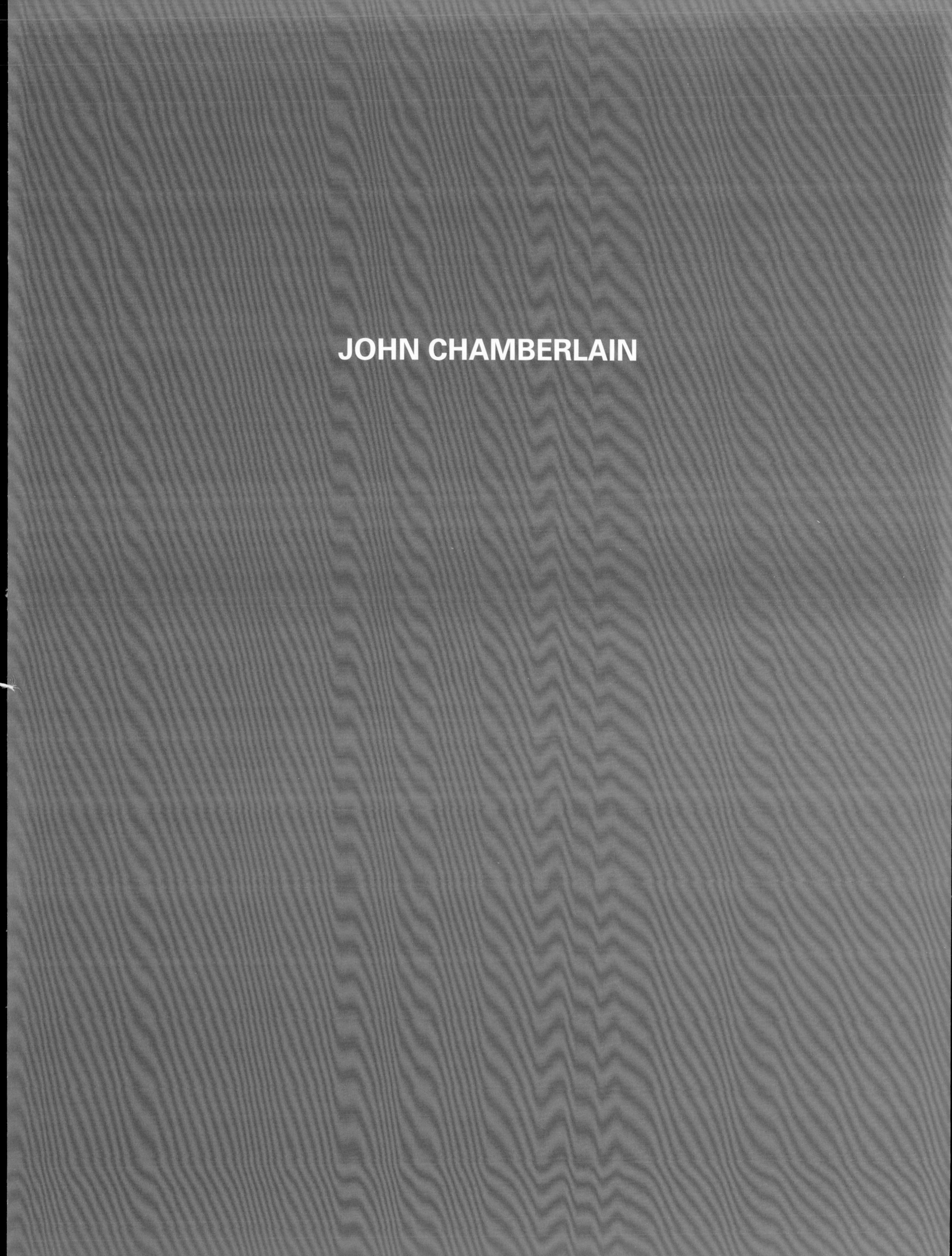

JOHN CHAMBERLAIN

JOHN CHAMBERLAIN
BENDING SPACES

SilvanaEditoriale

Dieser Katalog erscheint anlässlich der Ausstellung /
This catalogue is published on the occasion of the exhibition

JOHN CHAMBERLAIN
BENDING SPACES

Ludwig Museum im Deutschherrenhaus, Koblenz
26. August–21. Oktober 2018 / August 26 – October 21, 2018

Herausgeber / Editor
Beate Reifenscheid

Kuratoren / Curators
Prof. Dr. Beate Reifenscheid, Ludwig Museum, Koblenz

Redaktion / Editing
Suzana Leu, M.A., Ludwig Museum, Koblenz
Caroline Wind, M.A., Ludwig Museum, Koblenz

Abbildungen / Images
All artwork by John Chamberlain
© Sammlung Daniel Buchholz & Christopher Müller, Köln
© 2018 Fairweather & Fairweather LTD/Artists Rights Society (ARS), New York
© Gagosian Gallery, New York
© Galerie Karsten Greve AG, St. Moritz
© The Estate of John Chamberlain
© Privatsammlungen Schweiz
© Gallery Mourmans, Lanaken
© Galerie Terminus, München

Texte / Texts
Klaus Honnef
Beate Reifenscheid
Corinna Thierolf (Wiederabdruck aus / Taken from: *Foil Adventures. John Chamberlain's Late Works in Aluminum.* Gagosian Quaterly, Spring, New York 2018, Seiten / pages 56-65).

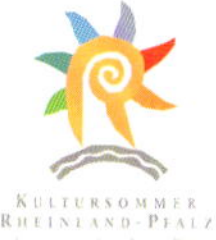

Danksagung / Acknowledgements
Diese Ausstellung wäre nicht möglich gewesen ohne die wichtige finanzielle Unterstützung des „Kultursommer Rheinland-Pfalz", der jedes Jahr herausragende Ausstellungsvorhaben und künstlerische Aktivitäten fördert. / This exhibition would not have been possible without tha financial support of Kultursommer Rheinland-Pfalz, who facilitates each year outstanding exhibitions. Wir möchten uns bei den folgenden Personen für ihre Zusammenarbeit und Unterstützung bedanken / We would like to thank the following people for their collaboration and support: The Estate of John Chamberlain, New York; Prudence Chamberlain, New York; Alexandra Fairweather, New York; Kara Vander Weg, Gagosian Gallery, New York; Karsten Greve, Galerie Karsten Greve, Köln/Schweiz; Ernest Mourmans, The Gallery Mourmans, Lanaken; Wilhlem J. Grusdat, Terminus Galerie, München; Daniel Buchholz, Daniel Buchholz Galerie, Köln/New York; Privatsammlung Ringier, Schweiz.

Abbildung Umschlag / Cover Image:
John Chamberlain, *Laperouse Paris*, 1989, Fotografie / Photograph, 50,8 x 61 cm / 20 x 24 in, JC 13-13-89; JC/F 1; 76 x 84,5 x 3 cm
© Galerie Karsten Greve AG, St. Moritz
Fotograf / Photographer: Saša Fuis.

VORWORT

Die geknautschten, aus deformierten Autokarosserieteilen zusammengeschweißten Skulpturen des Amerikaners John Chamberlain haben bereits in den 1950er Jahren die Kunstwelt revolutioniert. Durch die ungewöhnliche Nutzung industriell vorgefertigter Materialien und deren vollkommen freien Umwidmung setzte er neue Prozesse künstlerischer Formen und einer am Konsum orientierten Ästhetik frei. Zunächst dem Nouveau Réalisme zugeordnet, weist sein Werk zugleich Bezüge zum Abstrakten Realismus und zur Minimal Art auf, behauptet schließlich aber große Eigenständigkeit in der Ausdrucksform. Bereits in den Mittfünfzigern des letzten Jahrhunderts wendet er sich dem Industrieschrott von Autos zu, den er eigens knautscht, in Form presst und zusammenschweißt. Ebenso entscheidend wie die Formgebung ist ihm das Zusammenspiel der Farben, in denen seine Arbeiten schillern und diese teilweise in eine gewisse Nähe zur farb-fröhlichen Pop-Art rücken.

Mitte der 1960er Jahre, beginnt Chamberlain auch, sich mit Schaummasse (ähnlich wie im Bauhandel gebräuchlich) zu befassen und entwirft neuartige Skulpturen aus Polyurethanschaum, den er ebenfalls schneidet, faltet und in weichen Formen modelliert. Diese Werke, absolut ungewöhnlich in der Zeit, vermitteln große Zufälligkeit und Spontaneität. Wenig später wird auch der in Frankreich lebende Künstler César mit diesem Werkstoff arbeiten. Für Chamberlain bedeutet die Einbeziehung dieses Werkstoffes zuallererst eine intensive Erforschung der Form- und Materialmöglichkeiten.

Mit seinen ab 2000 entworfenen „Foils" schuf er schließlich eine Serie an Skulpturen, die an geknülltes, poppig-buntes Staniolpapier aus der Bonbonherstellung erinnern. Die Dimensionen verschob Chamberlain dabei mühelos: das am Schreibtisch entstandene, geknäulte Miniaturwerk (oft nicht höher als 10 cm) erschuf er final in monumentaler Größe. Neben dem international bekannten skulpturalen Werk befasste sich Chamberlain intensiv mit der Fotografie, die in der Ausstellung umfassend beleuchtet und thematisiert werden soll. Skulptur und Fotografie wirken unmittelbar wechselseitig aufeinander ein. Anders als die Skulpturen, die sich in ihrer Materialität positionieren, erscheinen die Fotografien Chamberlains von großer Unschärfe und Flüchtigkeit gezeichnet. Sie nehmen zugleich das Moment der Bewegung im Raum in sich auf. Chamberlain selbst formuliert dies mit „bending space" (Krümmung des Raumes). Eher noch als seine Skulpturen mag man bei ihnen an die spontan-gestischen Strukturen abstrakt-expressionistischer Gemälde denken. Bei genauer Betrachtung erschließt sich das skulpturale Werk gerade durch den fotografischen Blick, der alle Aspekte seines künstlerischen Credos zusammenfasst: Raum und Zeit mit einander zu verschmelzen und scheinbare Widersprüche und Widerständen aufzuheben. Chamberlain nutzte ab 1977 hierfür eine Widelux-Kamera, die klassischerweise zum Zweck der urbanen und ländlichen Dokumentation durch Panoramaaufnahmen entwickelt worden war. Experimentierend erforschte er alle Möglichkeiten, die sich ihm erschlossen, während er die Kamera mit schwenkenden oder ruckartigen Bewegungen durch den Raum führte und dabei eine lange Belichtungszeit einstellte. Es entstanden dabei nahezu filmische Momente, die es ihm ermöglichten, verschiedene Perspektiven in einem einzigen Foto festzuhalten. Nur schemenhaft erkennt der Betrachter nunmehr Umrisse, Strukturen, Farben oder Licht, wobei die Bewegung zugleich Raum und Zeit erfasst. In einigen seiner später zu Bildtafeln montierten Fotodrucken werden zudem auch Motive seiner Reisen und seiner eigenen Biografie sichtbar (sein Atelier, der Broadway, die Straßen in Paris und Amsterdam). Chamberlain nannte diese Fotografien gerne „self-portraits of my nervous system." Die Ausstellung fokussiert sich auf diese Bedeutung von Fotografie als Möglichkeit, Raum und Zeit in einer einzigen Ansicht zusammenzuführen und diese exemplarisch mit einigen Skulpturen in Verbindung zu sehen. Beide erschließen die Ambivalenz zwischen fotografischem Impuls und skulpturaler Aussage.

Wir möchten unsere Dankbarkeit für die substantielle Unterstützung durch den Estate of John Chamberlain Ausdruck verliehen, insbesondere Prudence Chamberlain und Alexandra Fairweather, die beide inspirierend und mit großem Elan das Projekt unterstützt haben. Besonders hilfreich war die Zusammenarbeit mit Kara Vander Weg, die seitens der Gagosian Gallery den Estate of John Chamberlain begleitet. Für ihre intensive, hilfreiche Mitarbeit sind wir ihr sehr dankbar. Dank Karsten Greve, der als Wegbegleiter des künstlerischen Werks von John Chamberlain intensiv auch dessen fotografischen Werke früh repräsentiert hat, war es uns möglich, ein fantastisches Set an Fotografien zu leihen, die nachdrücklich das intensive Interesse und Erforschen von John Chamberlain in diesem weniger bekannten Aspekt seiner künstlerischen Karriere belegen. Große Unterstützer waren zudem Ernest Mourmans, The Gallery Mourmans, Lanaken, sowie Wilhelm J. Grusdat, Galerie Terminus, München, und Daniel Buchholz und Christopher Müller, Galerie Buchholz, Köln und New York. Aus der Sammlung Ringier, Schweiz, erhielten wir dankenswerterweise ergänzende Fotografien, die zugleich die unterschiedliche Gewichtung von farblichen Nuancen bei Chamberlain sichtbar werden lassen. Zudem haben private Sammler wichtige Werke beigetragen, die insgesamt die Ausstellung entsprechend inhaltlich bereichern. Unser tiefster Dank gilt ihnen allen, die es uns ermöglicht haben, diese erste Ausstellung in einem Museum in Deutschland nach dem Tode von John Chamberlain im Dezember 2011 zu realisieren. Besonderer Dank gilt dem gesamten Team im Ludwig Museum, insbesondere den beiden Wissenschaftlerinnen Suzana Leu und Caroline Wind. Diese Ausstellung wäre nicht möglich gewesen ohne die wichtige finanzielle Unterstützung des Kultursommer Rheinland-Pfalz, die jedes Jahr herausragende Ausstellungsvorhaben und künstlerische Aktivitäten fördert.

Beate Reifenscheid

FOREWORD

The crumpled sculptures by the American artist John Chamberlain, welded together from deformed car parts, revolutionized the art world back in the 1950s. Through the unusual use of industrially prefabricated materials and their completely free repurposing, he released new processes of artistic forms and a consumer-oriented aesthetic. At first assigned to Nouveau Réalisme, his work at the same time evinces relationships with Abstract Realism and Abstract Expressionism, but ultimately asserts a great measure of autonomy in its form of expression. As early as the mid-1950s, he turned to the industrial scrap from cars, which he squashed, pressed into shape and welded together. Just as important as the form is the interplay of colors which make his works dazzle and sometimes bring them into a certain proximity with color-happy Pop Art.

A little later, in the mid-1960s, Chamberlain also began to deal with foam (similar to that used in the building trade) and designed novel sculptures made of polyurethane foam, which he also cut, folded and softly shaped. These works, absolutely unusual at the time, convey great randomness and spontaneity. Not long after, the French artist César (Baldaccini) was to work with this material. For Chamberlain, the integration of this material meant first and foremost an intensive exploration of the possibilities of form and material.

With his "Foils," designed from 2000 onwards, he finally created a series of sculptures reminiscent of crumpled, brightly coloured silver paper used for wrapping sweets. Chamberlain altered the scale effortlessly: from the crumpled miniature that took shape at his desk (often no higher than 10 cm) he finally created a monumental sculpture. In addition to his internationally renowned sculptural work, Chamberlain occupied himself intensively with photography, a theme that will be extensively addressed and illuminated in the exhibition. Sculpture and photography interact directly with each other. Unlike the sculptures, which are positioned in their materiality, Chamberlain's photographs are marked by great blurring and fleetingness. At the same time, they absorb the element of movement in space. Chamberlain himself put it in terms of 'bending space.' One may think of them, even more readily than of his sculptures, as the spontaneous gestural structures of Abstract Expressionist paintings.

The sculptural artwork becomes more accessible through the closer look of a photographic lens, which incorporates all aspects of Chamberlain's artistic credo: space and time merge together and presumed contradiction and resistance are made void.

From 1977, Chamberlain used for this purpose a Widelux-Camera which had classically been developed for purposes of urban and rural documentation through panoramic images. Experimentally, he explored all possibilities that opened up to him while he led the camera with panning or jerky movements through space, setting a long exposure time in the process. This allowed for almost cinematic moments that enabled him to capture different perspectives in a single photo. Only schematically does the beholder now recognize outlines, structures, colors or light, the movement capturing both space and time. Some of his photographic prints, which were later mounted on panels, also reveal motifs from his travels and his own biography (his studio, Broadway, the streets in Paris and Amsterdam). Chamberlain liked to call these photographs "self-portraits of my nervous system."

The exhibition focuses on original photos as possibility to join space and time in one visual moment and exemplarily will put them into context with some of his sculptures. Together they will illustrate the ambivalence between photographic impulse and sculptural effect.

We would like to express our gratitude for the substantial support from The Estate of John Chamberlain, namely from Prudence Chamberlain and Alexandra Fairweather, who both have been inspiring and supporting the project with great vigor. Of special help was Kara Vander Weg's assistance, who accompanies The Estate of John Chamberlain on behalf of Gagosian Gallery. For her intensive and helpful collaboration she has our most heartfelt thanks. Thanks to Karsten Greve, who early on also presented John Chamberlain's photographic work as a companion to his artistic work, we have been able to borrow a fantastic set of photo works, which impressively shows the intensive interest and investigation of John Chamberlain in this somehow less known aspect of his artistic career. Great supporters of the exhibition have been Ernest Mourmans, The Gallery Mourmans, Lanaken, as well as Wilhelm J. Grusdat, Gallery Terminus, Munich, and Daniel Buchholz and Christopher Müller, Gallery Buchholz, Cologne and New York.

We received additional photographs thanks to Collection Ringier, Switzerland, which stress the different emphasis of colored nuances within Chamberlain's work. Private collectors also contributed important works for this exhibition, which enriched with regard to content the whole exhibition. Our sincere thanks go to all of them, who enabled us to create the first John Chamberlain exhibition in a museum in Germany since his decease in 2011. Special thanks to all the staff of our Ludwig Museum, who worked on this project, especially the scientific staff members Suzana Leu and Caroline Wind. This exhibition would not have been possible without the important support by Kultursommer Rheinland-Pfalz, who enable outstanding exhibition projects as well as artistic activities.

Beate Reifenscheid

INHALT
CONTENTS

BEATE REIFENSCHEID

JOHN CHAMBERLAIN: BENDING SPACES

WER JOHN CHAMBERLAIN SAGT, DENKT AN SEINE SKULPTUREN, AN SEINEN VORSTOSS IN DIE REZEPTION JENER KUNST, DIE NACH DEM ZWEITEN WELTKRIEG MIT DER KLASSISCHEN TRADITION BRACH: WEG VON DEN TRADIERTEN MATERIALIEN BRONZE UND HOLZ, WEG VOM KANON DER MENSCHLICHEN FIGUR UND – IN EINEM BESONDEREN SINNE – FORT VON DER REINEN ABSTRAKTION. Unbezweifelt hat John Chamberlain mit seinen gefundenen und dann durch ihn neu konfigurierten Autoteilen, besser noch, den aus Schrott entstanden Arbeiten, eine neue Welt der skulpturalen Formfindungen initiiert, die sich sowohl im Kontext der Pop-Art als auch im Widerhall der französischen Nouveaux Réalistes ansiedeln lässt. Er steht am Beginn einer neuen Ära, die ihrerseits der reinen Abstraktion im Stile der New York School bereits überdrüssig geworden war, ehe diese eigentlich wirklich große Fahrt aufgenommen hatte. Dennoch nimmt Chamberlain die Impulse von Jackson Pollock ebenso in sich auf wie beispielsweise das vom Schwarz-weiß dominierte Werk Robert Motherwells und Franz Klines. Es sind deren *grands gestes*, die ihn Zeit seines Lebens faszinieren und denen er in seinen monumentalen Skulpturen ein eigenes Echo verleiht. Aber es bleibt eben nicht bei der großen Geste, der Abstraktion, die aus dem Inneren herauszukommen scheint, sondern muss sich bei ihm in einer neuen Wertschätzung der Objektrealität an sich materialisieren, die ihrerseits der neuen, konsumorientierten Gesellschaft entspricht.

So beginnt er, bereits 1958, Teile von Autowracks zu sammeln und diese selbst neu zusammenzuschweißen. Er manifestiert damit einen künstlerischen Ansatz, der sehr viel mehr im Leben der alltäglichen Realität angesiedelt ist, als jener der Abstrakten Expressionisten, die sich ihrerseits vehement gegen das Diktat des Realismus, insbesondere auch gegen den in Europa tobenden braunen Sumpf und die verschrobene Ideologie des Nationalsozialismus positionierten. Deren Maxime einer arischen versus einer als „entartet“ gebrandmarkten Kunst suchte gerade in konkreten Vorgaben, wie Kunst zu gestalten und zu interpretieren sei, ihre Vorbildfunktion in der realistisch formulierten Mal- und Gestaltungsweise. Im besten Falle folgte sie der Ideologie und verbrämte diese im Deckmantel akzeptierter und staatlich geförderter Kunst. Die neue Abstraktionsbewegung der New York School, die Ende der 1940er-Jahre einsetzte, war zugleich die Rückbesinnung auf die bedeutenden Impulse zu Beginn der 1910er-Jahre, der Brücke-Künstler, der Fauvisten sowie des Umkreises des Blauen Reiters, insbesondere rekurrierend auf Wassily Kandinskys *Über das Geistige in der Kunst* (publiziert 1911). Hingegen griffen jene Künstler der End-1950er-Jahre wieder verstärkt Gedanken und Konzepte des Surrealismus und insbesondere den von Marcel Duchamps geprägten Begriff des *Ready-Made* auf. Ausgelöst von den Irritationen, die Duchamps *Pissoir* oder sein Fahrradreifen als bereits für sich stehende Kunstwerke provozierten, beginnt Andy Warhol – fast zeitgleich mit Chamberlain – sich die fertigen Produkte der Massenkultur anzueignen und diese auszustellen. Aber auch Warhol nimmt nicht einfach nur die bereits produzierten *Brillo-Boxes*, sondern fertigt diese minutiös imitierend nach. Während Warhol seinerseits mit der Banalität der kommerziellen Massenwaren umgeht und diese explizit benennt, sie in der endlosen Repetition der Walter Benjamin'schen Frage nach der Aura des Originals *ad absurdum* führt, wählt Chamberlain einen ganz anderen Weg, der fraglos nur den Ausgangspunkt als Massenprodukt bezeichnet, aber nicht wirklich vordergründig thematisiert. „Ich war nicht an den Autoteilen selbst interessiert. Ich war entweder an ihrerer Farbe oder Form oder Menge interessiert... Nur das Blech. Es hatte bereits eine Lackierung, und einiges war schon geformt."[1] So wird bei ihm die Nutzung von Autowrackteilen nicht zum Kult des Fetisch Auto, sondern ähnlich eingesetzt wie bei einem Maler seine Leinwand und Farben. Sie sind ihm Ausgangsmaterialien, deren Oberflächen, Haptik, solide Stärke und gelegentlich sicherlich auch deren Ursprungsfarbigkeit ihn interessieren, nicht aber derart fesseln, dass er nicht bereit gewesen wäre, sie gegen seine eigene Vision zugunsten der neuen Form aufzugeben. „Es war wie, Gott, endlich habe ich eine Materialquelle gefunden, und es war so billig, dass es einen zum Lachen bringt. [...] Ich verstehe meine Materialien nicht als Schrott sondern als Abfall. Dünger eigentlich: Es entwickelt sich vom Abfallprodukt des einen Wesens in die Lebensquelle eines anderen."[2]

Es entstanden vielzählige Varianten, die ihrerseits nicht nur auf die Wrackteile beschränkt blieben, sondern denen er gerne andere Materialien hinzugesellte. Gerade in den 1960er-Jahren, in denen alles willkommen war, was als unkonventionell in der Kunst angesehen wurde, nutzte er Schaumstoffe, aus denen er skulpturale Gebilde zusammenschnürte und verformte. Darin war er dem französischen Künstler César, einem Gründungsmitglied der Nouveaux Réalistes, durchaus sehr nahe, der seinerseits zahlreiche Skulpturen mit diesem Material experimentell erprobte. Zunächst noch aus der Not heraus geboren, da César völlig mittellos und ohne eine Chance, sich traditionelle Materialien leisten zu können – nicht einmal Gips – jahrelang an der Akademie lebte, die ihm eine günstige Unterkunft ermöglichte, machte dieser sich auf die Suche nach allem, was Schrott und Müll hergaben. Zunächst deshalb durchaus nicht ideologisch oder politisch verbrämt, begann er, mit Schrott, dann aber eben auch mit Schaumstoff, und wenig später mit Autowracks zu arbeiten. Nach anfänglich noch sehr ästhetischen Herangehensweisen quetschte er diese ab 1960 durch eine Schrottpresse so zusammen, dass nur noch kleinere Würfel übrigblieben. Mehr als ein möglicherweise ästhetisches Statement, das man ihm gerne fälschlicherweise unterstellte, war es sein Interesse, bereits genutzte Industriestoffe, Produktstücke jeglicher Art, vollkommen zu verformen und zu verfremden. Es ist zunächst die reine Lust am Verändern, am Ausloten des Möglichen jenseits gesellschaftlicher Normen. Allein auch das Zusammenpressen der Autos entsprach einem Prozess, der in der Verschrottung und damit in der endgültigen Vernichtung eines bereits abgewirtschafteten Alltagsobjekts einmündet. Die Komprimierung des Abfalls ist nicht nur eine Notwendigkeit einer im Überfluss ansonsten erstickenden Konsumgesellschaft, sie ist auch eine Form maximaler Verdichtung.

> „Im Gegensatz zu Chamberlain, der Schrott in seiner materiellen Beschaffenheit – der Oberflächenstrukturen, Farben und Formen – darstellte und diesen Formen einen Eigenwert zugestand, eliminierte César diese Oberflächeneigenschaften in seinen Arbeiten vollständig. [...] Nobilitierte Chamberlain den Schrott in seinen Wrackskulpturen fast schon zu Designobjekten, so reduzierte César die Autokarosserien auf deren reine Materialität."[3]

Kurze Zeit später experimentierte César geradezu in die andere Richtung: „1966 inspirierte ihn ein Zufall. César hatte inzwischen mit Schaumstoffen zu experimentieren begonnen und versuchte, auf mechanischem Wege seine Modellplastiken beim Guss zu vergrößern – doch ‚statt Mechanik wollte ich Organik'."[4] Das Entscheidende hierbei waren zwei Faktoren: die Nutzung des Alltagsmaterials Schaumstoff und dessen Qualität, sich biegsam in alle erdenklichen Richtungen und Knautschzonen modellieren zu lassen – ohne große Anstrengung, ohne wirklichen Widerstand des Materials selbst. Das gab César ebenso wie Chamberlain eine ungekannte Freiheit, sich mit neuen, teils wie zufällig entstandenen Formen zu befassen. Für César, der kurz danach auch noch den fließenden und an der Luft rasch sich verfestigenden Polyurethane einsetzte, eröffnete sich die Chance, auf sehr unmittelbare Weise Fließverläufe einzufrieren und zwar derart, dass die kurze Zeit des sich Verbreiterns und Vergrößerns als chemische Reaktion mit dem Sauerstoff in der Luft nur bedingt kalkulierbare Prozesse freisetzt. Die entstehende Skulptur birgt demnach Momente des Zufälligen in sich, die nur durch die in der Bewegung des Ausschüttens durch den Künstler begründete Berechenbarkeit des Ergebnisses impliziert. Der Rest ist Chemie. Zusammenpressung und Ausdehnung im Raum sind jedoch elementare Prozesse, die César fasziniert beobachtete und manipulierend – scheinbar auf triviale Art – sichtbar werden ließ. Sie waren aber alles andere als trivial.

Zufall und Form spielen bei César für seine *Expansions* eine elementare Rolle. Das eint ihn u.a. mit seinem Künstlerkollegen und engen Freund Arman, der in den 1960er Jahren mit unzähligen Alltags- und Industriematerialien experimentierte, sich zugleich aber auch eine kurze Weile mit Alltagsgeräuschen und deren Spuren befasste.[5] Mehr noch als Zufall und Form waren es die Gegensätze von Ausdehnung und Komprimierung. Das Novum, das er vor allem durch seine *Compressions* in die Kunst einführte, bezeichnete Pierre Restany, der Mentor der Nouveaux Réalistes und ihr Namensgeber, als *objet-plus* und „modernste Geste der Plastik des Jahrhunderts".[6]

Für Chamberlain waren dies nicht die auslösenden Fragen seiner Formfindung, vielmehr interessierte ihn an all den von ihm verwendeten neuen Materialien deren Wandelbarkeit, deren Möglichkeit vor allem, die dem Stoff innewohnenden Grenzen zu übergehen. Dies spielt bei den Autoblechen eine besondere Rolle, weil Chamberlain höchsten Wert auf akkurate Verarbeitung der Schweißnähte legte, die möglichst nicht sichtbar sein sollten. Bei seinen immer komplizierter und feingliedriger werdenden Skulpturen eine echte Herausforderung! Dass er zu Beginn seiner künstlerischen Karriere auch auf das Material Schaumstoff zurückgriff, muss an dessen Weichheit gelegen haben, die eine fast vollkommene Modellierbarkeit, die keinen Widerstand

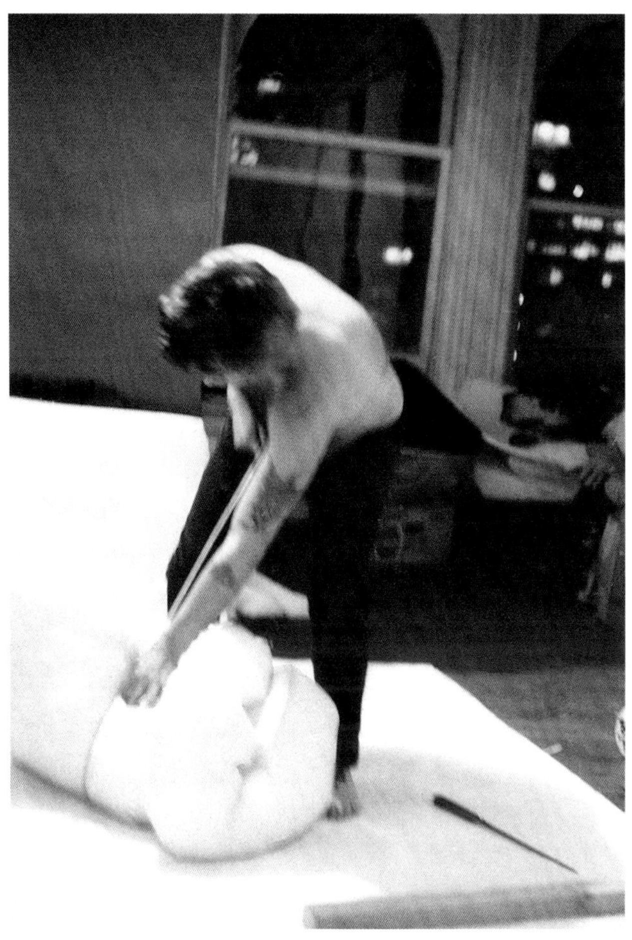

1.
Chamberlain arbeitet an einer Schaumstoffskulptur, 60 Grand Street, New York, März 1967
Chamberlain working on a foam sculpture, 60 Grand Street, New York, March 1967

leistete, ermöglichte. Die Offenheit, völlig neue Materialien in die Kunst einzubeziehen, hatte er bereits durch die Autowrackteile bewiesen. Hier war es nicht zuletzt die Chance, preiswert geradezu Unmengen an Ursprungssubstanz nutzen zu können, sondern auch fernab des Kunstbetriebs tatsächlich neue, unprätentiöse Wege zu beschreiten. Mit diesem für ihn ungewohnten Material beginnt er im Sommer 1966 experimentell umzugehen und gestaltet schließlich neuartige skulpturale Objekte, indem er das Material rollt, faltet, schneidet und daraus weiche, geschmeidige Formen kreiert.[7] Seine entstehenden Schaumstoff-Skulpturen erweisen sich nun jenseits aller Tradition, mehr noch als die Autowracks, denen man ihre ursprüngliche Bestimmung noch selbst in der neuen Erschaffung zumindest teilweise nachempfinden kann. Bei Schaumstoff bleibt diese Sensation

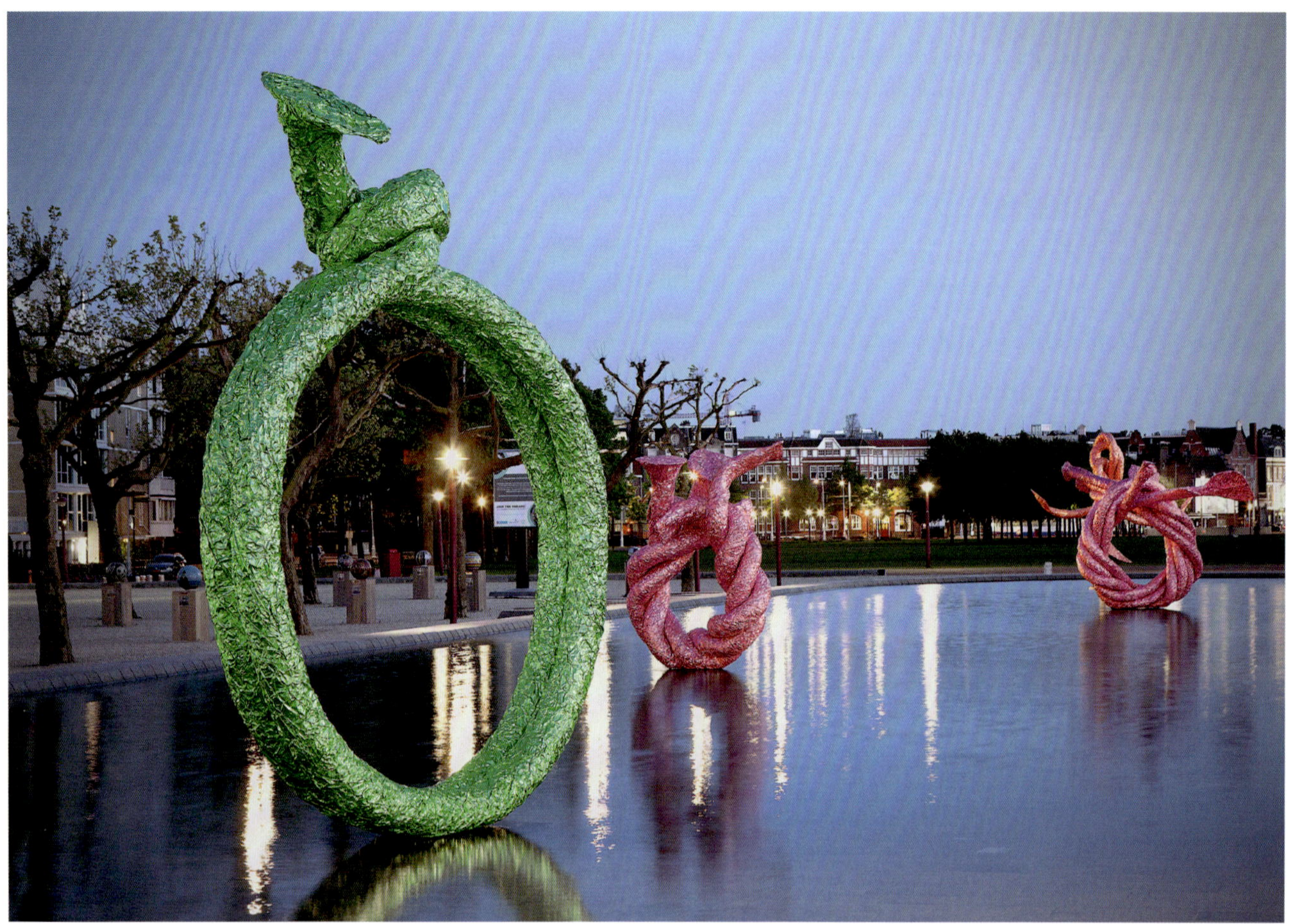

2.
Installationsansicht / Installation view, *John Chamberlain*, Artzuid, Amsterdam, 22. Mai – 22. September, 2013 / May 22 – September 22, 2013

gleichsam im Keim schon erstickt. Schaumstoff wurde / wird selten in Reinform ausgestellt, sondern kaschiert – mit dekorativen Stoffüberzügen bei Sitzmöbeln, oder als Dämmstoff in der Architektur, wo er hinter Wänden vollkommen verschwindet. Gerade weil Chamberlain sich nicht für die Ästhetik des bereits verwendeten Materials interessiert, jedoch vielmehr für dessen Möglichkeiten, sich seinen gestalterischen Vorstellungen zu unterwerfen, dient ihm auch der Schaumstoff nur als eine weitere Möglichkeit, die Grenze der traditionellen Skulptur zu überwinden. Sie können zugleich als Vorbereitung für alle weiteren Werke angesehen werden, sicherlich in letzter Konsequenz auch seiner „Foils"-Plastiken, seinen letzten monumentalen Skulpturen, die von ihrer Anmutung her an große, gleichsam in schillerndes Stanniolpapier eingewickelte Verknotungen erinnern. Spielerisch geradezu entstanden, wirken sie oftmals, als habe Chamberlain diese Candy-Papiere aus Langeweile oder ganz im Gegenteil als willkommene Abwechslung *en miniature* zunächst gezwirbelt und verdreht, Knoten geformt und dann zum Schluss noch eine Figuration erschaffen, die zwischen Seemannsknoten und abstrahierter Ballerina alles denkbar werden lässt. Die Vielzahl kleinster Modelle in seinem Atelierhaus auf Shelter Island zeugen von seinem unablässigen Willen, sich gestaltend und formend in diese Welt einzubringen. Durchaus denkbar war für ihn dies in kleinsten Origami-Formaten, genauso wie in deren monumentaler, mehrere Meter hohen und breiten Ausdehnung. Die Präsenz seiner Skulpturen ist Raum dominierend.

Die zeitliche Nähe zwischen den Skulpturen aus Autoblechen und Schaumstoffen zwischen César und John Chamberlain Anfang bis Mitte der 1960er-Jahre ist frap-

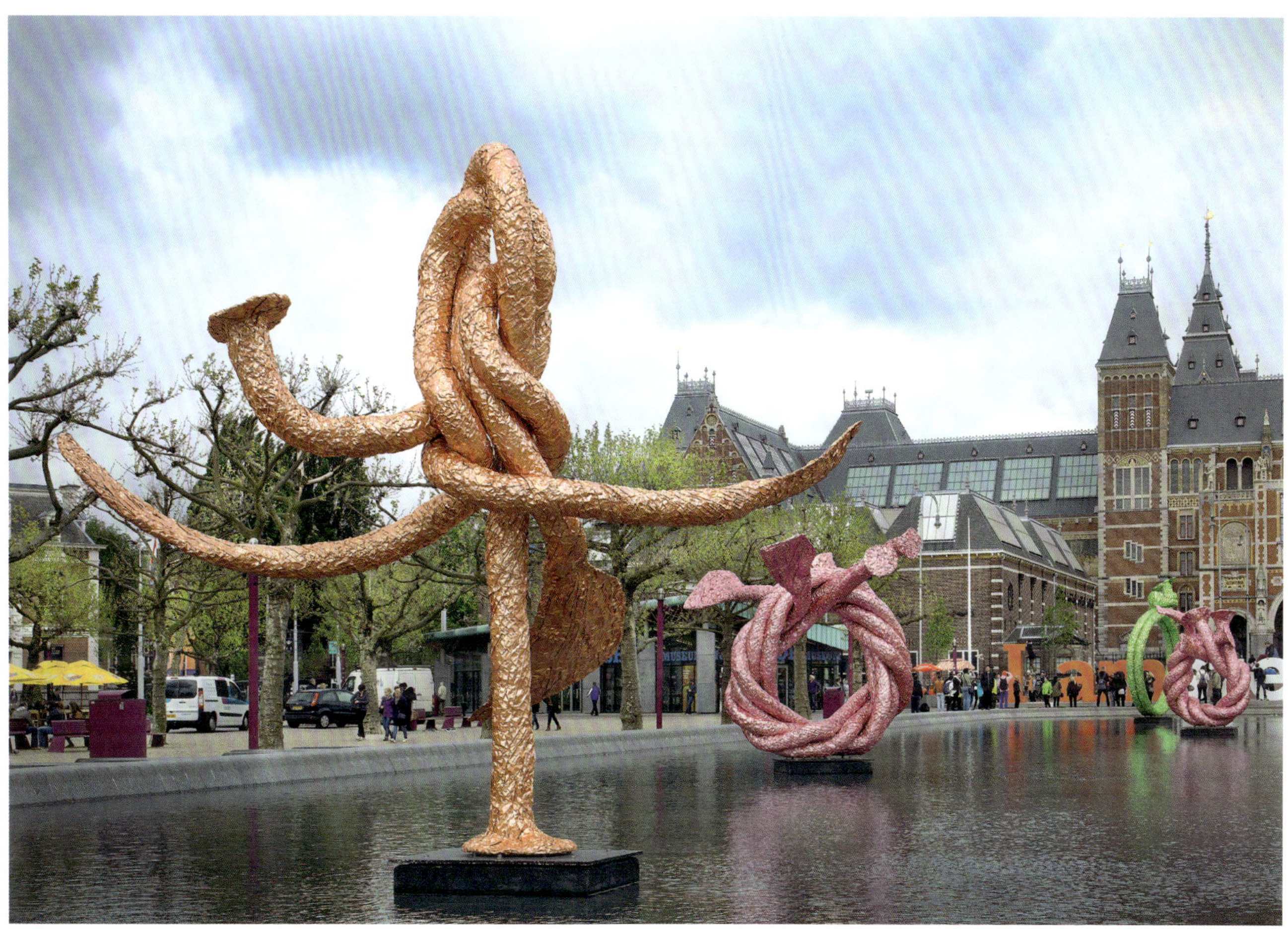

3.
Installationsansicht / Installation view, *John Chamberlain*, Artzuid, Amsterdam, 22. Mai – 22. September, 2013 / May 22 – September 22, 2013

pierend. Es ist nicht auszuschließen, dass der eine vom anderen nicht nur wusste, sondern sich auch abgrenzend inspiriert fühlte. Die Nähe ihrer Materialvorlieben, der Umgang mit den eigenen Themen lassen dies mehr als naheliegend erscheinen. Die Wege kreuzten sich nicht nur zufällig: Chamberlain erhielt 1964 seine erste Ausstellung bei Ileana Sonnabend in Paris und war kurz darauf auf der Biennale in Venedig zu sehen, hier wurde César bereits 1956 vertreten, 1957 folgte die Biennale São Paolo sowie die Hannover Gallery in London und 1958 das Carnegie Institute Pittsburgh und schließlich die Teilnahme an der Weltausstellung in Brüssel. Bereits 1959 wird er auf der *documenta II* in Kassel (ebenfalls *documenta III* 1964 und *documenta IV* 1968) und in der Galerie Claude Bernard in Paris ausgestellt. Interessanter aber noch als die Affinität zu ähnlichen bis gleichen Materialien ist jedoch ihr unterschiedlicher Umgang mit dem, was das Verhältnis zu Volumina (Expansion) und Zusammenpressen (Kompression) – gleichsam als Gegenbewegung – anbetraf. Beide befassten sich mit diesem physikalischen Phänomen der gegensätzlichen Richtungen. Möglicherweise waren sie angeregt durch die großen Raumfahrtprogramme jener Zeit, in der intensiv über Raum und Zeit in der Öffentlichkeit diskutiert wurde. Die Möglichkeit, erstmals Menschen auf den Mond zu befördern, eröffneten vielfältig neue Visionen.

Dass dies kein Zufall, sondern insbesondere bei John Chamberlain mit seinem enormen Interesse an Bewegung, an Raum und Zeit verknüpft ist, wird an einer anderen Stelle in seinem Oeuvre sichtbar. Chamberlain fotografierte seit den frühen 1980er Jahren – nicht klassisch, auf der Jagd nach dem vermeintlich besten Motiv aller Zeiten, aber immer in Bewegung –

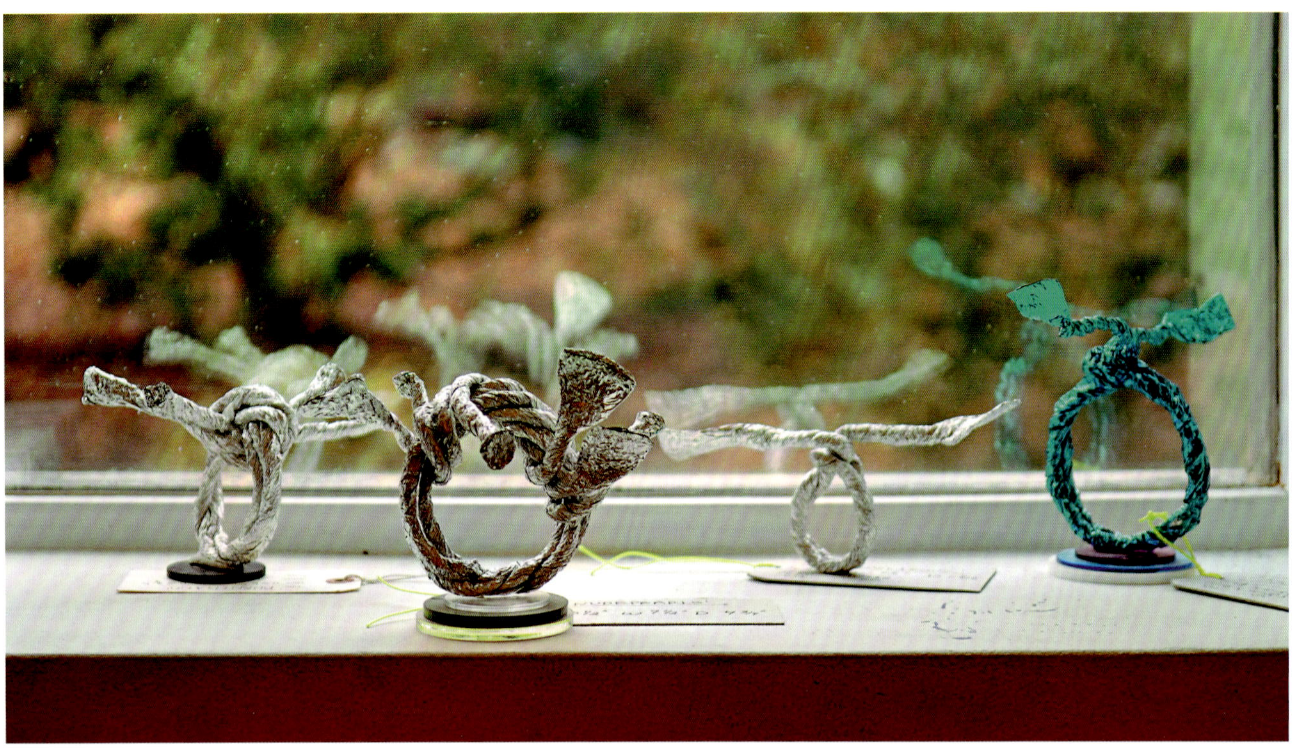

4.
John Chamberlain Foil-Miniaturen *BURNTPIANO, NUDEPEARLS, LARCREMEDELAROUX* und *ZOUNDSWELL* (c.1986) auf einer Fensterbank im Atelier des Künstlers / John Chamberlain's foil miniatures *BURNTPIANO, NUDEPEARLS, LARCREMEDELAROUX,* and *ZOUNDSWELL* (c.1986) on a windowsill in the artist's studio

tänzelnd, wie er es oftmals gerne selbst beschrieb. Die Kamera wird ihm zum Alter Ego, das nicht nüchtern dokumentiert, vielmehr verortet sich es wie beim Umherschauen im Raum. Er selbst beschrieb es gerne als „self-portraits of my nervous system".[8] Mit farbigen Schlieren und verwackelt kommen die Fotografien daher, selten schält sich ein konkreter Gegenstand oder eine erkennbare Person heraus. Interessanter ist es deshalb zuweilen, die Titel der Arbeiten zu konsultieren, um zu sehen, inwieweit Chamberlain sich mit Kunstwerken befreundeter Künstler, wie beispielsweise Dan Flavin, befasst, sich in seinem eigenen Studio bewegt oder über die Champs-Élysées flaniert. Unzählig auch die Motive, die auf seinen Reisen nach Europa entstehen, von London bis St. Moritz.

Chamberlain formuliert in diesen Fotoarbeiten eindeutig sein eigenes Leben, die Kamera wird zu seinem zweiten Ich: Hier kann er experimentierend die Räume, in denen er sich bewegt und die Bewegungen, die er selbst vollzieht, während er erlebend und wahrnehmend die Welt seines Daseins erkundet, in seinem künstlerischen Konzept vollständig miteinbeziehen. Indem er immer die Bewegung im Raum akzentuiert, wird diese zum eigentlichen Motiv seiner Werke. Auf diese Weise verknüpft er visuell Zeit (als Bewegung im Raum) und Raum. Er ist zugleich Akteur des Geschehens, bindet den fotografischen Blick ganz an seine eigene Individualität, ohne jedoch das Persönliche in den Vordergrund zu schieben. Vielmehr tritt dieses, rein motivisch betrachtet, meistens fast gänzlich zurück und wird nur rekonstruierbar durch das Moment der Bewegung an sich, das unmittelbar auf ihn zurückverweist.

Nirgends deutlicher als hier veranschaulicht Chamberlain seine künstlerische Vision: Längst ging es ihm nicht nur um die Frage nach einer neuen Form der Skulptur, die sich mit traditionell kunstfremden Materialien positionierte, sondern um nichts Komplexeres als die Frage nach dem Raum-Zeit-Kontinuum, die er in seine Konzeption zu übersetzen suchte. Er formulierte es nicht weitschweifig, lieferte aber mit der Bezeichnung *bending spaces*, die er im Kontext seiner Fotografien äußerte, den entscheidenden Hinweis. Sie führt direkt in die wissenschaftliche Diskussion über das Zeit-Raum-Kontinuum, das Albert Einstein durch seine Relativitätstheorie entdeckt hatte und forschend immer weiter erkundete:

> „In dieser Theorie zeigte er, dass die Gravitation keine Kraft darstellt, die zwischen verschiedenen (massebehafteten) Körpern wirkt. Stattdessen handelt es sich um eine Eigenschaft des Raumes. Bekannt ist sein berühmtes Aufzugsexperiment. Die Gravitation sorgt dafür, dass sich das Raum-Zeit-Kontinuum verformt, also eine Raumkrümmung erfährt. Sie könnten von einer Art Dreiergespann aus Raum, Zeit und Materie sprechen. [...] Die Lichtgeschwindigkeit ist endlich und konstant, schnellere Bewegungen gibt es nicht. Daraus ergab sich für Einstein die Notwendigkeit, Raum und Zeit zu einem vierdimensionalen Raum-Zeit-Kontinuum zusammenzufassen. In seiner Allgemeinen Relativitätstheorie zeigte er zudem, dass diese Raumzeit durch vorhandene Massen eine Krümmung erfährt."[9]

Mit seinen *bending spaces* will Chamberlain zwar kein Raum-Zeit-Kontinuum von kosmischen Ausmaßen provozieren, aber er liefert mit seinen Fotoarbeiten eine gewisse Analogie zu diesen Vorstellungen, dass Bewegung und Materie, Zeit und Raum, sich unmittelbar bedingen und durch die Kraft der Gravitation als Verkrümmungen wahrgenommen werden können. Zeit und Raum verlaufen nicht linear, sondern werden durch die Gravitation beständig neu geformt und dieses zeitigt Verläufe von gekrümmten Linien, Kurven und Volumen, die in der Astrophysik auch im sog. „Schwarzen Loch", im absoluten Nichts, münden können. Alles wird so einer beständigen dynamischen Energie unterzogen, die als Bewegung vielleicht noch am deutlichsten erfahrbar wird. Chamberlain hat dies in seinen Pastell-Zeichnungen ebenso zum Ausdruck gebracht wie in seinen als Collage zusammengefassten Fotoarbeiten, die er auf einem riesigen Drucker neuester Technologie in seinem Studio als „Inks on canvas" ausdrucken ließ. Diese kehren von der Komposition her zurück zum klassischen Bild, aber sie vereinen in sich all das, was Chamberlain mit seinen Skulpturen, seinen Fotoarbeiten und grafischen Werken erforschte: Gewohnte Grenzen der Kunst zu sprengen, neues Denken zu wagen und eine eigene faszinierende Sprache zu entwickeln, die an die Idee des Zeit-Raum-Kontinuums schon sehr dicht heranrückt. Fast so etwas, wie eine „neue Syntax" der Kunst.

> „In den Singularitäten des Urknalls und des schwarzen Lochs treffen sich die Welt des ganz Großen und die des ganz Kleinen. Deshalb, obwohl diese Begriffe zunächst obskur erscheinen, sind diese Singularitäten unsere Tore, die über die allgemeinen Relativitätstheorie hinausführen. Es ist heute weitverbreiteter Glaube, dass wahre Physik da nicht aufhören kann. Allerdings ist die allgemeine Relativitätstheorie diejenige, die versagt. Wir müssen unsere Begrifflichkeiten von Raum und Zeit, erneut, drastisch überarbeiten. Wir benötigen eine neue Syntax."[10]

1. Sylvester, Julie: „Auto/Bio. Conversations with John Chamberlain", in: Chamberlain, John, A Catalogue Raisonné of the sculpture, 1954 – 1985. New York: Hudson Hills Press, 1985, S. 15.
2. Chamberlain, John, zit. in: https://www.theguardian.com/artanddesign/201s1/dec/22/john-chamberlain-sculptor-cars-dies, abgerufen am 15.7.2018.
3. Oxen, Nikolas; Lewe, Christiane; Othold, Tim (hrgs.), *Müll: Interdisziplinäre Perspektiven auf das Übrig-Gebliebene*. Bielefeld: Transcript-Verlag, 2016, S. 176-177.
4. „Der Schaum und ich", in: Spiegel vom 24.5.1971, S. 155. Siehe auch: http://www.spiegel.de/spiegel/print/d-43243268.html, abgerufen am 29.7.2018.
5. Arman war zu der Zeit mit seiner ersten Frau, Eliane Radigue, verheiratet, die als Wegbereiterin der elektronischen Musik gilt. Von ihr griff er die Idee zu seinen *allure* auf, Spuren, die Gegenstände per Zufall auf dem Papier hinterlassen können. Ein Konzept, das vor allem John Cage ab Mitte der 1950er Jahre, in Auseinandersetzung mit dem *I Ging* entwickelte.
6. Réstany, Pierre, *César*. Paris: Edition La Difference, 1988, S. 24.
7. http://web.guggenheim.org/exhibitions/chamberlain/#stuffed-dog: Chamberlain working on a foam sculpture, 60 Grand Street, New York, March 1967. Photo: Neil Williams, Richard Bellamy Papers, III.O.5, The Museum of Modern Art Archives, New York, digital image © The Museum of Modern Art/Licensed by SCALA/Art Resource, New York.
8. Holder, Jenny, „Wide-eyed: on looking at John Chamberlain's photographs", in: Chamberlain, John, Photographs. Paris: Galerie Karsten Greve, 2017, S. 29.
9. Dittmar-Ilgen, Hannelore, „Das Raum-Zeit-Kontinuum", in: www.helpster.de/das-raum-zeit-kontinuum_225877, abgerufen am 18.7.2018.
10. Ashtekar, Abhay, „Space and Time: From Antiquity to Einstein and Beyond", in: igpg.gravity.psu.edu/people/Ashtekar/articles/spaceandtime.pdf, S. 7, abgerufen am 18.7.2018.

BEATE REIFENSCHEID

JOHN CHAMBERLAIN: BENDING SPACES

WHAT COMES TO MIND WHEN YOU HEAR JOHN CHAMBERLAIN'S NAME? AN UNCONVENTIONAL APPROACH TO ART THAT BROKE AWAY WITH CLASSICAL TRADITIONS AFTER WORLD WAR II. AN ART THAT BROKE AWAY WITH TRADITIONAL MATERIALS, LIKE BRONZE AND WOOD, AWAY WITH THE CANON OF HUMAN FIGURE AND, IN A SPECIAL SENSE, AWAY WITH PURE ABSTRACTION. Undoubtedly, John Chamberlain created a new sculptural form by finding, salvaging, and reconfiguring car parts. Better yet, the works he created from scrap metal have established a new form in the sculptural world within two different fronts: Pop Art and reverberations of the French Nouveau Réalism. He is at the beginning of a new era that was already weary of pure abstractions in the "New York School" style, which had actually really been picking up speed. In turn, Chamberlain absorbed the impulses of Jackson Pollock, as well as the black-and-white dominated works by Robert Motherwell and Franz Kline. Their *grands gestes* have fascinated him his entire life, thus lending a unique echo to his monumental sculptures. But it doesn't end with *grands gestes* – his abstraction shines from the inside out, and his work materializes into a new appreciation for objective reality, which in turn represents a new, consumer-oriented society.

As early as 1958, he started to collect parts from cars and began to weld them together into new creations. In doing so, he demonstrated an artistic approach that is much more established in everyday reality than that of the Abstract Expressionists who were vehemently opposed to the dictates of realism, especially to the brown-shirted hordes rampaging through Europe and the eccentric ideology of National Socialism. Their maxim of Aryan art, as opposed to what they branded "degenerate," looked to the realistic style of painting and design as their model with exact standards on how art should be created and interpreted. At best, it followed this ideology and dressed it up in the cloak of accepted art promoted by the state. The new abstract movement of the "New York School," established in the late 1940s, harked back to the significant influences of the early 1910s, such as the Brücke ("Bridge") artists, the Fauvists, as well as the Blaue Reiter group, referring back in particular to Wassily Kandinsky's *On the Spiritual in Art* (published in 1911). In contrast, artists from the late 1950s increasingly picked up ideas and thoughts from Surrealism, in particular the "ready-made" concept coined by Marcel Duchamps. Triggered by the irritations provoked by the Duchamp's *Pissoir* [Fountain] or the bicycle wheels displayed as stand-alone artworks, Andy Warhol started to appropriate ready-made mass culture products and exhibit them, which happened virtually at the same time as Chamberlain started doing so. But even Warhol did not just use ready-made *Brillo Boxes*, and instead created meticulous imitations down to the last detail. While Warhol, on his part, dealt with the banality of commercially mass-produced goods and named them explicitly, subjecting them to the absurd and endless repetition of Walter Benjamin's question about "the aura of the original," Chamberlain chose a completely different path, which unquestionably only denotes the starting point for mass-produced goods, while not really creating a superficial theme. "I wasn't interested in car parts *per se*. I was either interested in their colour, shape, or amount… Just the sheet metal. It already had a coat of paint on it, and some of it was already shaped."[1] For him, using car parts wasn't about the cult of car fetish; he used them the same way painters use canvas and colour. To him, car parts are raw materials whose surfaces, haptics, solid strengths and, occasionally, original colours interest him, but they do not bind him in such a way that he would not have been prepared to give up his own vision in favour of the new form. "It was like, God, I finally found an art supply, and it was so cheap it just made you laugh […] I think of my art materials not as junk, but as garbage – manure, actually. It goes from being waste material for some to life-source for others."[2]

A number of variants were created, which in turn were not only limited to parts of the wreckage, but to other materials he liked to add. Especially in the 1960s, when everything was welcome in art and regarded as unconventional, he used foam and compressed it to make sculptural shapes. That was when he became similar to French artist César, a founding member of the Nouveaux Réalistes who experimented with several sculptures using this material. Initially due to privation, since César was completely penniless and could not purchase traditional materials, not even plaster, he lived for years at the Academy, which provided him with cheap accommodation, and searched for everything that came from scrap metal and trash. Initially, without leaning ideologically or politically, he started with scrap metal, but then also added foam and, a little later, started working with wrecked cars. After an initially very aesthetic approach, he squashed them in 1960 using a crusher, so that only smaller cubes remained. Beyond a possible aesthetic statement, which people falsely attributed to him, he was interested completely deforming and alienating previously-used industrial materials and miscellaneous production pieces. At first, it was due to pure lust for change, for an exploration possibly being removed from social norms. The simple act of crushing cars represented a process that resulted into scrapping and, consequently, the final destruction of a previously marketed everyday object. The compression of waste is not only a necessity for a consumer society, which would otherwise suffocate in excess; it is also a form of utmost consolidation.

> "Contrary to Chamberlain – who presented scrap in its material surface textures, colours, and shapes, thus allowing these shapes to have their own value – César eliminated these surface properties completely in his works. [...] Chamberlain validates the scrap in his wreck sculptures, nearly turning it into designer objects, while César reduces auto chassis to their pure materiality."[3]

A short time later, César's experiments went into the opposite direction: "A coincidence inspired him in 1966. César had started to experiment with foam and tried to enlarge his model sculptures by using casting in a mechanical manner. Instead of a mechanical method, I wanted it to be organic."[4] There were two decisive factors: the use of everyday foam material and its quality to be flexibly moulded in all conceivable directions and crumple zones, without great effort and without any resistance from the material itself. This gave César, as well as Chamberlain, an unknown freedom to address new as well as somewhat coincidental forms. For César, who shortly thereafter started to use liquid polyurethane – a substance that rapidly solidifies when exposed to air – there was a chance to immediately freeze the flow, having only a short time for expansion and enlargement during the chemical reaction once the substance came in contact with the oxygen in the air, which resulted in only partly calculable processes. As a result, the sculpture freezes in coincidental moments, which implies a predictability justified only by the artist's movements while pouring the material, as the rest is purely chemistry. Compression and expansion in space are elementary processes, however, which César observed with fascination, and made them visible in a manipulative, and apparently trivial manner. Still, they were anything but trivial.

Coincidence and shape play an elementary role in César's *Expansions*. This brings him close to his fellow artists, and even closer to his friend Arman, who experimented with innumerable every-day and industrial materials in the 1960s, but was also briefly concerned with everyday noises and their tracks.[5] Beside coincidence and form, these were the opposite of expansion and compression. The novelty that he, above all, introduced to art through his *Compressions* was noted by Pierre Restany, the mentor of the Nouveaux Réalistes and their eponym, as "*objet-plus*" and "the most modern gesture of sculpture in the century."[6]

For Chamberlain, these were not the triggering questions of his form findings; he was much more interested in all of the new materials he was using, their changeability, and the ultimate possibility to transcend the limits inherent to materials. This also played an important role in auto chassis, since Chamberlain deeply valued the accurate placement of welds, which were meant to be invisible, if at all possible. These increasingly complicated and more slender sculptures were a real challenge! The fact that he resorted to foam early in his artistic career must have been due to how soft it is, for it enables nearly complete mouldability and puts up no resistance. He had already proven that he was open to work with completely new materials in art, considering he had already used auto parts. This wasn't only about a chance to use a plethora of cheap original substances, but to also break through a new, unpretentious path that led far away from the art scene. In the summer of 1966, he started to experiment with this material, which was not his usual medium, and ultimately created novel sculptural shapes. He rolled, folded and cut the material to create soft, supple shapes.[7] The resulting foam sculptures are far removed from all tradition, even more so than the scrap cars, in which one can still find their original purpose, even in the new creation, or at least in part. With foam, this sensation is nipped in the bud. Foam was seldom exhibited in its raw form, but laminated with decorative fabric coverings as used in furniture, or as insulation in architecture, where it disappears completely behind the walls. Particularly because Chamberlain was not interested in the aesthetics of the previously used material, but much more in the possibility of subjecting it to his creative ideas, foam only served him as an additional possibility of exceeding the limits of traditional sculpture. It can also be seen as preparation for all additional works, certainly in the latter consequence of his "foils," as his last monumental sculptures, which in their impression seems like a large knot that is quasi wrapped in iridescent silver paper. Created in such a playful manner, it often seems as if Chamberlain had first crumpled, then twisted these candy papers out of boredom; or the contrary, as a welcome distraction of the miniature variety, he created knots and shaped a configuration able to create anything imaginable, from navy knots to abstract ballerinas. The variety of small models found in his Shelter Island studio are proof of his incessant will to bring himself formatively into forming this world. For him, doing this in the most minute origami formats was completely conceivable, just as much as in monumental, meters-high and wide dimensions. The presence of his sculptures is what dominates the room.

The temporal proximity between César and John Chamberlain in the early 1960s is uncanny, as far as the auto body sculptures and those made with foam. We cannot rule out the fact that they not only could have known each other, but also felt inspired by each other. The proximity of their preferred materials and the use of their own themes make this appear more than possible. Their paths only crossed by coincidence: In 1964, Chamberlain held his first exhibition at Ileana Sonnabend in Paris, and was seen shortly thereafter at the Venice Biennale, where César was also presented in 1956; in 1957, there was the São Paulo Art Biennial, followed by the Hannover Gallery in London; in 1958, there was an event at the Carnegie Institute in Pittsburgh, and finally a participation in the Brussels World's Fair (aka Expo 58). As early as 1959, he exhibited at *documenta II* in Kassel (also *documenta III* in 1964 and *documenta IV* in 1968) and at Galerie Claude Bernard in Paris. Even more interesting than the affinity for similar to identical materials is their different approaches to their relationships of volume (expansion) and compression, as well as counter-motions. Both followed the antithetic directions concerning this physical phenomenon. Perhaps they were motivated by the great space programs of that period, in which there were intensive debates about space and time within the public realm. The possibility of sending a human to the moon for the first time opened up a plethora of new visions.

This is not a coincidence, but linked to space and time, especially considering John Chamberlain's enormous interest in movement, which is visible in other parts of his work. Chamberlain had been taking photographs since 1977, not classically searching for the so-called "best motif of all time," but always in motion, dancing, as he often liked to describe this work. The camera became his alter-ego, which did not just provide for sober documentation, but these photographs appear much more like looking around inside a room. He himself liked to describe his works as "self-portraits of my nervous system."[8] These photographs feature colourful streaks and are often blurred, seldom revealing a concrete object or a recognizable person. It is sometimes more interesting to consult the titles of the works and see the extent to which Chamberlain brought in his artist friends, such as Dan Flavin moving around his own studio or along the Champs-Élysées. And there were also innumerable themes arising from his travels to Europe, from London to St. Moritz.

In these photographic works, Chamberlain clearly formulated his own life, and the camera became his alter ego. He could experimentally and thoroughly bring to viewers his artistic concepts into the spaces, moving and involving them in the movements he made himself, while exploring the world of his existence in an experiential and perceptive manner. By always emphasizing movement in space, this became the real theme of his works. Consequently, he visually linked time (as movement in space) and space. He was simultaneously an actor in the events, completely connecting the photographic perspective to his own individuality, but without pushing his personal views into the foreground. Purely considered a theme, they usually completely step into the background and can only be reconstructed when the movement directly refers back to them.

Nowhere is this clearer than here, where Chamberlain exemplifies his artistic vision. For a long time, he not only addressed the issue of new shapes in sculpture, which had been positioned with traditional non-art materials; he tried to translate his concepts with nothing more complex than the question of time-space continuum. He did not formulate it in a peripatetic manner, but with a name such as "bending spaces," which he expressed within the context of his photographs to provide decisive evidence. This leads directly into the scientific debate on time-space continuum, which Albert Einstein discovered through his theory of relativity and further explored with his research:

> "In this theory, he shows that gravity does not represent a force acting between several (mass-carrying) bodies. Instead, it is about space property. His famous lift experiment is well known. Gravity ensures that the time-space continuum deforms, thus experiencing a space warp. One could speak of a type of triad consisting of time, space, and matter. [...] The speed of light is finite and constant, and faster movements do not exist. Thus, Einstein found the necessity to summarize time and space into a four-dimensional space-time continuum. In his general theory of relativity, he also showed that this space-time experiences a warp through the masses that are present."[9]

With his "bending spaces," Chamberlain does not wish to provoke a space-time continuum of cosmic dimensions; nevertheless, with his photography he provides a certain analogy for these concepts: movement and matter, time and space directly define each other, and can be perceived as warps through the force of gravity. Time and space do not progress in a linear fashion, but are constantly reformed by gravity, which results in courses of contorted lines, curves and volumes that can lead to absolute nothingness – the so-called "black hole" in astrophysics. Everything is subject to constant dynamic energy, which perhaps can be best experienced as movement. Chamberlain also expressed it in his pastel drawings, as well as in his photo-collages, which he printed as "Inks on canvas" on a giant, state-of-the-art printer in his studio. Composition-wise, they return to classical images, but combine everything Chamberlain had explored with his sculptures, photography, and graphic works. Breaking away with the familiar boundaries of art, daring to explore new ways of thinking, and developing a fascinating language that comes very close to the idea of the space-time continuum. Almost like a "new syntax" for art.

> "With the Big Bang and black hole singularities, the world of the very large and of the very small can meet. As consequence, although they seem arcane notions at first, these singularities are our doors to go beyond general relativity. It is now widely believed that real physics cannot stop there. Rather, general relativity fails. We need to dramatically revise, once again, our notions of space and time. We need a new syntax."[10]

1. Julie Sylvester, "Auto/Bio. Conversations with John Chamberlain," in: *John Chamberlain. A Catalogue Raisonné of the sculpture 1954–1985*, New York: Hudson Hills Press, 1985, p. 15.
2. John Chamberlain quoted in: https://www.theguardian.com/artanddesign/2012/jan/02/john-chamberlain. Published Mon. 2 Jan 2012. Author: Michael McNay; queried on 15 July 2018.
3. *Müll: Interdisziplinäre Perspektiven auf das Übrig-Gebliebene*, edited by Christiane Lewe, Tim Othold, Nikolas Oxen, Transcript-Verlag, Bielefeld, 2016, pp. 176–177.
4. "Der Schaum und ich," in *Spiegel*, 24 May 1971, p. 155. See also: http://www.spiegel.de/spiegel/print/d-43243268.html.
5. Arman was married to his first wife, Eliane Radigue, at that time, who was a trailblazer of electronic music. From her he took the idea for his "allure," traces that objects may leave on paper by chance. A concept that was developed by John Cage from the middle of the 1950s, in contention with the I Ging.
6. Pierre Réstany, *César*, Paris: Edition La Difference, 1988, p. 24.
7. http://web.guggenheim.org/exhibitions/chamberlain/#stuffed-dog. *Chamberlain working on a foam sculpture*, 60 Grand Street, New York, March 1967. Photo: Neil Williams, Richard Bellamy Papers, III.O.5, The Museum of Modern Art Archives, New York, digital image © The Museum of Modern Art/Licensed by SCALA/Art Resource, New York
8. Jenny Holder, "Wide-Eyed: On Looking at John Chamberlain's Photographs," in: John Chamberlain, *Photographs*, Galerie Karsten Greve, Paris, 2017, p. 29.
9. Hannelore Dittmar-Ilgen, "Das Raum-Zeit-Kontinuum," in: www.helpster.de/das-raum-zeit-kontinuum_225877.
10. Abhay Ashtekar, *Space and Time: From Antiquity to Einstein and Beyond*; see: igpg.gravity.psu.edu/people/Ashtekar/articles/spaceandtime.pdf (p. 7); queried on 18 July 2018.

KLAUS HONNEF

JOHN CHAMBERLAIN: DIE FOTOGRAFIEN

JE LÄNGER MAN DIE BILDER BETRACHTET, DESTO UNHEIMLICHER WIRKEN SIE. ZUNÄCHST IST ES, ALS HABE EIN TSUNAMI VON APOKALYPTISCHEM KALIBER FAST ALLES, WAS SICH INNERHALB IHRER FRAGILEN GRENZEN BEFINDET, ERFASST. Nichts hält ihm stand. Fast alles Sichtbare verliert seine festen Konturen. Es verflüssigt sich, büßt seine körperliche Substanz ein und verwandelt sich in gasförmige Farbgebilde. Einmal taucht am linken Bildrand die Fassade eines mächtigen Hauses auf, um 45 Grad auf die Seite gekippt, doch noch unversehrt; und rechts im blauen Himmel die schwarze Silhouette eines Vogels über einer Straßenlaterne aus extremer Untersicht.

Je länger man die Bilder betrachtet, desto intensiver aber der Eindruck, den einen oder anderen Gegenstand der vertrauten Welt wiederzuerkennen. Einmal schnürt ein Tiger dem Blick frontal entgegen. Auf Augenhöhe, so dass die optische Wahrnehmung einen Betrachter auf gefühlte Kleinstgröße schrumpft. Vielleicht begegnet einem auch bloß eine Katze. Im gleichen Moment entzieht sich die vermeintliche Sicherheit zugunsten des Zweifels. Die Dinge verschwimmen. Die optische Wahrnehmung verliert sich in undefinierbare Bildräume aus meist dunklen Farben und hellen Blitzen und amorphen Formen. Es ist, als würde im Kino die Filmkamera ein wirbelndes Karussell in Gegenrichtung umfahren. Schließlich greift ein leichter Schwindel um sich. Man wendet sich ab. Tritt zurück. Muss Distanz von dem jeweiligen Objekt der Betrachtung gewinnen, um es als Bild an der Wand neben anderen Bildern unter die Herrschaft eines orientierenden Blicks zu zwingen. Die Faszination hält dennoch an, verstärkt sich.

Der amerikanische Plastiker John Chamberlain (1927–2011) ist der Autor der Bilder. Nachdem Larry Bell ihm 1977 eine Widelux-Kamera gab, begann der Sohn eines Kneipiers (Salonkeeper) und gelernte Friseur nach einem Studium der Kunst am Art Institute of Chicago und am Black Mountain College zu fotografieren. Doch keineswegs unvorbereitet. Neun Jahre zuvor hatte Chamberlain in New York seinen ersten Film *Wedding Night* realisiert, und gleich darauf, im selben Jahr, zwei weitere *The Secret Life of Hernando Cortez* in Valladolla/Mexico und *Wide Point* in London. *Wide Point* wird simultan auf sieben Leinwänden gezeigt. Schon Titel und Projektionsform signalisieren, dass es sich nicht um konventionelle Filme handelt. Sie wurden mit einer 16mm Kamera gedreht, das Format des „Anderen Kinos".[1] Im Rahmen eines Art and Technology Program, kuratiert vom Los Angeles County Museum, war Chamberlain *Artist in Residence* bei den Dart Industries und bei der Rand Corporation.

Umso erstaunlicher, dass er sich in Sachen Fotografie auf eine Kamera einließ, die eine einschlägige Seite im Internet als „Oldy der Fotografie" apostrophiert: Auf eine Panoramakamera, deren Prinzip bereits Mitte des 19. Jahrhunderts, kaum war die Fotografie erfunden, patentiert wurde. Chamberlain verwendete für seine Bilder eine Widelux-Kamera mit einem Blickwinkel von 150 Grad. Die industrielle Produktion der Kamera lief bald aus. Panoramafotografie ist eine Variante der zahlreichen Bildermedien im Kielwasser der Entdeckung des Nachbildes durch Johann Wolfgang von Goethe und andere. Das Nachbild ist ein Phänomen der optischen Wahrnehmung. Bei farbigen Abbildungen entsteht es in den Komplementärfarben, wenn man die Augen schließt. Mithin ein Indiz des subjektiven und körperlichen Sehens, dessen Nachweis am Ende zu einer völligen Umwälzung der visuellen Wahrnehmung geführt hat.[2] Seither ist das Sehen auch Gegenstand der wissenschaftlichen Forschung.

Das gemalte Panorama, ein Rundumbild, hatte die Geschichte der modernen Sehmaschinen eingeleitet.[3] Die amerikanischen Reisefotografen, die im 19. Jahrhundert das Land der USA optisch gleichsam vermaßen, benutzten die Panoramakamera, um ihren Zeitgenossen ein Gefühl für dessen unermessliche Weite zu vermitteln.[4] Bis zu 61 cm lange Panorama-Bilder waren möglich. Ebenso breit sind die farbigen Bilder von Chamberlain bei einer Höhe von 50,8 cm.

Warum John Chamberlain ausgerechnet auf die Widelux-Kamera verfiel, ist mir nicht bekannt. Dass er technisch interessiert und versiert gewesen ist, bezeugt seine Biografie. Wahrscheinlich, dass seine künstlerische Tätigkeit als Plastiker/Skulpteur/Monteur damit zusammenhängt. Bekannt, ja berühmt geworden ist der Künstler mit Skulpturen aus vorgefundenen farbigen Autoteilen wie Kotflügeln, Autodächern und aus flachen Autoblechen. Da seine Skulpturen zeitgleich mit den Werken der Pop Art an die Öffentlichkeit gelangten, schlug ein Teil der Kunstkritik sie dieser zu. Dabei lag Chamberlain nichts ferner als die Pop Art, und mit Zivilisationskritik hatte er noch weniger gemein. Der Abstrakte Expressionismus ist die Quelle seiner künstlerischen Inspirationen.

Nicht nur Maler wie Edgar Degas, George Hendrik Breitner, Pierre Bonnard und Pablo Picasso haben fotografiert und ein umfangreiches fotografisches Werk hinterlassen. Nicht zuletzt haben sie mittels des Kamerabildes entscheidende Erkenntnisse für ihre malerische Praxis gewonnen. Auch Bildhauer wie Constantin Brâncuşi verwendeten den fotografischen Apparat, um ihren Skulpturen – angemessener als die Fotografen – in der Zweidimensionalität die Suggestion des plastischen Ausdrucks zu bewahren. Manche wie Wilhelm Loth haben sogar ein eigenständiges fotografisches Werk geschaffen. So besteht ein wesentlicher Faktor zum Verständnis der zusammengesetzten Metallskulpturen von John Chamberlain in ihrer sinnlich-körperlichen Erfahrung. Einerseits durch die Stimulierung des taktilen Sinns dank scharfer Grate, weicher Rundungen, tiefer Klüfte, anderseits durch eine physische Umrundung, die den Betrachtern unaufhörlich neue optische Perspektiven aufschließt. Alles Momente, die in der Fotografie nicht zum Zuge kommen.

Im Übrigen gilt die Widelux-Kamera Kennern als die beste aller Panoramakameras; fünf Modelle davon wurden entwickelt. Einer der intimen Kenner ist der wunderbare amerikanische Schauspieler Jeff Bridges, Oscar-Preisträger des Jahres 2010 für die Gestaltung eines vergessenen alten Musikers in Scott Coopers Film *Crazy Heart*. Zuvor war er bereits mehrfach für den Academy Award nominiert. Seit seiner High-School-Zeit fotografiert Bridges und inzwischen hat er mehrere Alben mit seinen Bildern veröffentlicht. Gegenüber seiner Biografin Norma Meyer bekannte der leidenschaftliche Fotograf: „Irgendwie wünsche ich mir, der Fluch würde enden – der Fluch mit Widelux. Aber ich habe das Gefühl, das wird er nicht. In der Lage zu sein, Licht und Schatten in einem bestimmten Moment festzuhalten – das ist fantastisch."[5] Vielleicht war auch John Chamberlain von dem Fluch betroffen. Jedenfalls erstrecken sich seine Erkundungen mit der Widelux-Kamera auf über 20 Jahre, und seine fotografischen Bilder geben mehr als eine Ahnung von der Leidenschaft.

Wie gemalte sind auch fotografische Bilder zuerst Bilder – ehe sie etwas Anderes sind. Was wie die Weisheit der Binse klingt, ist ganz und gar nicht selbstverständlich. Obwohl das (post)moderne visuelle Zeitalter die fotografischen Bilder wie ein schwarzes Loch förmlich in sich aufsaugt, wird ihnen nach wie vor und gegen jedes Wissen mehrheitlich eine getreue – „wahre“ – Realitätswiedergabe zuerkannt. Doch selbst André Bazin, der dem Medium noch eine besondere „Objektivität“ attestierte, räumte in seinem Essay „Ontologie des fotografischen Bildes“ ein: „Obgleich eine sehr getreue Zeichnung weit mehr Auskünfte über das Modell gibt, wird sie, unserem kritischen Geist zum Trotz, doch nie die *irrationale Macht* der Photographie besitzen, der wir *Glauben* [Hervorhebungen durch den Autor] schenken.“[6] Spätestens mit Eintritt der digitalen Technik in das fotografische Verfahren ist selbst Roland Barthes' legendäres „Es-ist-gewesen“ obsolet, das seiner Ansicht zufolge die analoge Fotografie verkörpert.

Diese bruchstückhaften Überlegungen stecken in Umrissen jenes künstlerische Feld ab, in dem John Chamberlains fotografische Bilder angesiedelt sind. Doch um zu einem begründeten ästhetischen Urteil zu gelangen, ist es notwendig, sowohl seine eigene künstlerische Disposition näher zu beleuchten, als auch das fotografische Terrain innerhalb des künstlerischen Feldes in der Mitte der zweiten Hälfte des vergangenen Jahrhunderts skizzenhaft zu kartieren.

Dass der Film die technische Brücke zur Fotografie ist, würde einleuchten. Was Chamberlain zu den technischen Bildmedien gebracht hat, bleibt gleichwohl der Spekulation anheimgestellt. Ich habe weder in der mir verfügbaren Literatur noch im Internet Aussagen des Künstlers darüber gefunden; und außer ihren Titeln samt Cast ebenso wenig irgendeine Information über seine Filme. Ob sie zum „Anderen Kino“ zählen oder nicht, ist offen. Sie sind in der grundlegenden Literatur erwähnt, wie in *Choices* (2012) und *The Wide Point* (1993). Als er sie in Angriff nahm, war das Kapitel des so genannten „underground film“ schon weitestgehend Geschichte. Das Defizit in puncto Kenntnisse ist ein bezeichnendes Symptom für die einseitige Ausrichtung der Kunstwissenschaft auf die traditionellen handwerklichen künstlerischen Disziplinen der Malerei, Skulptur und Zeichnung. Ein beklagenswertes Desiderat im Blick auf die avancierte Kunst.

In seinen fotografischen Arbeiten hat Chamberlain augenscheinlich seine Perspektive verändert: vom Blickwinkel des Künstlers, der ein Werk herstellt oder

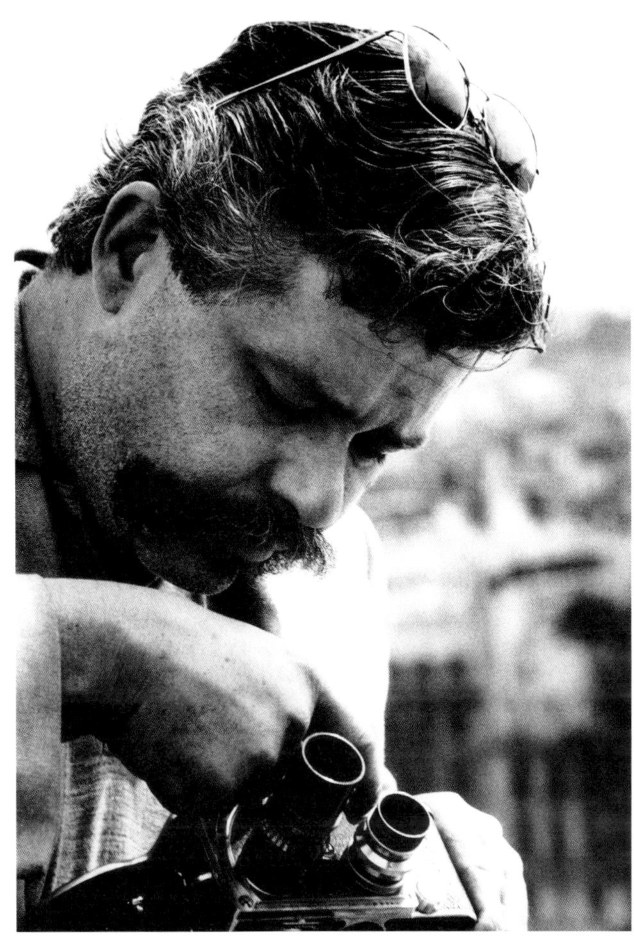

1.
Chamberlain mit einer 16 mm Bolex Kamera, Paris, 1964 /
Chamberlain with a 16 mm Bolex Camera, Paris, 1964

erzeugt, zu dem eines Betrachters, einer Betrachterin, die das Werk visuell erfahren. Damit schlägt er von vorneherein eine Brücke zwischen dreidimensionaler, im Raum platzierter Plastik sowie zweidimensionalem fotografischem Bild und seiner bloß imaginären Raumwirkung. Wie die anschaulichen Erfahrungen eines Betrachters, einer Betrachterin, sobald sie die prägnanten Skulpturen des Künstlers durch ambulante visuelle Wahrnehmung in sich aufnehmen, mutet die Gestaltung der Fotografien an, deren wogende Licht- und Formbänder und unergründliche Tiefen die zunächst auffälligsten Merkmale sind. Die fotografischen Bilder geben also das wieder, was der Künstler als Seherlebnis auf Seiten der Adressaten anstrebt, wobei er sozusagen die Perspektive der Betrachter als fotografischer Technik visuell in seine Kunst einschreibt. „Diese Momente der Dynamisierung und

Dehnung des Bildraumes, der Verzicht auf Stand und feste Orientierungspunkte bringen die Fotografie in Verbindung mit seinem skulpturalen Werk", schreibt Karin Hennig in *Künstler*.[7] „Auch da ist der freie Wahrnehmungsfluss durch keine hierarchischen Strukturen gestört."[8] Gerade darin äußert sich ja die angemessene Betrachter-Haltung angesichts der Chamberlain-Skulpturen.

Natürlich laden auch die Fotografien zum Passieren ein, zum Vorbei- und Zurückgehen, zum Entfernen und Nähertreten. Sie „verlaufen" über eine Länge von 61 cm. Die in den Bildlegenden angegebene Höhe bezieht sich allein auf das Blatt- und nicht das Bildformat. Das Bildformat ist erheblich schmaler und erinnert an die Cinemascope-Leinwand des Kinos. Neben dem enormen Blickwinkel von 150 Grad verfügt die Widelux-Kamera ebenfalls über einen Schwenkkopf. Die Kamera vermag der Operateur wie eine Filmkamera zu schwenken, seitwärts und nach oben sowie nach unten. Die mitreißende Dynamik der fotografischen Bilder rührt daher, dass Chamberlain die Kamera offenbar in unterschiedlicher Geschwindigkeit, mal sanft, mal abrupt in eine Schwenkbewegung versetzt hat. „... für Chamberlain [ist sie] ein ideales Ausdrucksmittel, um seine Vorstellungen in einem neuen Medium zu verwirklichen."[9] Die physische Dynamisierung des faktisch statischen Bildraums ist eine der wesentlichsten Errungenschaften der Filmrhetorik, von Filmemachern wie Friedrich Wilhelm Murnau und seinem Kameramann Eugen Schüfftan erfunden, deren Meistwerk *Der letzte Mann* (1924) ein Meilenstein für den virtuosen Einsatz der „entfesselten Kamera" ist.

Das künstlerische Feld, in dem Chamberlain seine fotografischen Bilder realisiert, ist durch einen Umbruch innerhalb der avancierten Kunst geprägt. Mit dem Auftritt der Conceptual Art anfangs der 1970er Jahre, die in Europa zunächst größere Resonanz erfuhr als in den USA, woher die meisten Künstler dieser Richtung stammten, verschob sich der Focus des Künstlerischen vom Werk zum Design (Entwurf, Konzept, Idee, Vorstellung). Der Begriff der Strategie ersetzte in der Kunstkritik fortan den der Ausführung. Außerdem geriet die Fotografie in das Aufmerksamkeitsspektrum der Konzept-Künstler. Denn die Ausführung einer Fotografie ist ein Klacks. Der konzeptuelle Aspekt erfüllt sich im Vorher. Darüber hinaus veranschaulichten die fotografischen Bilder ihre „Strategien" visuell, und trotz der Absage an die Darstellung (Repräsentation) konnten sie deren Bedingungen und Möglichkeiten einer anschaulichen Analyse unterwerfen. In der tatsächlichen Konsequenz etablierte die Conceptual Art die genuin künstlerische Fotografie.

Vergegenwärtigt wurde und wird sie von Künstlern, die sich entschlossen hatten, die Fotografie für ihre Ziele zu erproben: Plastiker, Performer, Designer, seltener Maler, so gut wie keine Fotografen. 1977 widmete die *documenta VI* in Kassel zum ersten Mal in der Geschichte einer Weltausstellung der zeitgenössischen Kunst der Fotografie und den Fotografen der Vergangenheit ein zentrales Kapitel und legitimierte die Fotografie endgültig als künstlerisches Ausdrucksmittel.[10] Indes vereinigte sie die fotografische und die künstlerische Fotografie, ohne zu differenzieren. Vor diesem Hintergrund wandte sich John Chamberlain der Fotografie zu.

Den spezifisch konzeptionellen (!) Rahmen seiner fotografischen Arbeiten entwerfen auf der einen Seite die sich damals etablierende künstlerische Fotografie, auf der anderen gleichzeitig die „klassische" Landschaftsfotografie der USA. Im 19. Jahrhundert feierte sie ihre Blütezeit. Ihre Nachwirkungen pflanzten sich jedoch bis zu den fotografischen Haltungen fort, wie sie sich 1975 in der bedeutenden Ausstellung *New Topographics*[11] sowie der amerikanischen *New Color Photography* der 1960/70er Jahre niederschlugen. Innerhalb dieses visuellen Spektrums behaupteten Chamberlains fotografische Bilder eine eigenwillige und zugleich unabhängige Position. Nichtsdestotrotz stehen sie mit diesen künstlerischen Einstellungen unübersehbar in einem fruchtbaren Bezug und Spannungsverhältnis.

Schaut man Chamberlains fotografische Bilder genauer an, fällt rasch auf, dass sie eine außerordentlich komplexe Raum-Farb-Form-Beziehung entwickeln. Sie vollzieht sich in einem spezifischen Rhythmus von langsamen und schnellen Passagen, wiedererkennbaren und fremden Motiven, von grellen und gesättig-

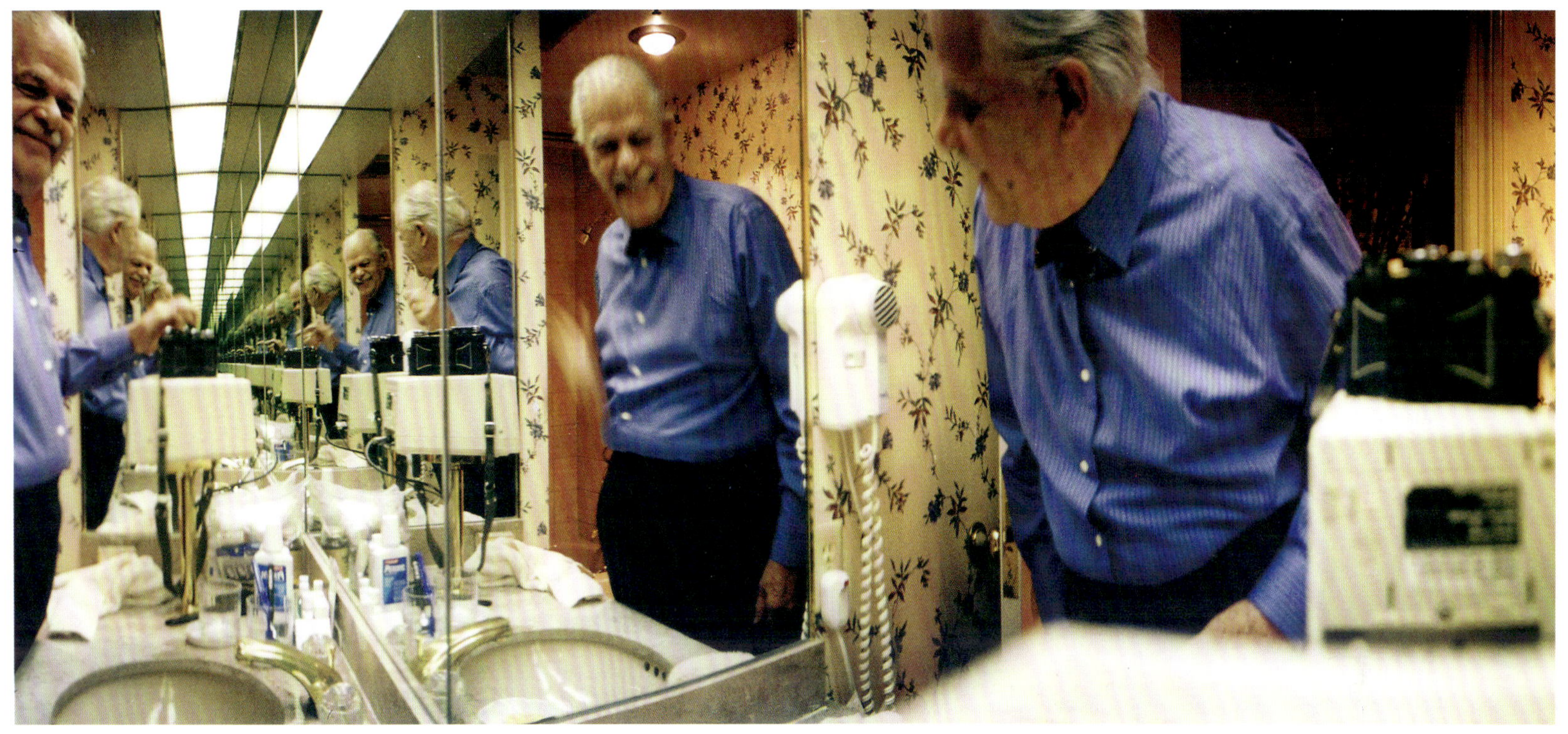

2.
John Chamberlain, *Ohne Titel / Untitled*, 2001, Chromogendruck / chromogenic print, 25,4 x 61 cm (10 x 24 in)

ten Tönen, jähen Kanten und ausschweifenden Rundungen. Manche Motive wie die Katze kehren wieder. Andere scheinen nur wiederzukehren. Gleichermaßen wiederholen sich Formgebilde wie die auf- und abwiegende Schleife oder die Lichtbänder. Täuschung ist programmiert. Die imaginären Räume wechseln in einem Bild von einem halb rektangulären fotografischen Raum zu einem schwellenden, gleichsam atmenden mit irregulärer Ausdehnung. Eine völlig neue und unwirkliche Raumerfahrung wird Bild. Allenfalls in den Formeln des Q-bismus (Quantenphysik) darstellbar. Chamberlain trifft keine Unterschiede zwischen realistisch und imaginär – auch die realistische Dimension ist im fotografischen wie im gemalten Bild eine imaginäre. Das Realismus-Problem erweist sich als Chimäre eines scholastischen (Pierre Bourdieu) Kunst-Diskurses.

Obwohl der Künstler eine intuitive Vorgehensweise bevorzugte, spontanen Eingebungen folgte und in der künstlerischen Praxis sein einziges Bezugsfeld erblickte, kreist sein Werk um die wesentlichen Herausforderungen der spätmodernen Kunst: die Aufwertung der Rolle der Betrachter nach der Umwälzung der visuellen Wahrnehmung im Kielwasser der Industriellen Revolution. Und – damit verquickt – um die schillernden Beziehungen zwischen Bild und „Realität", die sich in der alltäglichen Erfahrung unaufhörlich durchmischen. Als Wähler in der Politik und als Konsument in der Ökonomie spielt das menschliche Subjekt eine entscheidende Rolle. In der Kunstkritik wird er nach wie vor als passiver Resonanzkörper begriffen. Dabei hat die Fotografie ihn längst zum Urheber von Bildern und beim Porträt zum Co-Autor promoviert.

Exzerpte aus Chamberlains Notizen belegen, dass er seine Skulpturen auch immer aus der Sicht der Betrachter beobachtet hat. „Es gibt keine bestimmte Formel,"[12] schreibt er über den Fortgang seiner künstlerischen Arbeit. „Und dann kommt man an den Punkt, wo man denkt: ‚Das sieht ja absolut bescheuert aus.' Und dann überlegt man sich, was man dagegen tun könnte, und man muss radikale Maßnahmen ergreifen."[13]

Wer in die taumelnden Räume seiner fotografischen Panoramabilder eintaucht, wird nach gewisser Zeit ebenfalls von einem Taumel ergriffen. Vertrautes mischt sich mit Nie-Erblicktem, Festes geht unversehens in Fließendes über, die Sicht nach oben gleitet ohne Übergang in die Tiefe des Bildraumes und wird ohne Bruch durch eine flächige Sicht abgelöst – alles im Kontext eines einzigen Bildes. Die Farben verselbständigen sich, übernehmen bisweilen die Führung des Blicks. Innenräume wirken wie Landschaften und umgekehrt. Keines der fotografischen Bilder lässt sich auf eine bestimmte Gattung verpflichten. Eine Feier der Imagination, des Traums, weniger der Illusion. Illusion sei die falsche Wahrnehmung der Wirklichkeit, definiert Wikipedia das Phänomen und öffnet die Büchse der Pandora.

John Chamberlain setzt gegen die fragwürdige Definition des Internet-Lexikons die Wirklichkeit der Phantasie und relativiert die Vorstellung von einer einzigen Wirklichkeit. Seine Bilder entstanden, bevor die digitale Technik, die analoge, verdrängte und weist visuell auf erstere voraus. Es ist eine Wirklichkeit der Bilder, die sich zu erkennen gibt, ungeachtet zahlreicher, auch erkennbarer Referenzen zur sichtbar-empirischen Wirklichkeit. Schließlich weiß man nicht einmal, welche Empfindungen die Bilder auslösen. Sind sie schön, schaurig, schaurig-schön, hell oder dunkel, unheimlich oder befreiend? Alles in einem offensichtlich. Vor allem aber sind sie faszinierend.

1. Über Chamberlains Filme habe ich außer Titel und Cast trotz intensiver Konsultation von Fachliteratur und Internet nichts in Erfahrung bringen können.
2. Genaueres bei: Crary, Jonathan, *Techniken des Betrachters. Sehen und Moderne im 19. Jahrhundert*, Dresden und Basel: Verlag der Kunst, 1996. Und bei: Crary, Jonathan, *Aufmerksamkeit. Wahrnehmung und moderne Kultur*, Frankfurt: Suhrkamp, 2002.
3. In den letzten Jahren erlebt das Panorama durch den Künstler, Architekten und Wissenschaftler Yadegar Asisi ein erfolgreiches Revival. In Berlin, Leipzig, Dresden, Wittenberg, Nantes und anderen Städten befinden sich wieder sehr frequentierte Panoramen, weitere sind im Aufbau und in Planung.
4. Honnef, Klaus, „Die Evidenz des Sichtbaren. Zur modernen Landschaftsfotografie seit den 1970er Jahren", in: Metje, Iris u. Schweizer, Stefan (Hrsg.) Fotogeschichte. Beiträge zur Geschichte und Ästhetik der Fotografie. Heft 120: Der weite Horizont. Landschaft und Fotografie, 2011, Jg. 31, S. 21-34.
5. Zit. nach Wikipedia: https://de.wikipedia.org/wiki/Jeff_Bridges, abgerufen am 29.7.2018. In puncto Film ist das Internetlexikon sehr informativ und weitgehend verlässlich.
6. Bazin, André, „Ontologie des photographischen Bildes", in: Bazin, André, Was ist Film, Fischer, Robert (Hrsg.), Berlin, 2004, S. 37.
7. Hennig, Karin, „John Chamberlain", in: Romain, Lothar u. Bluemler, Detlef (Hrsg.), Künstler. Kritisches Lexikon der Gegenwartskunst, Ausgabe 43, Heft 19, 3. Quartal, München, 1998, S. 10.
8. Hennig, Karin, 1998, in ebd. S. 10.
9. Hennig, Karin, 1998, in ebd. S. 10.
10. documenta 6. (3 Bd.), Bd. 2, Fotografie, Text und Ausstellung von Klaus Honnef und Evelyn Weiss (Redaktion: Gabriele Honnef-Harling), Kassel, 1977.
11. New Topographics. Texte und Rezeption, Landesgalerie Linz am Österreichischen Landesmuseum (Hrsg.), Photographisch Sammlung/SK Stiftung Kultur, Bd.148, Salzburg Fotohof edition, 2010.
12. Hennig, Karin, 1998, in ebd. S. 15.
13. Hennig, Karin, 1998, in ebd. S. 15.

KLAUS HONNEF

JOHN CHAMBERLAIN: THE PHOTOGRAPHS

THE LONGER YOU LOOK AT THE IMAGES, THE EERIER THEIR EFFECT. AT FIRST GLANCE, IT IS AS IF A TSUNAMI OF APOCALYPTIC POWER HAS CAPTURED ALMOST EVERYTHING WITHIN THEIR FRAGILE BORDERS. NOTHING CAN WITHSTAND IT. Almost everything that is visible loses its firm outlines. It becomes fluid, loses its physical substance and turns into a gaseous color entity. In one case, the facade of a massive house appears on the left side of the picture, flipped on its side at a 45-degree angle, but still intact; and on the right in the blue sky is the black silhouette of a bird above a street lamp, looking up from below at an extreme angle.

The longer you look at the images, the more intense the feeling of recognizing one object or another from our familiar world. In one case, a tiger runs straight towards the viewer. At eye level, the visual perception shrinks the viewer and one feels really small. Perhaps one is merely facing a cat. At the same time, supposed certainty gives way to doubt. Things become blurred. Visual perception becomes lost in identifiable spaces consisting mostly of dark colors and bright flashes and amorphous shapes. It is as if you are at the cinema and the camera is going around a carousel spinning in the opposite direction. Finally, a slight deception begins to develop. You turn away. Step back. You have to get a certain distance away from each object to ensure a more controlled view of it as a picture on the wall beside other pictures. However, fascination persists and is intensified.

The American sculptor John Chamberlain (1927–2011) created these images. After Larry Bell gave him the Widelux, in 1977, the son of a saloonkeeper and trained hairdresser began to take photographs after studying art at the Art Institute of Chicago and Black Mountain College. So, in no way was he unprepared. Nine years earlier, Chamberlain had shot his first film, *Wedding Night* (1968), in New York and two others immediately after that, *The Secret Life of Hernando Cortez* in Valladolla, Mexico and *Wide Point* in London, both produced in 1968. *Wide Point* is shown simultaneously on seven screens. The title and projection style already indicate that these are not conventional films. They were shot with a 16mm camera, the "Other Cinema" format.[1] Within the framework of an "Art and Technology Program," curated by Los Angeles County Museum, Chamberlain was *Artist in Residence* with Dart Industries and the Rand Corporation.

It is all the more surprising that with regard to photography he got involved with a camera that a relevant website refers to as an "oldie in photography": a panoramic camera whose principle was already patented in the mid-19th century, not long after photography was invented. Chamberlain used a Widelux camera with a 150-degree viewing angle for his pictures. Industrial production of the camera soon came to a halt. Panoramic photography is one of the many forms of visual media that followed in the wake of the discovery of the afterimage by Johann Wolfgang von Goethe and others. The afterimage is a phenomenon of visual perception. Vivid illustrations of this come from the complementary colors you see when you close your eyes. Therefore an indication of subjective and physical vision, proof of which finally led to a complete revolution in visual perception.[2] Ever since then, vision has been the subject of scientific research.

Panoramic painting, an all-encompassing view, had ushered in the era of modern vision machines.[3] American travel photographers, who visually surveyed, so to speak, the length and breadth of the USA in the 19th century, used panoramic cameras to give their contemporaries a sense of its vast expanse.[4] Panoramic pictures up to 61 cm in length were possible. Chamberlain's colorful images are just as wide and have a height of 50.8 cm.

I do not know why John Chamberlain thought of using the Widelux camera, of all things. His biography shows that he was interested in technology and was technically adept. It is probable that his artistic activity as a sculptor and modeler is connected to that. The artist became known, indeed famous for his sculptures made from colored car parts that he found, such as fenders and roofs, and from scrap metal. As his sculptures were shown to the public at the same time as pop art works, some of its art criticism was directed at him as well. And yet nothing was further from Chamberlain's mind than pop art and he had even less in common with any criticism of civilization. Abstract expressionism is the source of his artistic inspiration.

It wasn't just painters like Edgar Degas, George Hendrik Breitner, Pierre Bonnard and Pablo Picasso who took photographs and left an extensive collection of photography behind. Not least through the photographic image they gained essential understanding for their painting practice. Sculptors like Constantin Brâncuşi also used the camera – more appropriately than photographers – in order to maintain the suggestion of plastic expression in their sculptures in two-dimensional form. Some like Wilhelm Loth even produced distinct photographic work. Therein lies an essential factor in understanding the metal sculptures assembled by John Chamberlain and experiencing them in their sensory-physical form. On the one hand through the stimulation of our tactile sense due to sharp edges, soft curves, deep chasms, on the other hand through physically walking around them which constantly opens up new visual perspectives to the viewer. These are all experiences that don't come into play in photography.

Incidentally, the Widelux camera is considered by experts to be the best of all panoramic cameras; five models were developed. One person who has intimate knowledge is the wonderful American actor Jeff Bridges, Oscar winner in 2010 for his portrayal of an old, forgotten musician in Scott Cooper's film *Crazy Heart*. He had already been nominated several times for an Academy Award. Bridges has taken photographs since he was in high school and has published several albums of his images over the years. The passionate photographer acknowledged to his biographer Norma Meyer: "I'm kind of wishing the curse will stop – the curse of the Widelux. But I have a feeling it won't. To be able to capture the light and shadow from a particular moment – it's amazing."[5] Perhaps John Chamberlain was also affected by the curse. In any case, his investigations with the Widelux camera have lasted for more than 20 years and his photographs give you more than an inkling of his passion.

Like paintings, photographs are first of all also pictures – before they become something else. What sounds like a truism is not at all obvious. Although the (post)modern visual age has formally absorbed photography like a black hole, it is still adjudged by most people, contrary to all knowledge, to provide an accurate – "true" – representation of reality. So even André Bazin, who attested to the medium's special "objectivity", conceded in his essay "The Ontology of the Photographic Image": "A very faithful drawing may actually tell us more about the model, but despite the promptings of our critical intelligence, it will never have the *irrational power* of the photograph to bear away our *faith* [author's emphasis]."[6] Ever since the advent of digital technology in the photographic process, even Roland Barthes' legendary "this-has-been" is obsolete which in his view embodies analogue photography.

These fragmented reflections are outlined in that artistic field in which John Chamberlain's photographic images have found their place. So in order to arrive at a well-founded, aesthetic judgment it is necessary to examine his own artistic tendencies more closely, as well as giving a broad outline of photography's position within the field of art in the middle of the second half of last century.

That film represents the technical bridge to photography would seem obvious. What Chamberlain brought to technical visual media nevertheless remains open to speculation. I have not found any statements by the artist about this either in the literature available to me or on the internet; and except for their titles and cast, there is just as little information about his films. Whether they can be classed as "Other Cinema" or not is open to question. They are mentioned in the basic literature, including *Choices* (2012) and *The Wide Point* (1993). When he set about making them, the so-called "underground film" period had largely passed. The lack of knowledge in this respect is a typical sign of the one-sided focus of art scholars towards the traditional artistic skills and disciplines of painting, sculpture and drawing. A regrettable omission considering the advances in art.

Chamberlain obviously changed his perspective in his photographic works: from the point of view of the artist who produces or creates a work to that of the viewer who experiences the work visually. From the start, therefore, he builds a bridge between three-dimensional sculpture placed in a room and the two-dimensional photographic image and its merely imaginary spatial effect. Like the vivid experiences of the viewer as soon as they take in the artist's eye-catching sculptures through their shifting visual perception, a similar effect is apparent with the presentation of the photographs, whose undulating bands of light and form and unfathomable depths are initially their most striking characteristics. The photographic images therefore reflect something that the artist intends to provoke for the spectator's visual experience. In so doing, he incorporates, as it were, the viewer's perspective visually in his art as a photographic technique. "These moments where he extends the image space and makes it more dynamic, the rejection of a standing position and fixed points of reference connect his photography with his sculptural work," writes Karin Hennig in *Künstler*.[7] Here as well, free-flowing perception is not hampered by a hierarchical structure.[8] That expresses exactly the appropriate position of the viewer when facing the Chamberlain sculptures.

Of course, the photographs invite you to walk past and come back again, to move a distance away, then come back in closer. They "run" across a length of 61 cm. The height stated in the captions refers just to the sheet of paper and not to the image size. The image is considerably narrower and reminds you of a CinemaScope screen at the movies. Besides its enormously wide viewing angle of 150 degrees, the Widelux camera also has a swivel head. The operator can pan the camera as if it were a movie camera, to the side as well as up and down. The exciting dynamic of the photographs stems from the fact that Chamberlain obviously panned the camera at different speeds, sometimes gently, sometimes abruptly. "For Chamberlain [it is] an ideal device for putting his ideas into effect in a new medium."[9] Physically speeding up the actual static image space is one of the most important achievements of film rhetoric, invented by film-makers like Friedrich Wilhelm Murnau and his cameraman Eugen Schüfftan, whose masterpiece *The Last Laugh* (1924) represents a milestone for the expert use of the "unchained camera."

The artistic field in which Chamberlain produces his photographs is characterized by radical changes within the avant-garde art movement. With the emergence of conceptual art at the beginning of the 1970s, which initially found greater resonance in Europe than in the United States where most artists in this movement came from, the focus of artistic creation shifted from the work to the design (draft, concept, idea, presentation). In art criticism, the term "strategy" now replaced that of "execution." Moreover, photography caught the attention of conceptual artists. Because actually taking a photograph is a breeze. The conceptual aspect occurs beforehand. In addition to that, photographic images illustrated their "strategies" visually, and in spite of the rejection of representation, their conditions and possibilities could be subject to a clear analysis. As an actual consequence, conceptual art established genuine artistic photography.

It was and is visualized by artists who had decided to try to use photography to achieve their goals; sculptors, performers, designers, less frequently painters, hardly any photographers. In 1977, for the first time ever, *documenta VI* in Kassel devoted an international exhibition of contemporary art to photography and gave photographers of the past a central part and legitimized photography as a means of artistic expression for good.[10] Meanwhile, they united representational and artistic photography without differentiating between them. Against this background, John Chamberlain turned to photography.

The specific conceptual (!) framework of his photographic works is created on the one hand by the established artistic photography at the time, and simultaneously on the other hand by "classic" landscape photography in the US. It enjoyed its heyday in the 19th century. However, its impact continued to develop right up until the photographic attitudes that found expression in the important New Topographic exhibition[11] of 1975, as well as the American *New Color Photography* of the 1960s–1970s. Within this visual spectrum, Chamberlain's photographic images maintained an unconventional and also independent position. Nevertheless, they obviously have a productive and charged relationship with these artistic attitudes.

If you look at Chamberlain's photographs more closely, it is immediately striking that they generate an extremely complex space-colour-form relationship. This occurs in a unique rhythm of slow and fast passages, recognizable and strange motifs, of dazzling and saturated tones, sharp edges and voluptuous curves. Some motifs like the cat recur. Others just seem to recur. Shapes such as the loops or bands of light that have a balancing and counter-balancing effect are also repeated. Deception is planned. Imaginary spaces shift in an image from a semi-rectangular photographic space to a growing, as it were, living space of irregular dimensions. A completely new and unreal experience of space becomes an image. If need be, it can be represented in the laws of QBism (quantum physics). Chamberlain encounters no difference between realistic and imaginary – even the realistic dimension is an imaginary one in photographs and in paintings. This realism problem turns out to be the illusion of an academic discourse on art (Pierre Bourdieu).

Although the artist favored an intuitive approach, followed spontaneous sources of inspiration and saw his own unique field of reference in his artistic practice, his work revolves around the basic challenges of late modernist art: the re-evaluation of the role of the viewer after the radical changes in visual perception in the wake of the Industrial Revolution. And combined with that, around the vibrant relationships between image and "reality" which continually intermingle in our everyday experience. As a voter in the world of politics and a consumer in the economy, the human subject plays a crucial role. In art criticism, they are still seen as a passive sounding board. And yet photography promoted them as the creator of images and the co-author of portraits long ago.

Excerpts from Chamberlain's notes prove that he always looked at his sculptures from the viewer's point of view as well. "There is no special formula,"[12] he writes about the development of his artistic work. "And then you reach the point where you think: 'That looks absolutely nuts.' And then you consider what you could do about it, and you have to take drastic measures."[13]

Anyone who dives into the vertiginous spaces of his panoramic photographic images will also start to feel dizzy after a while. The familiar mingles with the never-seen, solid all of the sudden passes into fluid, a look upwards slips seamlessly into the depths of the image space and is immediately replaced with a two-dimensional view – all in the context of a single image. The colors take on a life of their own and occasionally take control of our view. Internal spaces act like landscapes and vice-versa. None of these photographic images can be bound to a specific genre. A celebration of the imagination, of dreams, of illusion to a lesser extent. Wikipedia defines "illusion" as "a distortion of the senses" and thus opens a Pandora's box.

John Chamberlain sets the reality of imagination against this questionable definition from the internet encyclopedia and puts the idea of a single reality into perspective. His images were created before digital technology replaced analogue and visually anticipates the former. It is a reality of the images that reveals itself, despite numerous, also recognizable references to a visible empirical reality. In the end, one does not even know what feelings the images provoke. Are they pleasant or chilling, pleasant and chilling, light or dark, frightening or liberating? All of these, obviously. But above all, they are fascinating.

1. Despite intensive consultation of specialist literature and the internet, apart from the title and cast, I have found out nothing about Chamberlain's films.
2. Further details from Jonathan Crary, *Techniques of the Observer. On Vision and Modernity in the Nineteenth Century*, 1990, and *Attention, Spectacle, and Modern Culture*, 2001, by the same author.
3. In recent years, the panoramic image has experienced a successful revival thanks to the artist, architect and scientist Yadegar Asisi. In Berlin, Leipzig, Dresden, Wittenberg, Nantes and other cities you can again find much-visited panoramas, others are being constructed and planned.
4. Klaus Honnef, "Die Evidenz des Sichtbaren. Zur modernen Landschaftsfotografie seit den 1970er Jahren," in: *Fotogeschichte. Beiträge zur Geschichte und Ästhetik der Fotografie. Der weite Horizont. Landschaft und Fotografie*, Iris Metje, Stefan Schweizer (eds.), no. 120, 2011, y. 31, pp. 21–34.
5. Quote from Wikipedia: https://de.wikipedia.org/wiki/Jeff_Bridges. As regards film, the internet encyclopaedia is very informative and generally reliable.
6. André Bazin, "The Ontology of the Photographic Image."
7. Karin Hennig on John Chamberlain, in *Künstler. Kritisches Lexikon der Gegenwartskunst*, Lothar Romain, Detlef Bluemier (eds.), issue 43, no. 19, 3rd quarter, Munich,1998, p.10.
8. *Ibidem.*
9. *Ibid.*
10. *documenta 6* (vols. 3) vol. 2, photography, text and exhibition by Klaus Honnef and Evelyn Weiss (edited by Gabriele Honnef-Harling), Kassel 1977.
11. *New Topographics: Texte und Rezeption*, Landesgalerie Linz am Österreichischen Landesmuseum, Photographisch Sammlung/SK Stiftung Kultur, Fotohof Edition, vol. 148, Salzburg 2010.
12. John Chamberlain, excerpts in K. Hennig, *op. cit.*, p. 15.
13. *Ibidem*, p. 15.

CORINNA THIEROLF

FOIL ADVENTURES JOHN CHAMBERLAINS SPÄTE WERKE AUS ALUMINIUM

ES WAR EIN DENKWÜRDIGER SOMMERTAG, ALS JOHN CHAMBERLAIN 1958 IM HINTERHOF DES HAUSES SEINES FREUNDES LARRY RIVERS EINEN ROSTIGEN, RUND ZWANZIG JAHRE ALTEN FORD FAND UND DAMIT ALS BILDHAUER DAS CARRARA-MARMOR DES 20. JAHRHUNDERTS ENTDECKTE. Er montierte von dem ihm wertlos erscheinenden Gefährt – für den abwesenden Rivers war es ein begehrter *Oldtimer* – die Kotflügel ab und fuhr mit einem schweren Wagen über das Metall, um es zu verformen und damit von seiner ursprünglichen Funktion zu befreien. Durch Biegen, Knautschen und Drehen verlieh er dem widerspenstigen Werkstoff eine neue, suggestive Lebendigkeit. So entstand seine erste ikonische Skulptur *Shortstop*, der ein bis heute noch kaum übersehbarer Reichtum an Skulpturen folgte, die ebenfalls aus Karosserieteilen aufgebaut sind. Aus dem unorthodoxen Miteinander solcher raumgreifenden Einzelteile mit ihren neu auf- und eingepressten Wölbungen, Druckwellen und Falten setzte Chamberlain Vitalität, Rhythmus und Bewegung frei, welche die Werke hoch emotional erscheinen lassen. In verblüffender Transformation führen sie die alte Tradition der Skulptur fort, von deren Zeugnissen sie sich dennoch durch die „unprecedented knowledge or information“[1] unterscheiden, die sie enthalten.

So vielfältig und einflussreich das aus diesem Anfang entwickelte Schaffen ist, gibt es doch weitere wegweisende und nicht minder überraschende Momente in Chamberlains Entwicklung. Schon die Kindheitserfahrung des Aufblasens und Zerknallens von Papiertüten war ein weiterer Urknall für seine Suche nach unerforschten Qualitäten von plastischen Werkstoffen und Prozessen. Ebenso inspirierend waren wiederkehrende Ereignisse, die unter anderem im favorisierten Nachtclub der New Yorker Kunstszene seit Mitte der 1960er Jahre stattfanden: „There's a memory of all of us sitting around Max's Kansas City at night, waiting for John to finish a pack of cigarettes because when he crumpled it, he crumpled it like nobody else could.“[2] Von diesen Zerknüllungen aus ist es nur ein Katzensprung bis zu Kunstwerken, die er seit 1966 unmittelbar mit den Händen und ohne Zuhilfenahme von Pressen und Werkzeugen zerknautschte. Chamberlain arbeitete für diese Werke unter anderem mit Papier, Schaumstoff und schon damals mit Aluminiumfolie, die schließlich in seinen letzten Schaffensjahren zu einem zentralen Werkstoff werden sollte. Die frühen Arbeiten, von denen hier zunächst die Rede ist, entstanden teilweise so schnell, dass er sie als „instant sculptures“ bezeichnete. Zuweilen bemühte er sich, solche „Schnappschüsse“ aus der eigentlich endlosen plastischen Verwandlungskette dauerhaft zu erhalten. Ein Beispiel dafür ist die *Penthouse*-Serie von 1969, für die er zuvor zerknäulte und bemalte Papiertüten in Kunstharz tauchte. Immer wird dabei eine vorhandene,

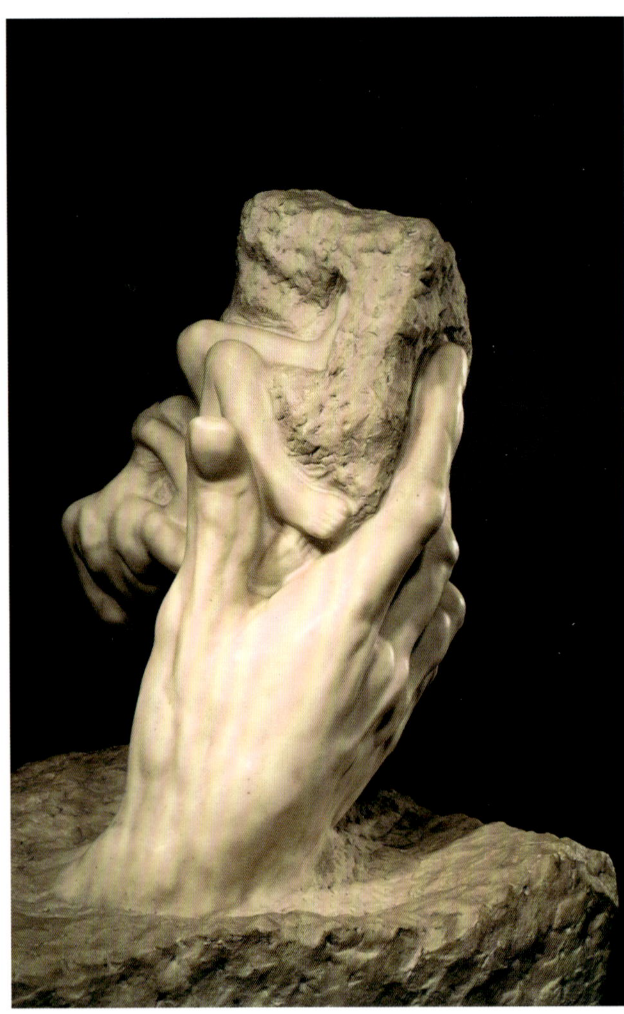

1.
Auguste Rodin, *Die Hand Gottes / The Hand of God*, 1896
Marmor / marble, 94 × 82,5 × 54,9 cm
Paris, Musée Rodin

schon bekannte Sache zu einer neuen, unbekannten Sache verwandelt.

Chamberlain befand sich mit seinen jeweiligen Werkstoffen stets in einem offenen Dialog und ging ebenso kraftvoll wie sensibel auf deren spezifischen Eigenschaften wie Dichte, Gewicht, Biegsamkeit etc. ein. Wie ein Tänzer verband er sich mit dem Werkstoff zu einem *Paso Doble*, denn so konnte er sein „Gegenüber" kennenlernen, es umwerben, beobachten, durch Biegen und Drehen an seine physischen Grenzen wie auch zu fabelhaft leichtfüßigen Pirouetten führen – und sich von ihm ebenfalls dorthin führen lassen. Nie hat er Metall gebogen, bis es brach, oder Papier in Schnipsel zerrissen. Er wollte sein Arbeitsmaterial nicht dominieren, sondern vielmehr das Miteinander von zwei aufeinander einwirkenden Kräften, nämlich von Künstler und Werkstoff erkunden. Beide bildeten gleichberechtigt das dynamisch-kreative Duett, das in bewusst ungeplanter Entwicklung die jeweilige Eigenart ebenso zutage brachte, wie die symbiotische Verbindung.

Chamberlains Vorgehen entspricht einer unverschleierten Erotik. Er selbst hebt hervor, dass „der Widerstand des Metalls, seine molekulare Struktur eine große Ähnlichkeit mit dem Menschen hat". Der dialogische beziehungsweise erotische Aspekt seiner Arbeit wird in den aus Einzelteilen zusammengesetzten *Car Parts* ein weiteres Mal betont, da die disparaten (und störrischen) Teile im perfekten „Click" zu einer Einheit zusammengefügt sind. Chamberlain spricht dann von „in the fit". In folgendem Statement führt er diesen Kernbegriff seines Schaffens, der das „Zusammenpassen" von einzelnen plastischen Einheiten bezeichnet, weiter aus:

> „Each part is different and each part can fit to some place convenient to itself. In other words, if you have two, not only do they become much stronger because of their union, but they tend to develop certain lines in relation to each other that suggest a marriage."[3]

Chamberlain hat das „in the fit"-sein wie auch seine Methode generell als Metapher für Sexualität oder im erweiterten Sinne für das ganze Spektrum der Interaktion von Lebewesen eingesetzt. Wie zutreffend dies ist, kann exemplarisch bei der Betrachtung der späten Skulptur *VENERABLE FRIENDSHIP* (2008) erfahren werden: Die blanke Statuarik einzelner, hoch aufragender Chromkörper wird durch das Pressverfahren individualisiert und expressiv aufgeladen, sodass sich diese „Persönlichkeiten" eindringlich einander zuwenden, einander stützen oder voreinander zusammenzubrechen scheinen.[4]

Chamberlain hat in seinen Skulpturen die Grenzen des Möglichen für sich ausgelotet. Es gibt Arbeiten, die mit ihren himmelstürmenden oder sich in die Breite dehnenden Dimensionen, ihrem hohem Gewicht und ihren extremen Positionen eine dramatische physische Präsenz entfalten, und solche, die eine berührende körperliche Zerbrechlichkeit suggerieren. In einem ebenso spontanen wie konzentrierten Prozess wurden die Teile der Werke sukzessive zu einem Ganzen gefügt. Entscheidend ist sein direkter Umgang mit dem Material. Hierzu äußerte er: „magic moments are to be allowed to happen spontaneously".[5] Indirekte Entstehungsprozesse, das heißt die planvolle Entwicklung eines Weges von der Skizze zur Skulptur, oder gar Tüfteleien waren Chamberlain, dem Meister von Improvisation und Intuition, fremd.

Davon sind auch die Aluminiumskulpturen nicht ausgenommen, die Chamberlain Mitte der 1980er Jahre schuf.[6] Es handelt sich um eine Werkgruppe von 29 kleinen, frei stehenden Skulpturen aus Aluminiumfolie, für die Chamberlain das Material zu länglichen Gebilden gedreht, dann gebogen, teilweise miteinander verzwirbelt sowie an den Enden zu schaufelförmigen Gebilden geformt hat. Nur rund 10 cm hoch und unmittelbar – ohne Nutzung von Werkzeugen – mit den Händen gefertigt, finden die solcherart entwickelten plastischen Erzählungen Platz in einem Handteller und katapultieren den Betrachter aufgrund ihrer hohen suggestiven Dichte doch weit über die miniaturhafte Dimension hinaus. Schon Auguste Rodin hatte in *Die Hand Gottes* (Abb. 1) seine eigene Hand bei der skulpturalen Gestaltung von Mann und Frau aus einem Steinblock heraus festgehalten und damit auf die Nähe zwischen dem biblischen und dem künstlerischen Schöpfungsakt angespielt. Auch Chamberlains Skulpturen vergegenwärtigen – wenn auch weniger figürlich – ursprünglich kreatives Tätigsein, bei dem das Arbeitsmaterial im direkten Zusammenspiel mit Auge und Hand des Künstlers gestaltet wird. In der händischen Bearbeitung werden selbst die umfassendsten Vorstellungen, die im Geiste entwickelt worden sind, geordnet und verwirklicht. Ganz im Sinne von Giorgio Vasari handelt es sich bei den Ergebnissen um ein *Concetto*, also um die gültige Visualisierung einer Idee.

Zu dieser Idee Chamberlains gehörte, dass er seine im besonnenen Spiel entstandenen Skulpturen auch in großer, teilweise überlebensgroßer Dimension imaginierte. Bei den Verwirklichungsversuchen stieß er allerdings auf technische Hindernisse, denn die kolossalen Dimensionen verlangten ein stärkeres Material, um Stabilität und Balance der Skulpturen

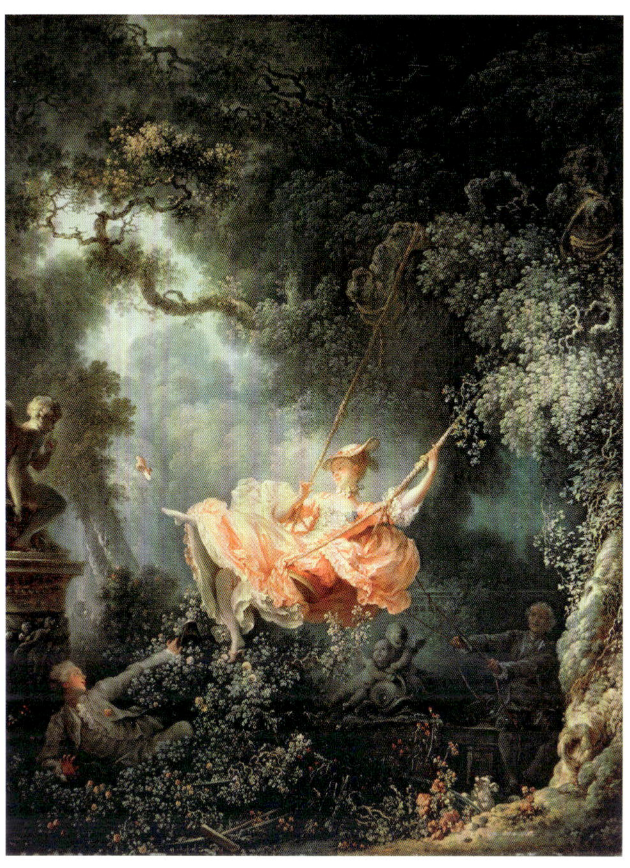

2.
Jean-Honoré Fragonard, *Les Hasards heureux de l'escarpolette / The Swing*, 1967
Öl auf Leinwand / oil on canvas, 81 x 64,2 cm
London, The Wallace Collection

zu gewährleisten. Im Gegensatz zur ursprünglich benutzten Haushaltsfolie ließen sich die nun notwenigen stärkeren Aluminiumblätter nicht so leicht und fast widerstandslos bearbeiten. Daher erreichte er in seinen Experimenten nur Skulpturen mit Abmessungen von circa 30 cm.

Erst 2007, als er Ernest Mourmans kennenlernte, zeichnete sich ein Weg für die Erfüllung seiner Ziele ab. Der Architekt führt in Belgien eine renommierte Werkstatt, in der er mit einem Team von Mitarbeitern auf die Bewältigung komplexer technischer Herausforderungen spezialisiert ist, denen sich Künstler und Designer, darunter Ron Arad oder Frank Stella, für Ihre Werke aus Metall oder anderen Werkstoffen stellen. Chamberlain hatte ihn erstmals kontaktiert, als er Fragen zu seinen *Couches* aus Schaumstoff klären wollte. Mourmans besuchte ihn zu Hause auf Shel-

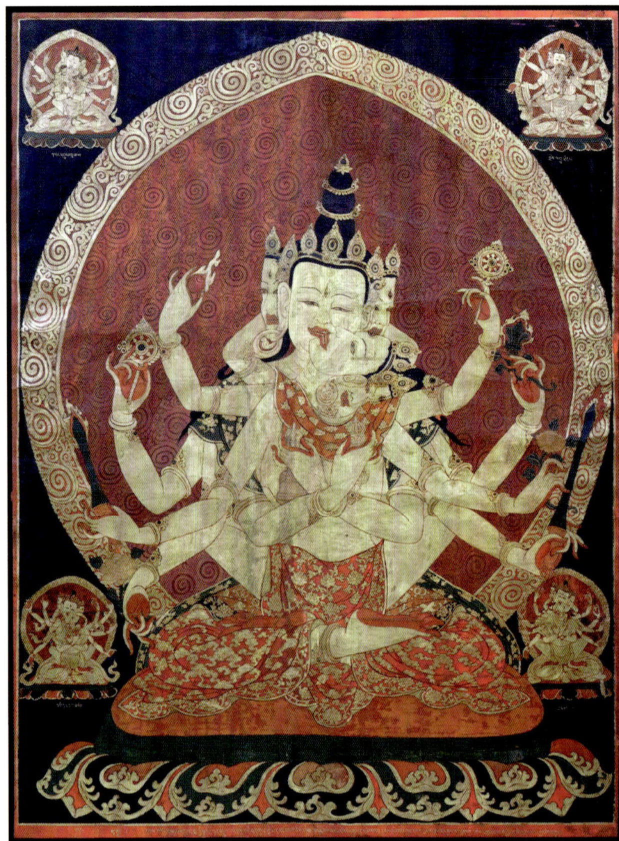

3.
Guhyasamaja Akshobhyavajra (Thanka), 17. Jahrhundert / 17th century. New York, Rubin Museum of Art

ter Island (USA, New York), wobei er im Atelier auch einen wenig überzeugenden Vergrößerungsversuch der kleinen Aluminiumarbeiten sah. Chamberlain berichtete ihm von seinen bisherigen Erfahrungen und Mourmans konnte sich vorstellen, das Anliegen des Künstlers zu verwirklichen.

Dies war der Anfang einer äußerst fruchtbaren, intensiven Zusammenarbeit, in deren Verlauf sich der damals schon 80jährige Chamberlain immer wieder nach Belgien begab, um dort unter idealen Bedingungen sein atemberaubendes Spätwerk zu realisieren. Einerseits begann er dort nach jahrelanger Pause wieder Werke aus alten Autokarosserieteilen herzustellen, andererseits konzentrierte er sich auf die *Foil Adventures*, die nun ihre angestrebte Dimension von bis zu 16 Fuß, also annähernd 5 Meter, erreichten und dabei den unprätentiösen Charakter der handtellergroßen Gebilde mit ihrem „record of dimples, peaks and valleys across its surface [and] its high reflectivity“[7] nicht verloren. An den Entstehungsprozess der Aluminiumskulpturen erinnerte sich Chamberlain 2009 in einem Interview:

> „I make the small sculptures and Ernest makes them larger. [...] Ernest has a huge warehouse or studio in Belgium [...] and [he and his guys] are very good at enlarging my models into full-scale, hand-formed aluminium foil sculptures. [...] I'm the one who decides the shape and material... Whenever an issue comes up, I have the authority. And he [Ernest] is very good about the way he runs his shop and makes the objects. Art isn't really work. Art isn't labor. When it's labor, it's better to have someone who is an expert that does it every day. These guys are much more experts.“[8]

Alle 29 Aluminiumminiaturen Chamberlains aus den 1980er Jahren wurden zwischen 2007 und 2011 in Belgien in der gewünschten Größe verwirklicht, wobei der Künstler auch entschied, dass jede Arbeit in dreifacher Auflage ausgeführt werden sollte. Außerdem legte er die vier Farben für die Plastiken fest: Silber, Grün, Kupfer und Pink (eine Palette, die aufgrund technischer Bedingungen kleiner war, als die ursprünglich gewünschte).[9] Bei den ersten Ausstellungen in Giswil in der Schweiz, in der Pinakothek der Moderne in München, im Guggenheim Museum in New York oder den eindrucksvollen Präsentationen unter freiem Himmel etwa im *Royal Botanical Garden* in Edinburgh oder vor dem *Rijksmuseum* in Amsterdam, waren die Werke sowohl als Einzelfiguren wie auch in Gruppen installiert. Dabei traten sie zum umliegenden Raum in eine tänzerische Beziehung. Chamberlain äußerte:

> „They have a physical feeling of dance. It's the way people move their bodies and hands. Somebody might look at this like a prehistoric animal, but it's really just three rings and has six hands. So I make use of the hands. You know what a circle looks like with the ends coming out. I can make the ends come out like hands or feet. Well this one, *ROSE TUXEDO*, dances.“[10]

Chamberlain bezeichnete Kunst als Ort für Entdeckungen.[11] Immer wieder gelang es ihm, aus vertrauten Werkstoffen etwas zu schaffen, was noch niemand kennt. Auch in den aus Aluminiumfolie hergestellten Skulpturen begegnen dem Betrachter fremdartige Geschöpfe, die an den Betrachter ungewohnte Herausforderungen stellen.

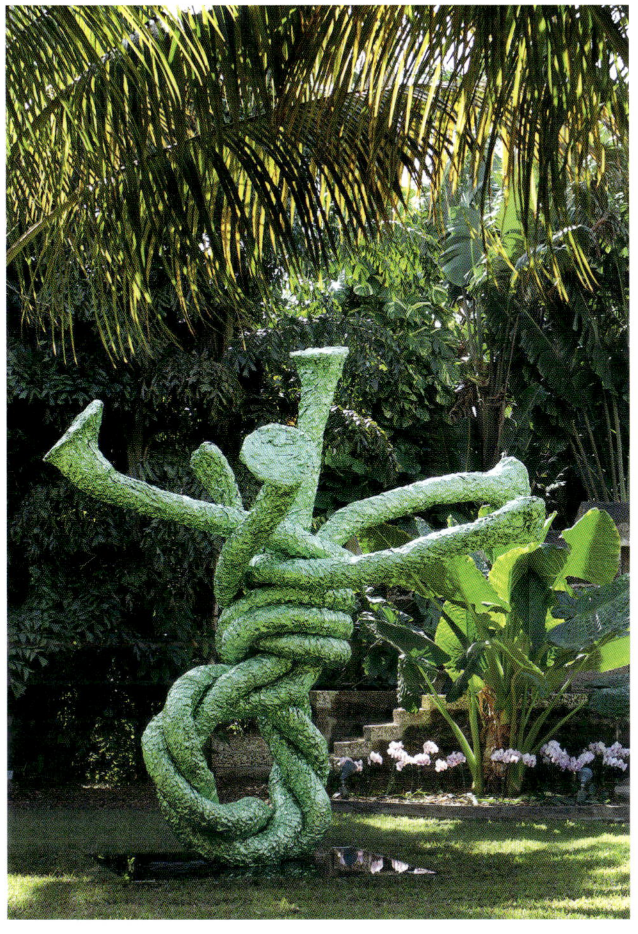

4.
John Chamberlain, *MERMAIDMISCHIEF*, 2009
gefärbtes Aluminium / colored aluminum, 389,9 x 430,2 x 330,2 cm
(153 1/2 x 169 3/8 x 130 in)

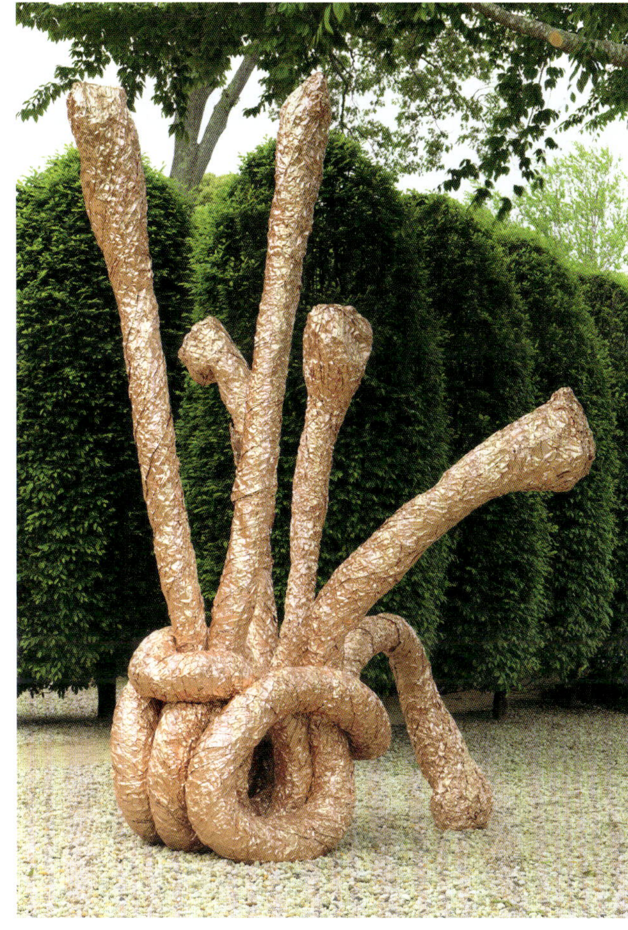

5.
John Chamberlain, *PINEAPPLEPLEASURPRISE*, 2010
gefärbtes Aluminium / colored aluminum, 469,9 x 330,2 x 320 cm
(185 x 130 x 126 in)

Doch so nachdrücklich sie sich von der Tradition der Bildhauerei unterscheiden und „glatten" Vergleichen widersetzen, so entsteht das Neue doch aus der eigenwilligen Improvisation des kulturellen Kanons, dem Chamberlain eine neue Stimme hinzufügt. Lawrence Weiner erläuterte diesen Zusammenhang bei Chamberlain wie folgt:

> „I learned that important thing which Chamberlain knew as well, exclusion leads to nothing. Inclusion could be a pain in the ass, but it's better to be inclusive than exclusive. That's in Chamberlain's work. Everything that came along was an influence on him."[12]

Diesen Reichtum ließ Chamberlain in größter Offenheit in sein Werk einfließen. Wie bei einem brillanten Jazz-Musiker, der in freien Improvisationen seine Meisterschaft erreicht, gelingt sein Werk auf der Basis einer umfassenden Kenntnis der Tradition und der vollen Beherrschung des eigenen Stils, das heißt, seiner gesicherten Erfahrungen über die Wirkweise der von ihm gestalteten Werkstoffe, ihrer Größe oder Farbe. Auf dieser Grundlage arbeitet er in spontaner Kombinatorik und Assoziation und so entstehen schließlich seine „splendilicious"[13] Improvisationen, in denen Gegenwartserfahrung und Tradition zu neuer Einheit finden.

Gerade weil der Betrachter Bekanntes in den Werken kaum wiedererkennt, wird er zum freien Assoziieren und damit zur Fortsetzung von Chamberlains kreativer Schaffensmethode motiviert. Auch Werk und Wahrnehmung sind „in the fit" zu bringen. Die wie nach einem Gewitter aufleuchtende Farbigkeit der Skulpturen, wie auch die Kantigkeit ihrer Falten lassen in mir Erinnerungen an *El Grecos Feast in the House of Simon* aufblitzen. Chamberlain hat *El Grecos* Gemälde bewundert und ihm schon während seiner Studientage am Art Institute von Chicago *ein- bis zweimal am Tag Hallo gesagt*[14]. Ein weiterer Vergleich mag ebenfalls anregend wirken: Die fein gefaltete metallische Folie hat den Künstler selbst an eine Nixe denken lassen, wie der reizvolle Titel *MERMAIDMISCHIEF* eines Werks dieser Serie suggeriert. Erinnert man sich an die hautengen Kostüme dieser Wesen, die in seltenen Fällen sogar auf der Erde bewundert werden können, ist man, etwa bei *FROSTYDICKFANTASY*, geneigt, diese Assoziation auszubauen.

Die yogihaft in sich verschlungenen Figuren (*naughtynightcap*) finden einen Widerhall in vielarmigen buddhistischen Gottheiten. So wird Akshobhyavajra mit seinen sechs Armen und drei Köpfen in geheimer Verbindung mit einer Frau gezeigt, was die Anzahl der Gliedmaßen noch unübersichtlicher macht. Beide Figuren scheinen, wie auch die ineinander geschlungenen Aluminiumleiber bei Chamberlain, mit ihren ausgreifenden Gliedmaßen nach physischen Partnern ebenso zu suchen, wie nach dem ungreifbaren Raum, der sie umgibt. Das erotische Thema in Chamberlains *Car parts* hat in den Aluminiumwerken eine neue Gestalt angenommen. Generell geht in seinen Skulpturen eine extreme körperliche Bewegtheit mit einer erstaunlichen Stabilität einher. Die Werke signalisieren damit einen in der Kunst dauerhaft angehaltenen Moment der Perfektion und der Überraschung. Dies ist dem fortdauernden Augenblick in Fragonards berühmtem Gemälde *Die Schaukel* (Abb. 2) vergleichbar. Die sinnliche Kraft der jungen Dame findet ihren Ausdruck in den konkav und konvex zusammenschwingenden Falten ihres bauschigen pinkfarbenen Kleides und im pikant-koketten Abwerfen ihres Schuhs. Sie drückt damit den „decisive moment" für die Erfüllung ihres Verlangens aus. In einem solchen Moment, der gleichermaßen Aufregung und Sicherheit, Streben und Gelingen in sich aufnimmt, verharren auch Chamberlains Skulpturen. In sich selbst und im Zusammenklang mit ihrem Umfeld manifestieren sie ein über sich selbst Hinauswachsen und erreichen maximale Haltung. Grenzen, die einstmals bestanden haben, werden hier einmal mehr mit Fantasie und Schöpferkraft überflügelt. Chamberlain sagte: „Perfection is an instant."[15]

1. Der Anspruch auf „unprecedented knowledge or information" geht, wie Chamberlain in einem Interview erläutert, auf Clement Greenberg zurück, von dem er 1948 einen Vortrag hörte. Vgl. „John Chamberlain im Interview mit Richard D. Marshall", in: Whitewall. Contemporary Art and Lifestyle Magazine, Herbst 2009, S. 100-115, S. 105.
2. Rundtisch Diskussion von Klaus Kertess mit Larry Bell, Alexandra Fairweather, Ultra Violet, „John Chamberlain in Conversation with Klaus Kertess", The Chinati Foundation, Marfa, Texas; hier zit. nach: Kara Van der Weg/Gagosian Gallery (Hrsg.), John Chamberlain. In Memoriam, New York 2016, S. 46-52, S. 49.
3. Sylvester, Julie, „Auto/Bio: Conversations with John Chamberlain", in: Julie Sylvester (Hrsg.), John Chamberlain. A Catalogue Raisonné of the Sculpture, 1954–1985, New York: Hudson Hills Press in Zusammenarbeit mit dem Museum of Contemporary Art, S. 23. Zuletzt wurde der von Chamberlain selbst immer wieder betonte erotische Aspekt seiner Kunst ausführlich untersucht von David J. Getsy in „Immoderate Couplings. Transformations and Gender in John Chamberlain's Work", in: Ders.: Abstract Bodies. Sixties Sculpture in the Expanded Field of Gender, New Haven und London: Yale University Press, 2015, S. 97-145.
4. Ausführlicher: Thierolf, Corinna, „Because there was Nobody in it. On John Chamberlain's Late Work", in: John Chamberlain. CURVATUREROMANCE, München: Pinakothek der Moderne, 2011, S. 20-26.
5. Chamberlain and Auder: Treatment for „Secret Life of William Shakespeare", S. 7. zit. N. Getsy 2015, S. 116. Die Äußerung traf er gemeinsam mit der Schauspielerin Susan Hoffmann (Andy-Warhol-Superstar, zeitweise verheiratet mit Michel Auder) im Zusammenhang mit einem unrealisierten Filmprojekt.
6. Ernest Mourmans, Conversation with the author, July 21, 2017.
7. Getsy, David J., „John Chamberlain's Pliability: The New Monumental Aluminium Works", in: Burlington Magazine (London) 153, Nr. 1303 (2011), S. 738-744, S. 742.
8. „John Chamberlain im Interview mit Richard D. Marshall", in: Whitewall. Contemporary Art and Lifestyle Magazine, Herbst 2009, S. 100-115, S. 108.
9. Es lässt sich keine Systematik erkennen, warum und wie häufig Chamberlain eine bestimmte Farbe für eine Skulptur ausgewählt hat.
10. „John Chamberlain im Interview mit Richard D. Marshall", in ebd., S. 108.
11. „You see, first of all, I have to have a flow, a continuum. And then I have to be very close to the material I'm dealing with—I have to like it. This is my job. Your job is to respond. And if I tell you how to respond, and what I think about this and how I was trying to do that and da-da-da, you'll take it at that, and you won't exercise an act of discovery. Perhaps the only place you can exercise that act is with art". „John Chamberlain in Conversation with Klaus Kertess", Chinati Foundation, Marfa, Texas, 8.10.2005, veröffentlicht in: https://chinati.org/programs/john-chamberlain-in-conversation-with-klaus-kertess, abgerufen am 10.Sept. 2017. Vgl. auch das Eingangszitat in: Susan Davidson, „A Sea of Foam, an Ocean of Metal", in: John Chamberlain. Choices, AK New York, Guggenheim Museum, 2012, S. 17-29, S. 17.
12. Lawrence Weiner, zit. nach: Kara Vander Weg/Gagosian Gallery (Hrsg.), John Chamberlain. In Memoriam, New York 2016, S. 16.
13. Chamberlain benutzt das Wort in einem auf den 23.7.2011 datierten Brief an die Autorin.
14. „John Chamberlain im Interview mit Richard D. Marshall", in: Whitewall. Contemporary Art and Lifestyle Magazine, Herbst 2009, S. 100-115, S. 105.
15. John Chamberlain, zit. n.: De Salvo, Donna, „Ansprache während des Chamberlain Memorials", in: Kara Vander Weg/Gagosian Gallery (Hrsg.), John Chamberlain. In Memoriam, New York 2016, S. 39-41, S. 41.

CORINNA THIEROLF

FOIL ADVENTURES JOHN CHAMBERLAIN'S LATE WORKS IN ALUMINUM

ON A MEMORABLE SUMMER DAY IN 1958, JOHN CHAMBERLAIN FOUND A ROUGHLY THIRTY-YEAR-OLD FORD IN THE BACK YARD OF HIS FRIEND LARRY RIVERS'S HOUSE IN SOUTHAMPTON, LONG ISLAND. In this rusted car the sculptor discovered the Carrara marble of the twentieth century. Removing the fenders from a vehicle that seemed to him worthless (although to the absent Rivers it was a desirable old-timer), he drove over the metal in his own car, deforming it and thereby liberating it from its original function. By bending, crumpling, and twisting the refractory material, he lent it a new, suggestive vibrancy. Such was the origin of his first, iconic sculpture using car parts, which would be followed by a virtually endless wealth of sculptures also made out of auto-body parts. From the unorthodox combination of these expansive individual fragments, with their molded swellings, compression waves, and folds, Chamberlain set free a vitality, rhythm, and movement that make the works highly emotional. In an intriguing transformation, they continue the ancient tradition of sculpture while also setting themselves apart from it through what the artist called the "unprecedented knowledge or information" they contain.[1]

The work that grew out of this beginning was both various and influential, but there were other no less surprising turns in Chamberlain's career. His childhood experience of inflating and deflating paper bags was an early big bang in his search for unexplored qualities in sculptural materials and processes. Equally inspiring was a series of events that began in the favored nightclub of the New York art scene in the mid-'60s: "There's a memory of all of us sitting around Max's Kansas City at night, waiting for John to finish a pack of cigarettes, because when he crumpled it, he crumpled it like nobody else could."[2] From these crumplings it is only a stone's throw to the artworks that he crumpled with his bare hands, without the assistance of presses and other tools, beginning in 1966. For these works he employed, among other things, paper, foam, and, even this early, aluminum foil, which was to become an essential material for him in his last years. Some of these works he made so quickly that he referred to them as "instant sculptures"; snapshots of quickly passing moments in an endless chain of sculptural transformation, they occasionally achieved permanence, for example in the *Penthouse* series of 1969, for which Chamberlain dipped crumpled and painted paper bags in synthetic resin. In each of these works a familiar, readily available object became a new, unfamiliar one.

Chamberlain was in open dialogue with his materials, responding strongly and sensitively to their specific qualities—their density, weight, pliancy. Like a dancer, he engaged in a kind of *paso doble* with the material, getting to know his partner, courting it, observing it, taking it to its physical limits, bending it, twisting it, and finally leading it through marvelous light-footed pirouettes. He pushed himself to his limits as well, but he never bent metal until it cracked, or tore paper into shreds; he had no wish to dominate his materials, rather to explore the collaboration between two forces at work on each other: the artist and his medium. This pair danced a dynamic creative duet on an equal footing, exposing both their separate natures and their symbiotic association in a deliberately unplanned development.

Chamberlain's approach had an unveiled eroticism, a quality of erotic partnership particularly clear in the works made of painted and chromed automobile parts—irreducibly disparate yet integrated with a perfect "click" into a whole. Chamberlain called this unity being "in the fit." The "meshing" of individual sculptural units is a core concept of his work:

> "Each part is different and each part can fit to some place convenient to itself. In other words, if you have two, not only do they become much stronger because of their union, but they tend to develop certain lines in relation to each other that suggest a marriage."[3]

Chamberlain used being "in the fit," and his method in general, as a metaphor for sexuality, or in a broader sense for the whole spectrum of interactions between living creatures. The idea is clear in such sculptures as the late *VENERABLEFRIENDSHIP* (2008), whose shiny, towering chrome body is individualized through the pressing process and expressively charged, so that its internal "personalities" continually turn toward each other, support each other, or appear to collapse before each other.[4]

Chamberlain's sculpture probed the limits of the possible. Through weight, dimensions towering or broad, or extreme angles, some works have a dramatic physical presence while others suggest a touching physical fragility. In a process as instinctive as it was intense, Chamberlain successively incorporated each work's components into a whole. His direct handling of the material was crucial; as he put it, "Magic moments are to be allowed to happen spontaneously."[5] Indirect processes—the tactical development of a sculpture out of a sketch, or any tinkering with it after the fact—were foreign to this master of improvisation and intuition.

A group of twenty-nine small, freestanding works that Chamberlain made out of aluminum foil in the mid-1980s is no exception.[6] He squeezed the foil into elongated shapes, which he bent and sometimes twisted together, then formed the ends into shovel shapes. Only around four inches tall, and made by hand without the use of tools, these sculptural narratives fit into the palm of the hand yet catapult the viewer far beyond their miniature dimension through their concentration and suggestiveness. Auguste Rodin, in *The Hand of God* (c. 1907), had formed a male and a female figure cradled in a larger hand (modeled on his own) from a block of stone, thus alluding to the biblical act of creation and the artistic one. Though no longer figurative, Chamberlain's aluminum-foil sculptures also illustrate the original creative activity in which material is shaped in direct interplay with the artist's eye and hand. Developing them completely manually, he organized and realized even the most sweeping visions he had in mind. Each work stands as a *concetto*, to use Giorgio Vasari's term—the valid visualization of an idea.

Part of Chamberlain's idea for these sculptures was to reproduce them at a much grander scale. But there were technical barriers, for if the sculptures were to remain stable and balanced, the enlargement required a stronger material: aluminum sheets that could not be worked anything like as easily as the household foil that Chamberlain had originally used. Before 2007, then, the largest sculpture he made of this kind was about a foot tall. That year, though, he came to know Ernest Mourmans, who runs a renowned workshop in Belgium that specializes in the complex technical challenges involved in working with metals and other materials; artists and designers who have worked with him include Frank Stella and Ron Arad. Mourmans visited the artist in his home on Shelter Island, New York, where he saw in the studio a rather unconvincing attempt at enlarging the small works in aluminum foil. When Chamberlain told him about his experience with these works, Mourmans was able to imagine a way of enlarging them.

So began a working relationship both fruitful and intensive. Already eighty years old, Chamberlain made repeated trips to Belgium, where, after a break of many years, he once again began to make works out of old auto-body parts but also concentrated on his *Foil Adventures*, which Mourman had found a way to produce at a size of up to sixteen feet tall without losing the unpretentious nature of the palm-size structures, each with its own "record of dimples, peaks and valleys across its surface" and its "high reflectivity.[7] Chamberlain would recall,

> "I make the small sculptures and Ernest makes them larger. [...] Ernest has a huge warehouse or studio in Belgium [...] and [he and his guys] are very good at enlarging my models into full-scale, hand-formed aluminium foil sculptures. [...] I'm the one who decides the shape and material... Whenever an issue comes up, I have the authority. And he [Ernest] is very good about the way he runs his shop and makes the objects. Art isn't really work. Art isn't labor. When it's labor, it's better to have someone who is an expert that does it every day. These guys are much more experts."[8]

Between 2007 and 2011, all twenty-nine of Chamberlain's aluminum miniatures from the 1980s were realized in the desired size. The artist had decided that each should be produced in an edition of three; he also established that they should be made in one of four colors, silver, green, copper, or pink (a palette for technical reasons more limited than he originally desired), without repetition within an edition. Beyond these conditions there is no recognizable system in his choices of the color to be used in a sculpture. When first shown—at the More Gallery in Giswil, Switzerland, the Pinakothek der Moderne in Munich, the Guggenheim Museum in New York, and in impressive outdoor settings such as the Royal Botanic Garden in Edinburgh and the grounds of the Rijksmuseum in Amsterdam—they were installed both as single figures and in groups. In each case, they engaged in a dancelike relationship with the space around them. Chamberlain explained,

> "They have a physical feeling of dance. It's the way people move their bodies and hands. Somebody might look at this like a prehistoric animal, but it's really just three rings and has six hands. . . . You know what a circle looks like with the ends coming out. I can make a circle and make the ends come out like hands or feet. Well this one, *ROSETUXEDO*, dances."[9]

Chamberlain described art as a place of discovery.[10] Again and again, he managed to use familiar materials to create something unknown. The aluminum-foil works confront the viewer with alien creatures that impose unfamiliar challenges. Yet as emphatically as they depart from sculptural tradition and resist slick comparisons, their novelty arises from an idiosyncratic improvisation on the cultural canon. Lawrence Weiner explains,

> "I learned that important thing which Chamberlain knew as well, exclusion leads to nothing. Inclusion could be a pain in the ass, but it's better to be inclusive than exclusive. That's in Chamberlain's work. Everything that came along was an influence on him."[11]

Chamberlain was perfectly candid in letting this wealth of influence into his work. Like a jazz musician who achieves mastery in free improvisation, he worked out of both a comprehensive knowledge of his aesthetic tradition and a full command of his own style, and also from his experiences with his materials, their size and color. It was on this foundation that he made his spontaneous combinations and associations, producing "splendilicious" improvisations in which tradition and present-day experience enter into a homogeneous whole.[12]

If Chamberlain's process of free association made the viewer unlikely to recognize anything familiar in his work, it was precisely this quality that motivated him to the continuation of his creative method. The work and its perception needed to be brought "in the fit." The sculptures' colors, glowing as if after a storm, and the angularity of their folds make me think of El Greco's painting *Feast in the House of Simon* (1608/14)—a painting that Chamberlain admired, and that he said hello to "once or twice a day" while a student at the Art Institute of Chicago.[13] A further comparison may also be provocative: the charming title of one of the works, *MERMAIDMISCHIEF*, invites an analogy between the delicately folded metal foil and the skin-tight costumes of mermaids. Other titles, for example *FROSTYDICKFANTASY*, tempt one to similar associations.

Meanwhile the figures contorted like yogis, such as *naughtynightcap*, find echoes in Buddhist deities such as Akshobhyavajra, with his six arms and three heads, the limbs in images of him becoming even more difficult to count when he is shown in esoteric union with a woman. He seems to seek a physical partner, as do Chamberlain's intertwined aluminum bodies. The erotic undercurrent in the auto-body works takes a new form in the aluminum ones. His sculpture generally combines an extreme sense of physical movement with an astonishing stability, perfectly capturing a moment of surprise in a physical form. Another antecedent I am reminded of, then, is the eternal moment caught in Fragonard's famous painting *The Swing* (c. 1767), which expresses a young woman's sensual power through the pulsating folds, both concave and convex, of her bouffant pink dress and the piquant, coquettish way in which she kicks off her shoe. She thus expresses what Henri Cartier-Bresson called the "decisive moment" in the fulfillment of her desire. Chamberlain's sculptures also reside in such a moment, equally incorporating excitement and assurance, quest and fulfillment. In themselves and in their relation with their surroundings, they transcend themselves and attain their maximal "stance." As Chamberlain said, "Perfection is an instant."[14]

1. John Chamberlain, in Richard D. Marshall, "John Chamberlain," interview, *Whitewall: Contemporary Art and Lifestyle Magazine*, fall 2009, p. 105. As the artist explains, the phrase "unprecedented knowledge or information" originates with Clement Greenberg, whom he had heard lecture in 1948.
2. Klaus Kertess, in conversation with Larry Bell, Alexandra Fairweather, and Ultra Violet, Goode-Crowley Theater, Chinati Foundation, Marfa, Texas, 2012, quoted in Kara Vander Weg, ed., *John Chamberlain: In Memoriam* (New York: Gagosian, 2012), p. 49.
3. Chamberlain, in Julie Sylvester, "Auto/Bio: Conversations with John Chamberlain," in Sylvester, ed., *John Chamberlain: A Catalogue Raisonné of the Sculpture 1954–1985* (New York: Hudson Hills Press, in association with the Museum of Contemporary Art, Los Angeles, 1986), p. 23. The erotic aspect of his art, repeatedly emphasized by Chamberlain himself, was most recently studied in detail in David J. Getsy, "Immoderate Couplings: Transformations and Gender in John Chamberlain's Work," in Getsy, *Abstract Bodies: Sixties Sculpture in the Expanded Field of Gender* (New Haven and London: Yale University Press, 2015), pp. 97–145.
4. See Corinna Thierolf, "'Because there was Nobody in it': On John Chamberlain's Late Work," in *John Chamberlain: curvatureromance*, exh. cat. (Munich: Pinakothek der Moderne, 2011), pp. 20–26.
5. Chamberlain, quoted in Getsy, "Immoderate Couplings," p. 116. He worked out this statement together with the actress and Andy Warhol superstar Susan Hoffmann in connection with an unrealized film project.
6. Ernest Mourmans, conversation with the author, July 21, 2017.
7. Getsy, "John Chamberlain's Pliability: The New Monumental Aluminium Works," *The Burlington Magazine* 153, no. 1303 (November 2011): 742.
8. Chamberlain, in Marshall, "John Chamberlain," p. 108.
9. *Ibid.*
10. "I have to have a flow, a continuum. And then I have to be very close to the material I'm dealing with—I have to like it. This is my job. Your job is to respond. And if I tell you how to respond, and what I think about this and how I was trying to do that and da-da-da, you'll take it at that, and you won't exercise an act of discovery. Perhaps the only place you can exercise that act is with art." Chamberlain, in conversation with Kertess, Goode-Crowley Theater, Chinati Foundation, Marfa, Texas, October 8, 2005, available online at https://chinati.org/programs/john-chamberlain-in-conversation-with-klaus-kertess (accessed November 28, 2017). See also the opening quote in Susan Davidson, "A Sea of Foam, an Ocean of Metal," in *John Chamberlain: Choices*, exh. cat. (New York: Guggenheim Museum, 2012), p. 17.
Chamberlain, in Marshall, "John Chamberlain," p. 105.
11. Lawrence Weiner, quoted in Vander Weg, *John Chamberlain. In Memoriam*, p. 16.
12. Chamberlain used the word "splendilicious" in a letter to the author, July 23, 2011.
13. Chamberlain, in Marshall, "John Chamberlain," p. 105.
14. Chamberlain, quoted in Donna De Salvo, address during the Chamberlain Memorial, in Vander Weg, *John Chamberlain. In Memoriam*, p. 41.

werke | works

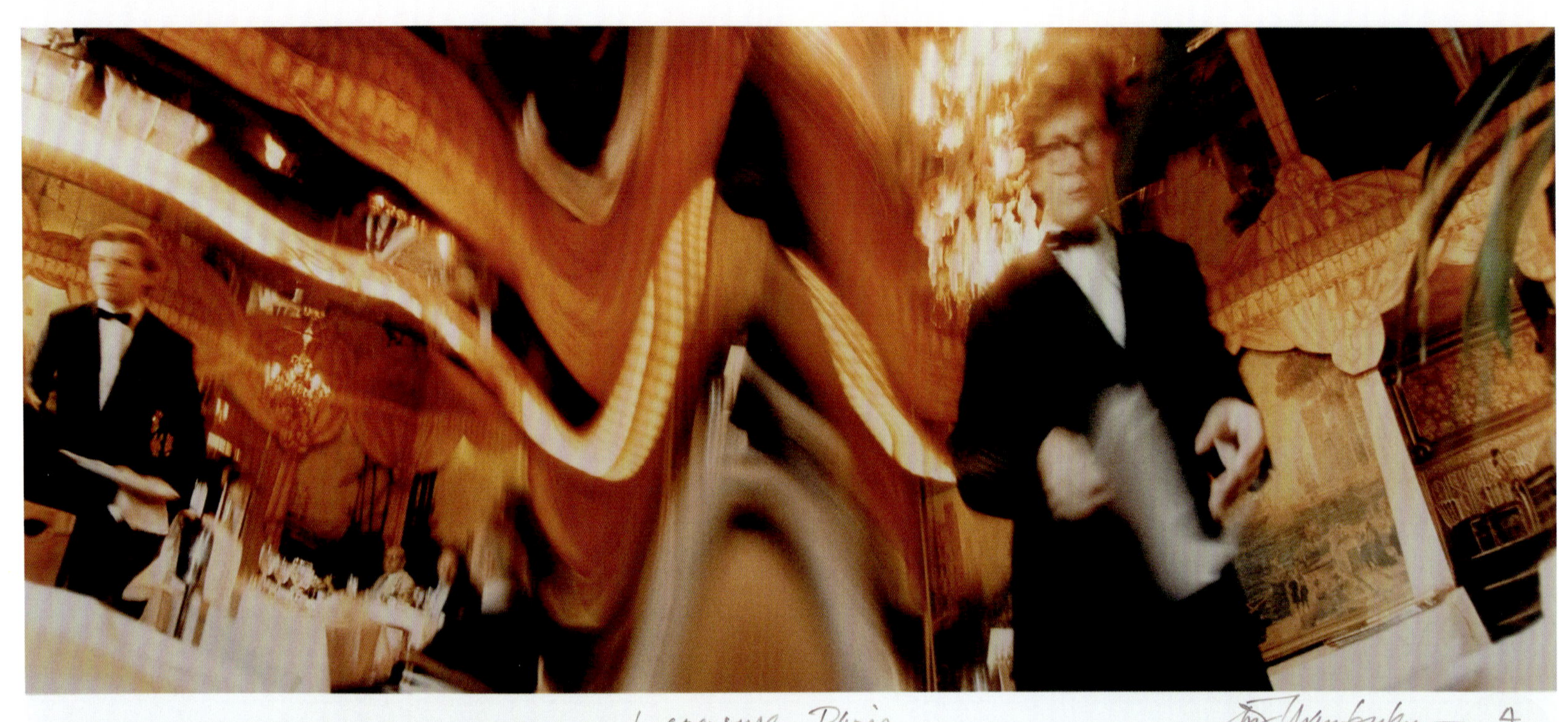

1.
Laperouse Paris, 1989

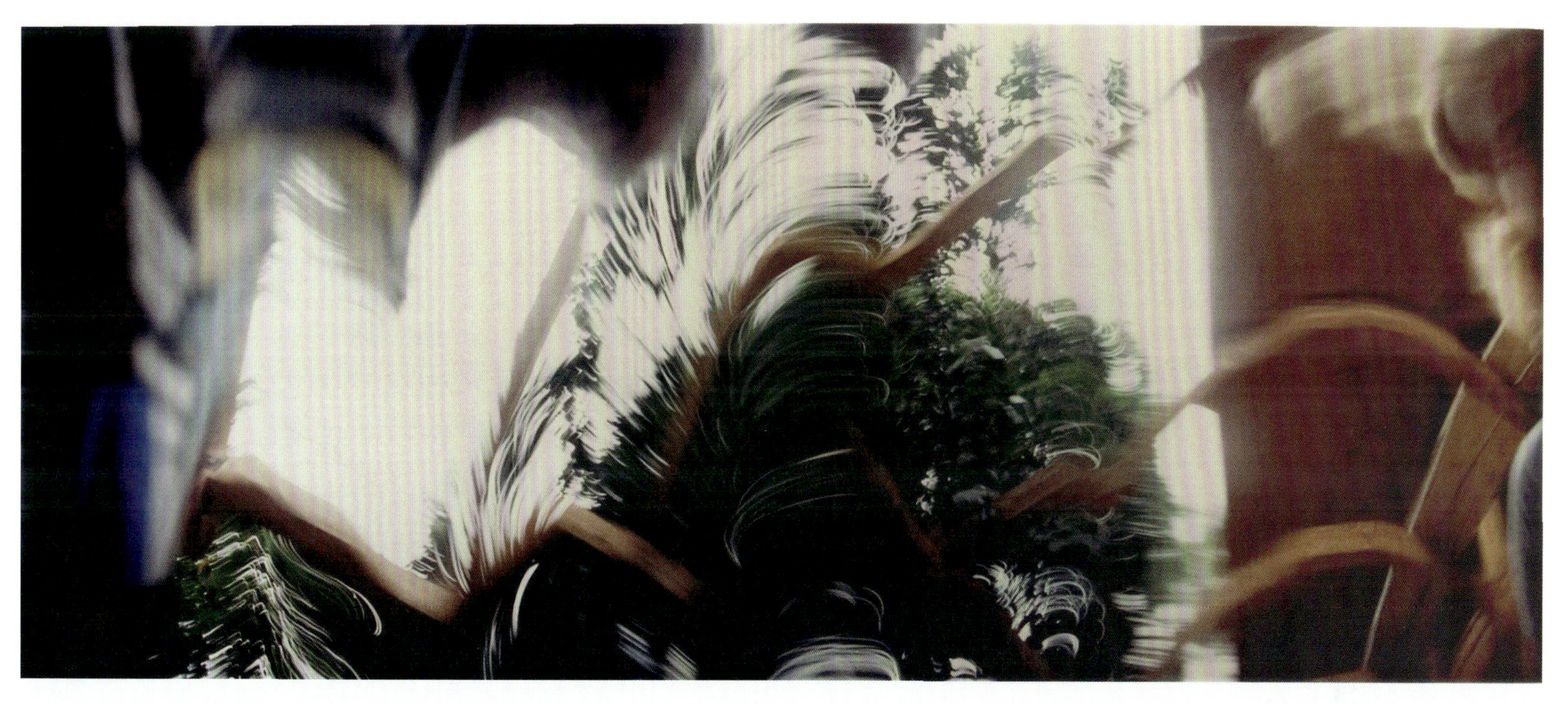

2.
An Aside, 1989

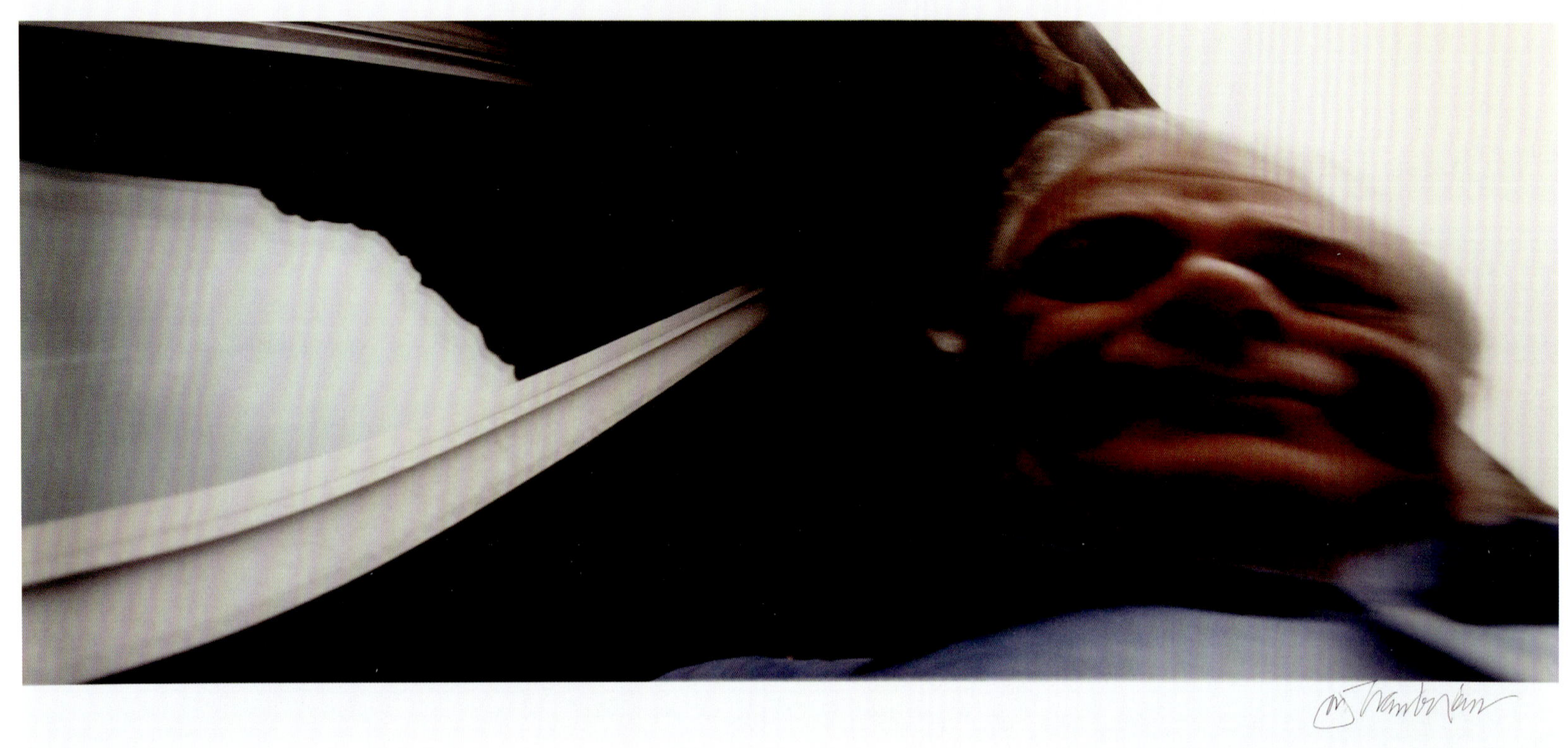

3.
Ohne Titel / Untitled, 1989

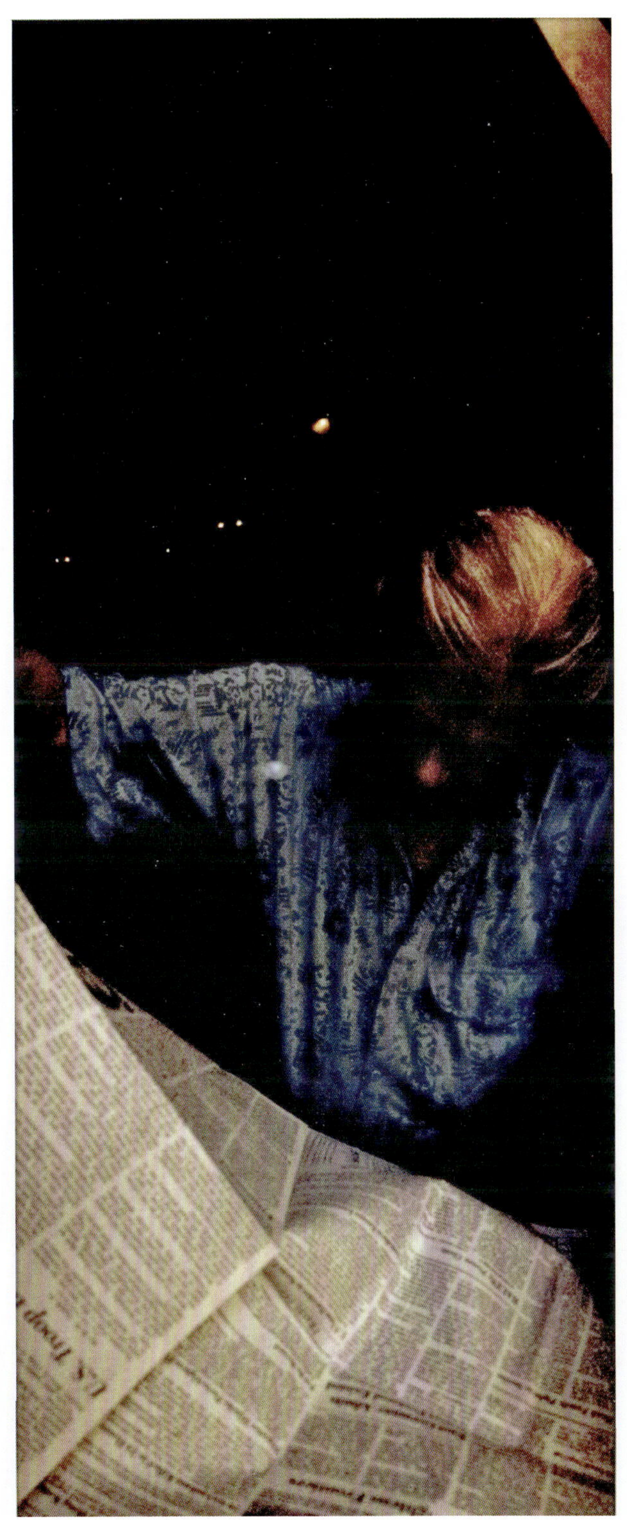

4.
Lite Dot, 1989

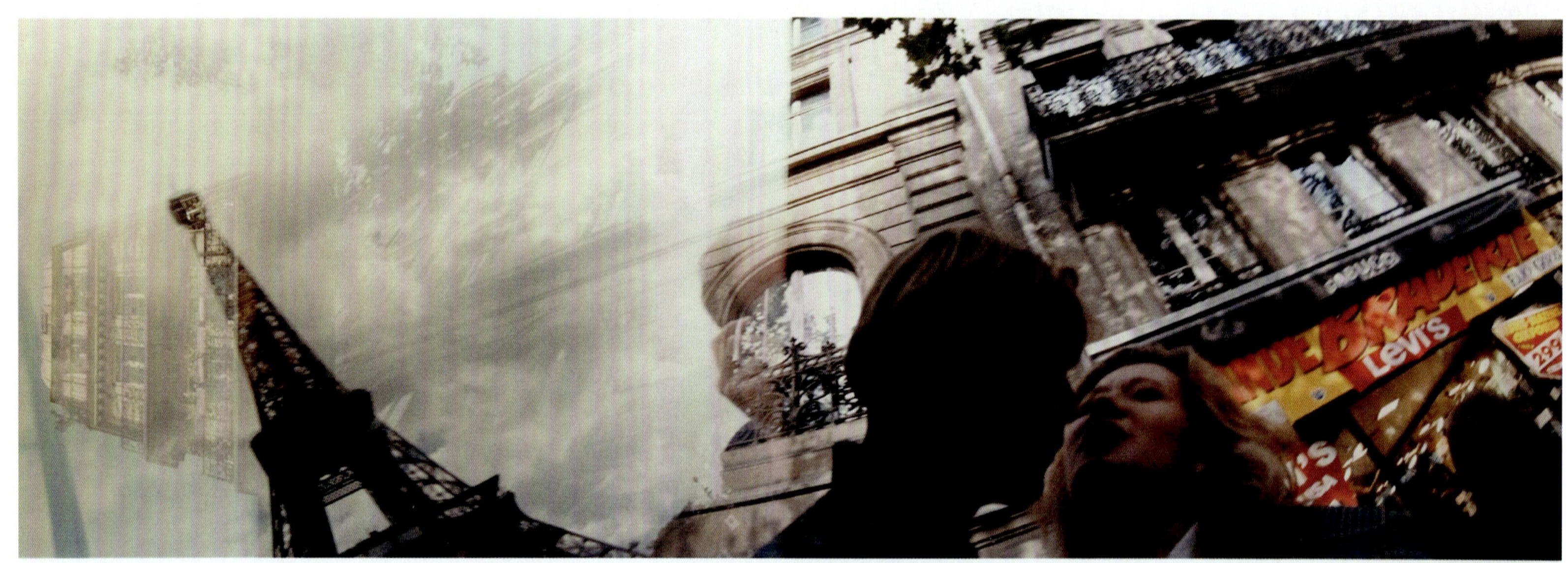

5.
Ohne Titel / *Untitled*, 1989

6.
Paris Gangel, 1989

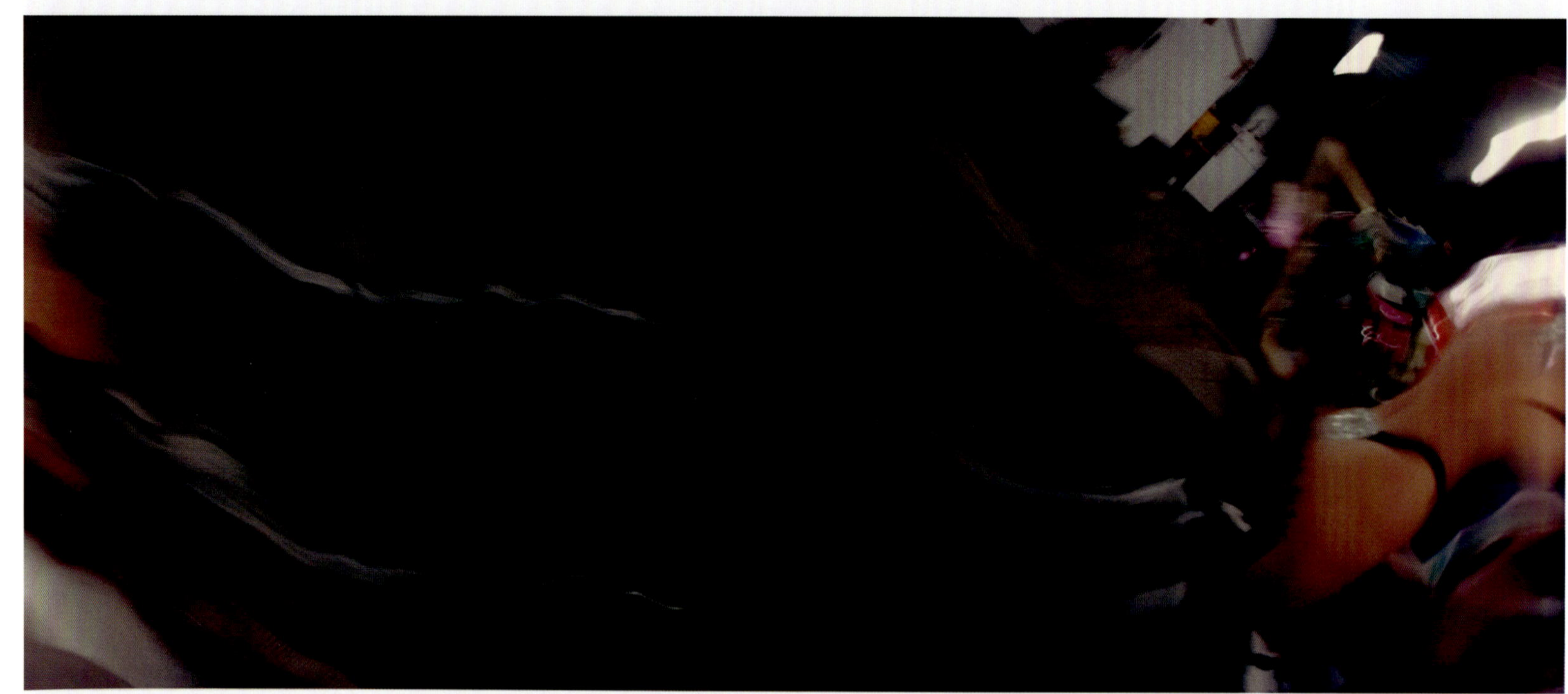

7.
Happy Birthday II, 1989

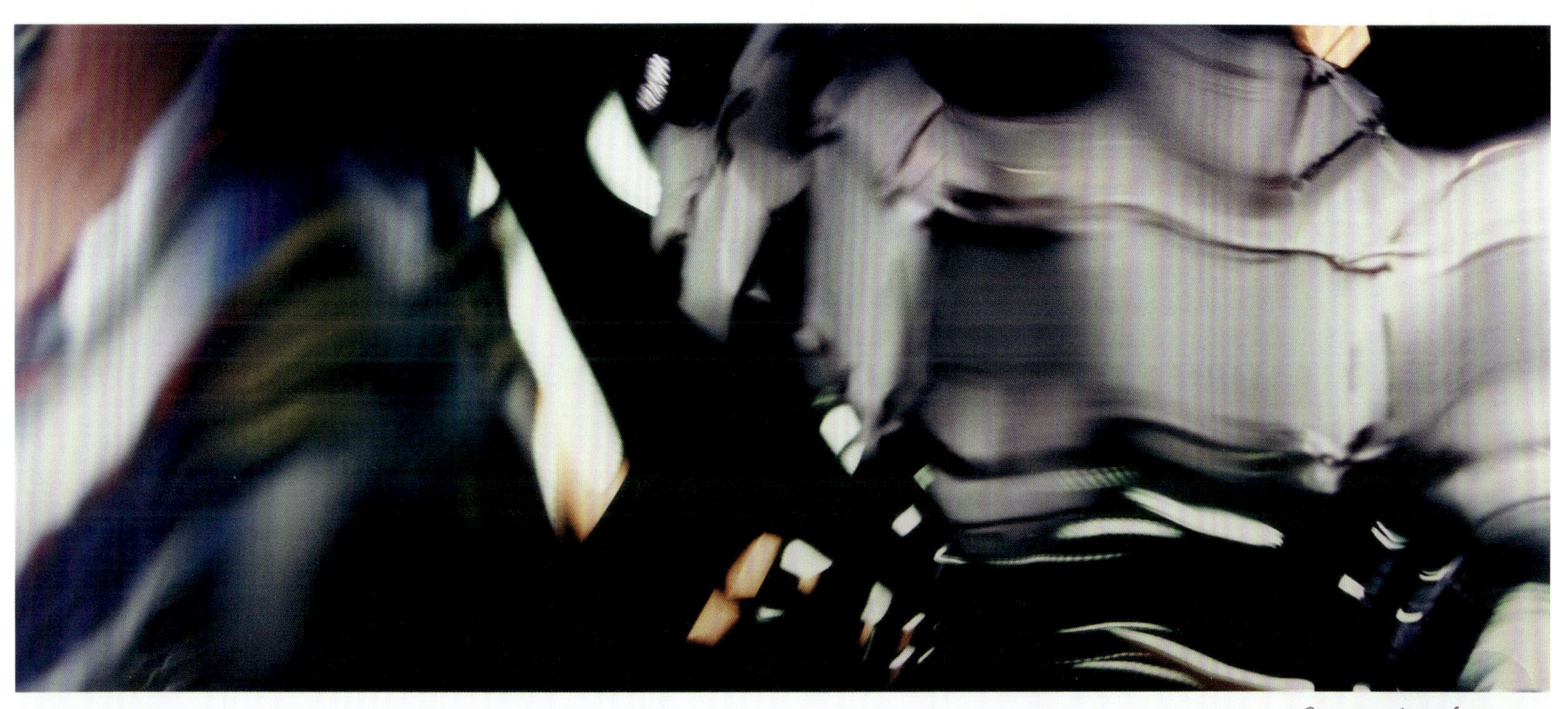

8.
Downtown, 1989

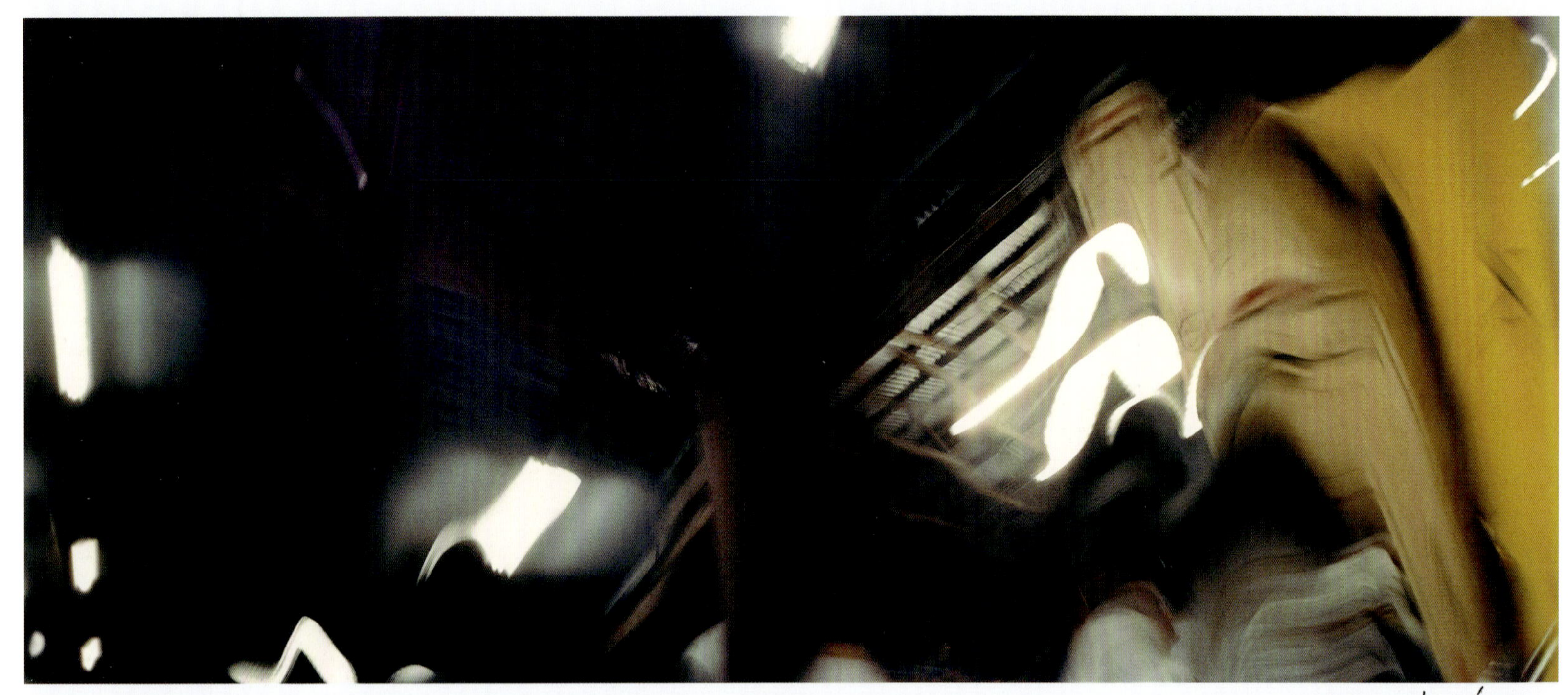

9.
Studio Lite III, 1989

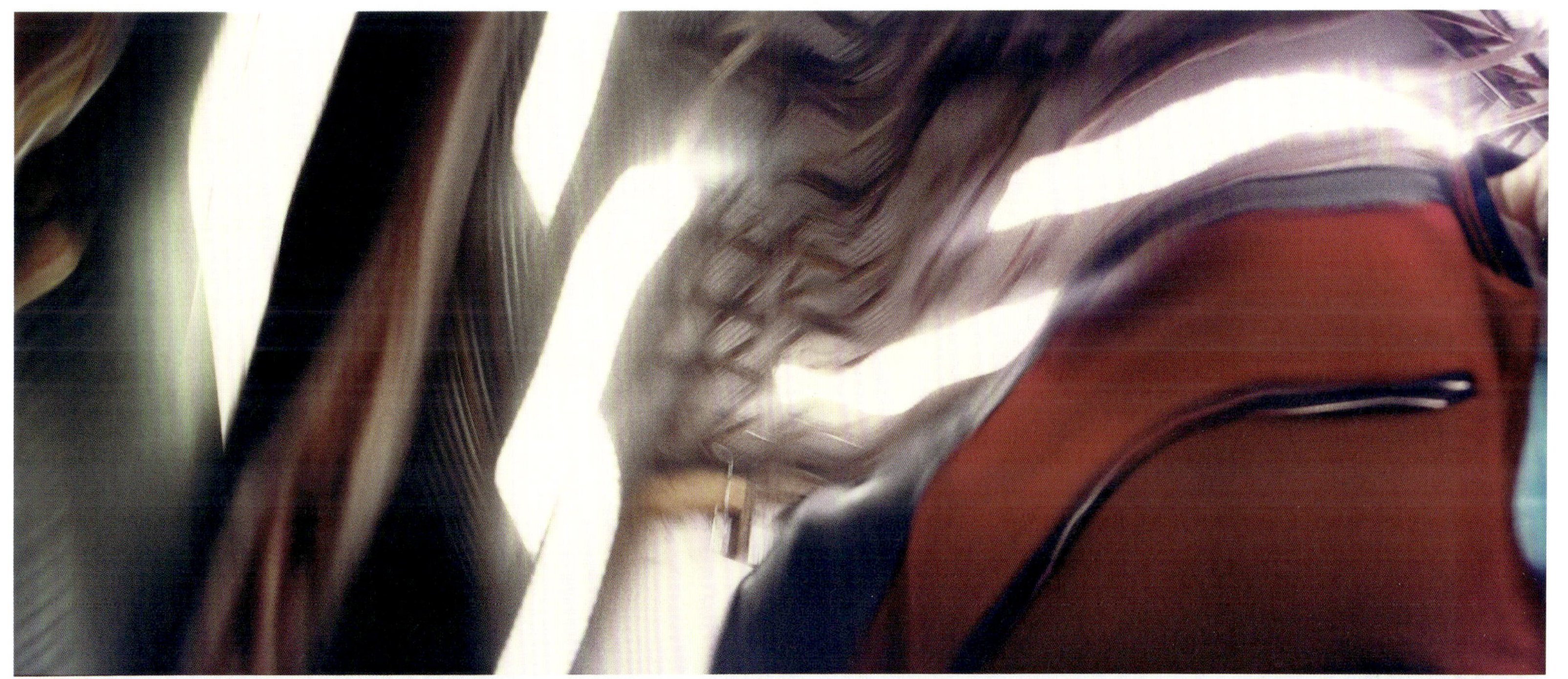

10.
Studio Lite IV, 1989

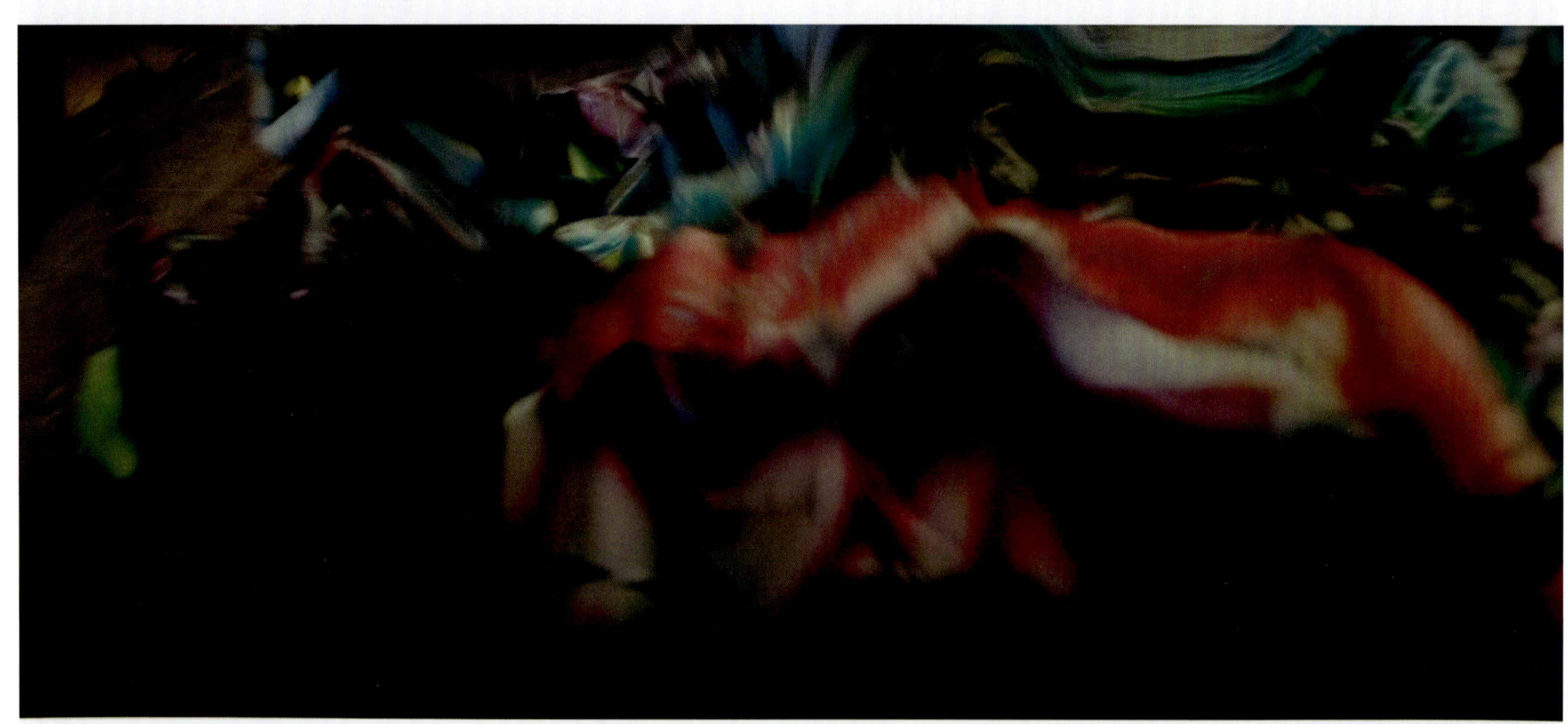

11.
Studio Lite VIII, 1989

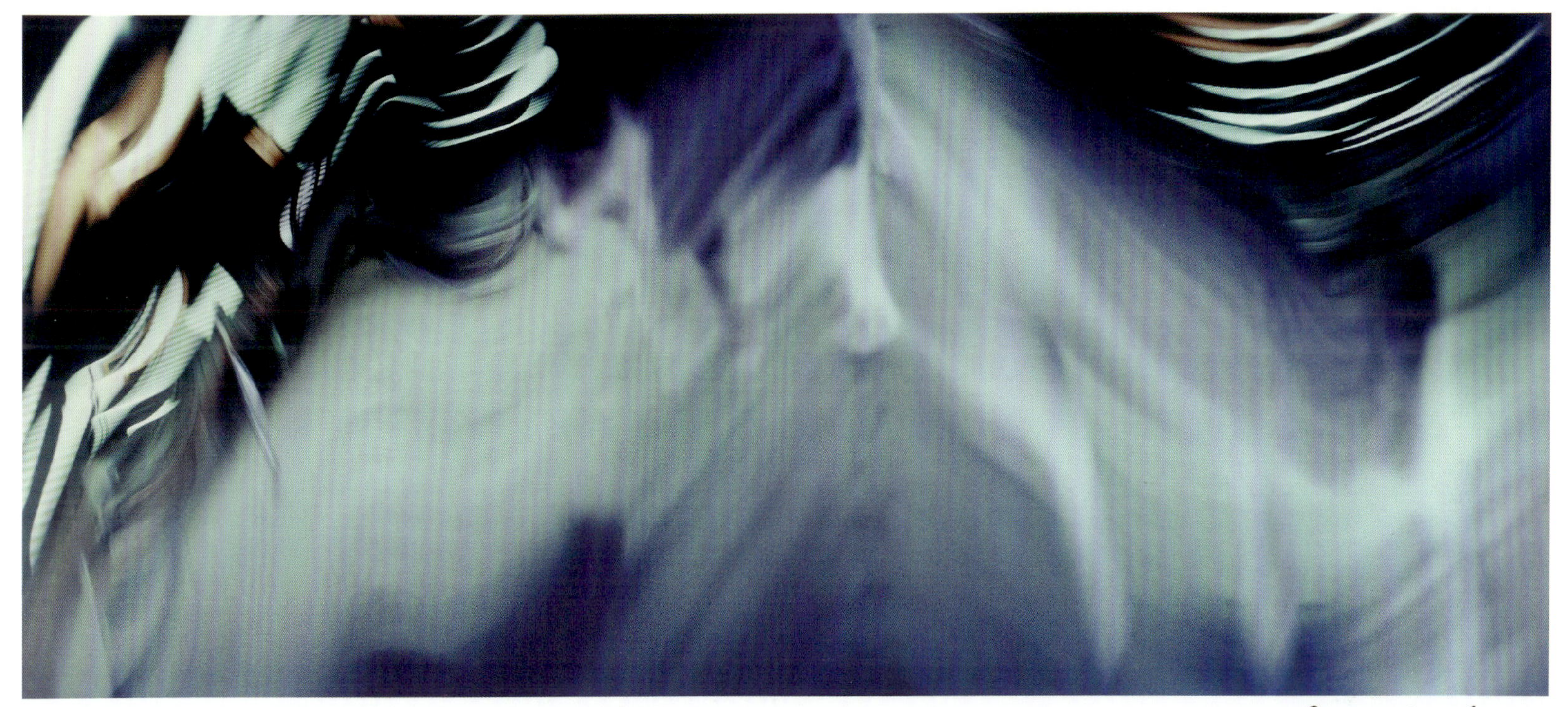

12.
Studio Lite IX, 1989

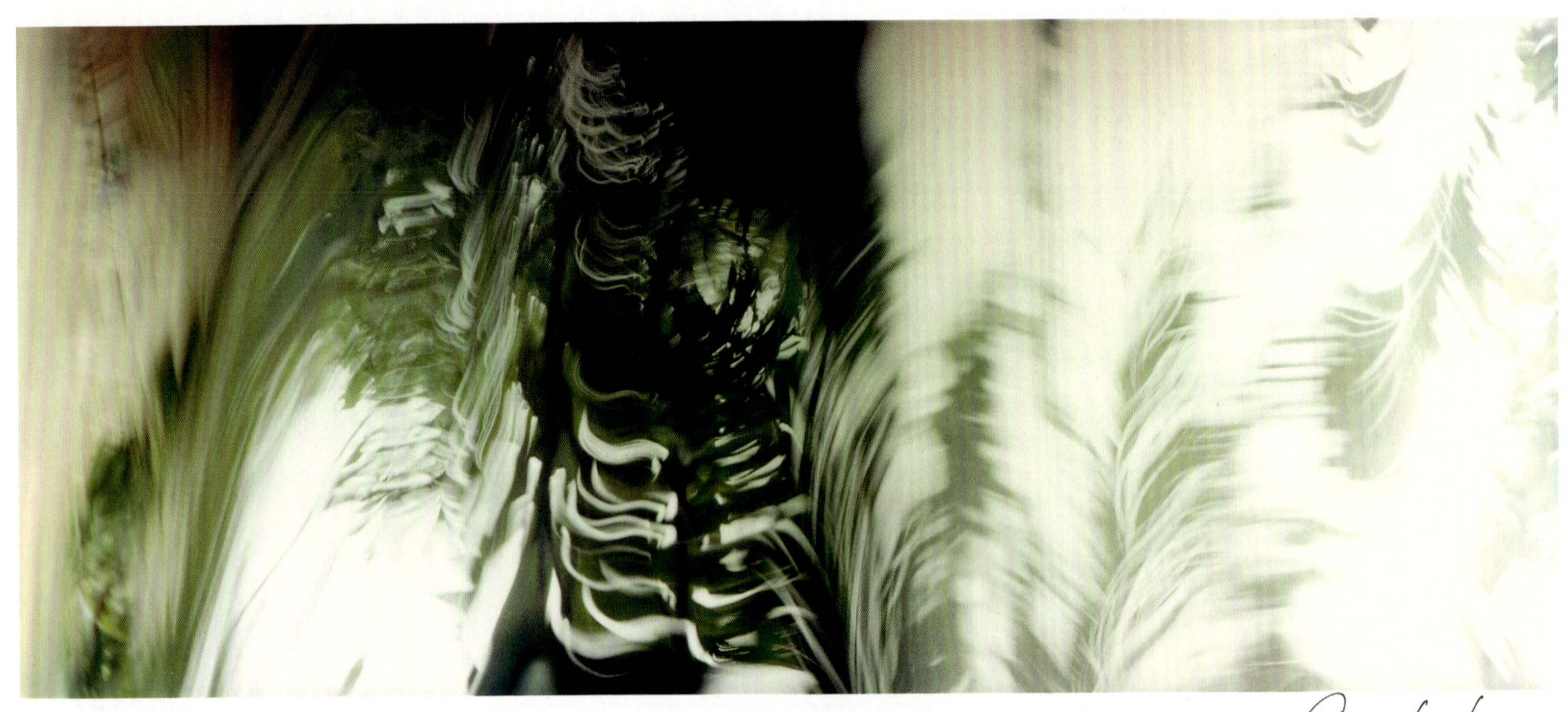

13.
Studio Lite XI, 1989

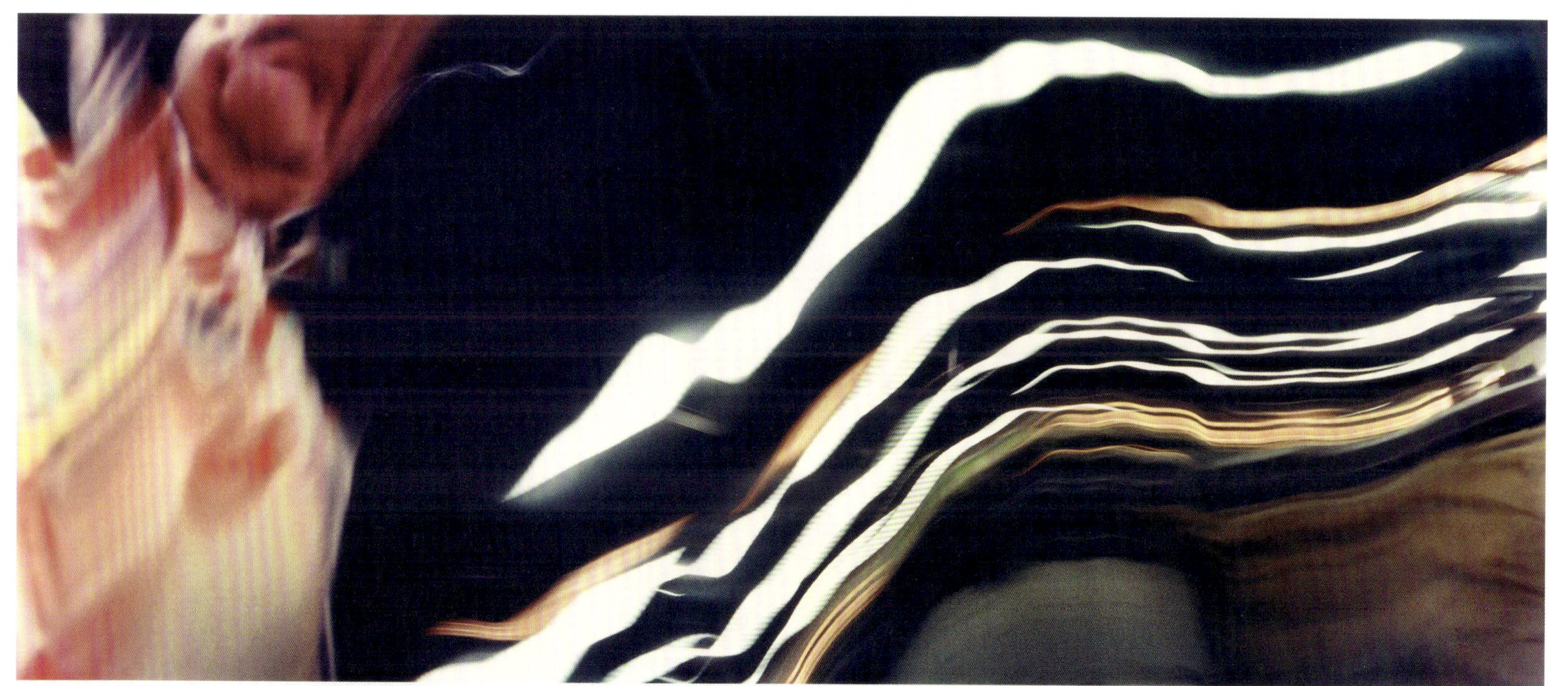

14.
Studio Lite XV, 1990

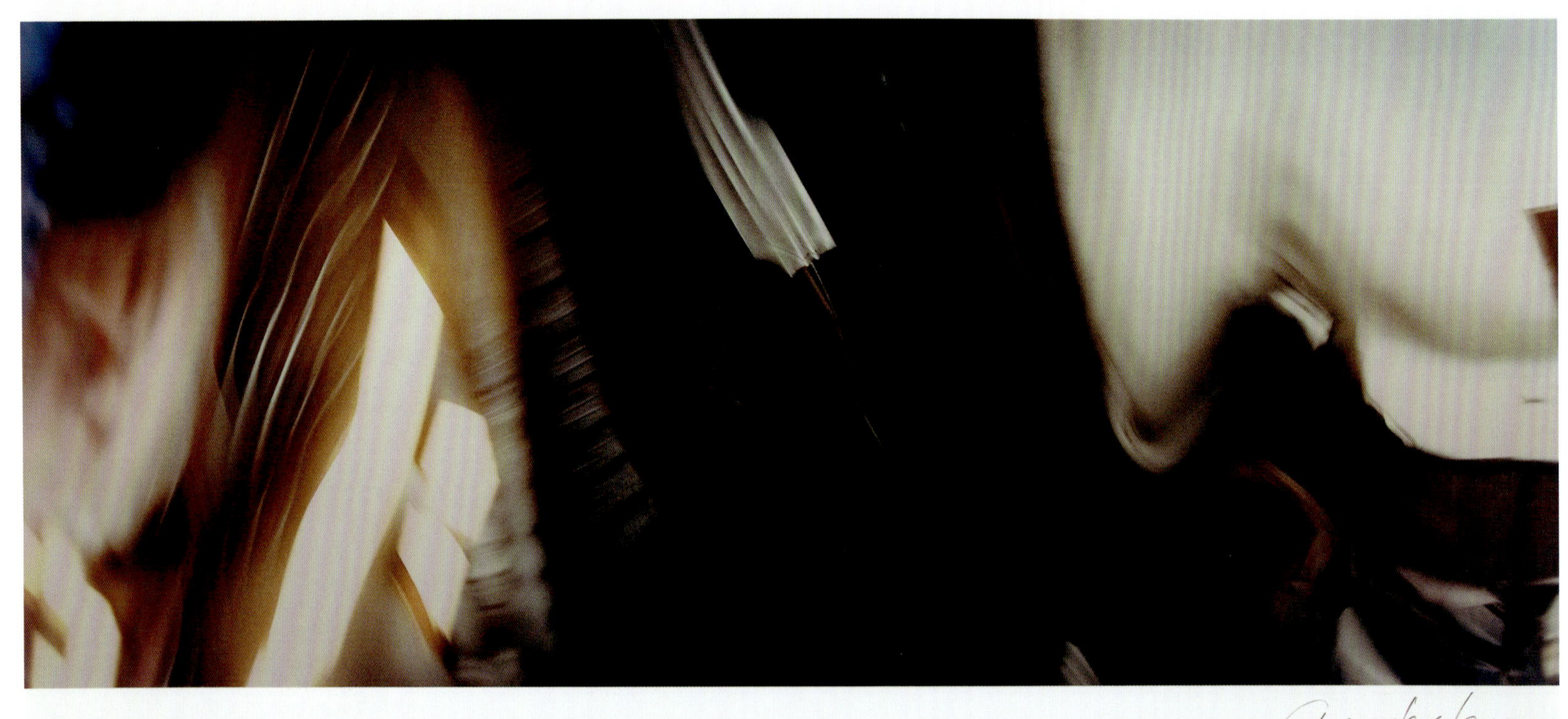

15.
Studio Lite XVII, 1990

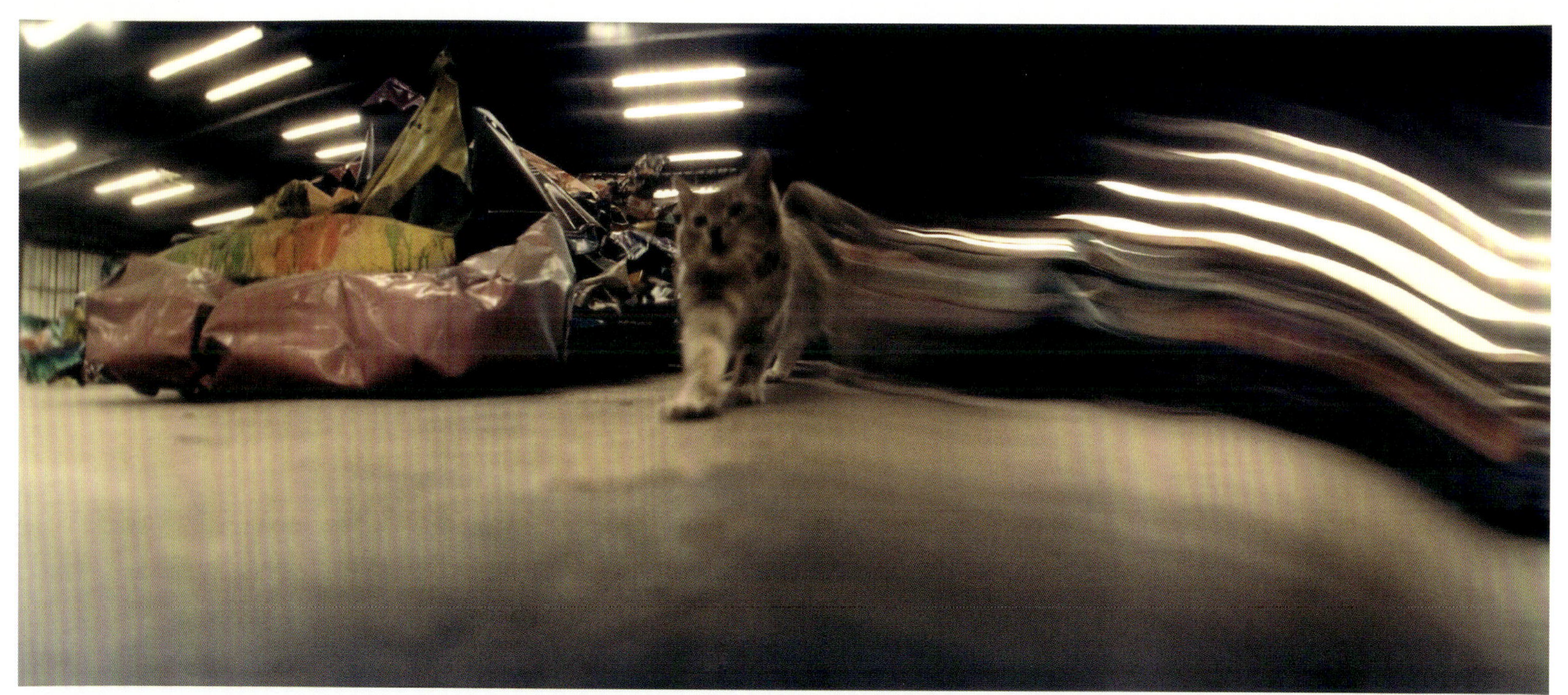

16.
Addapuss, 1989

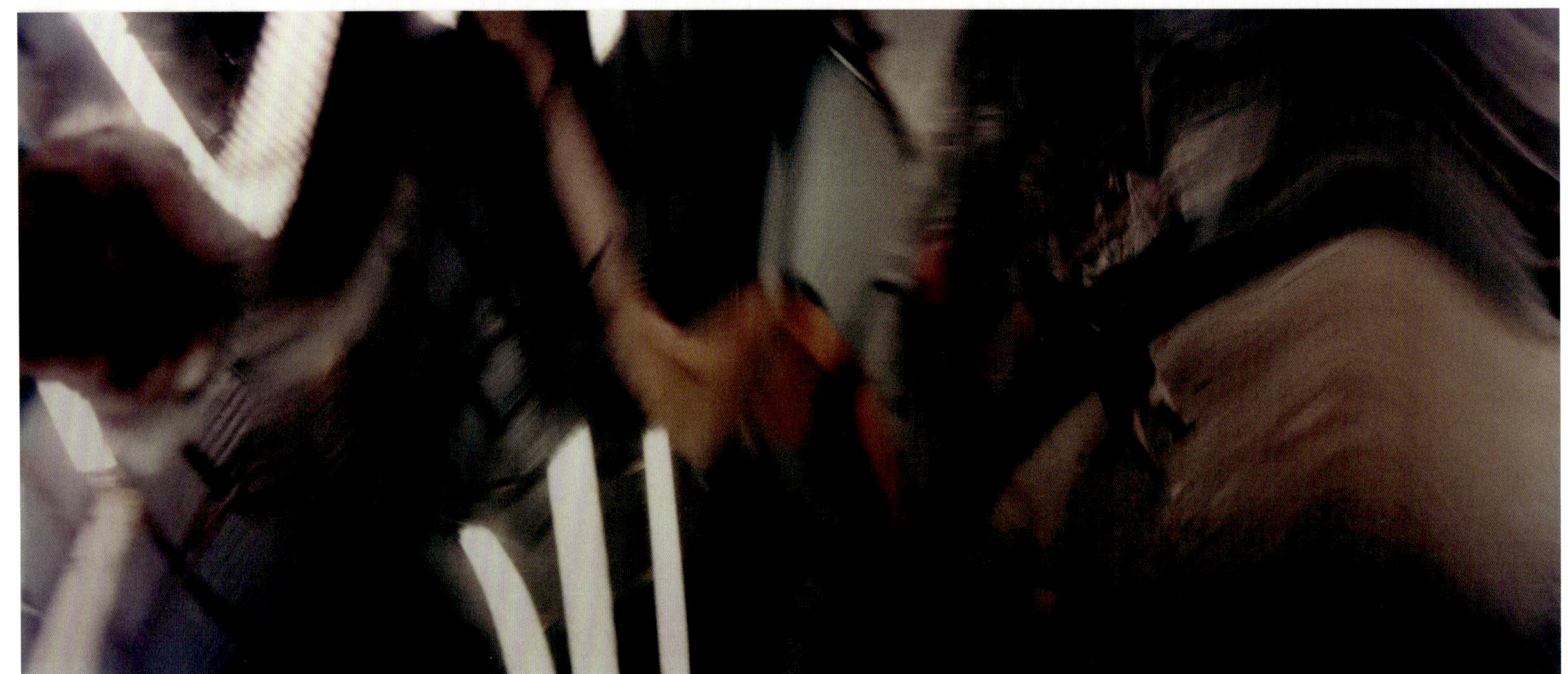

17.
Addapuss II, 1989

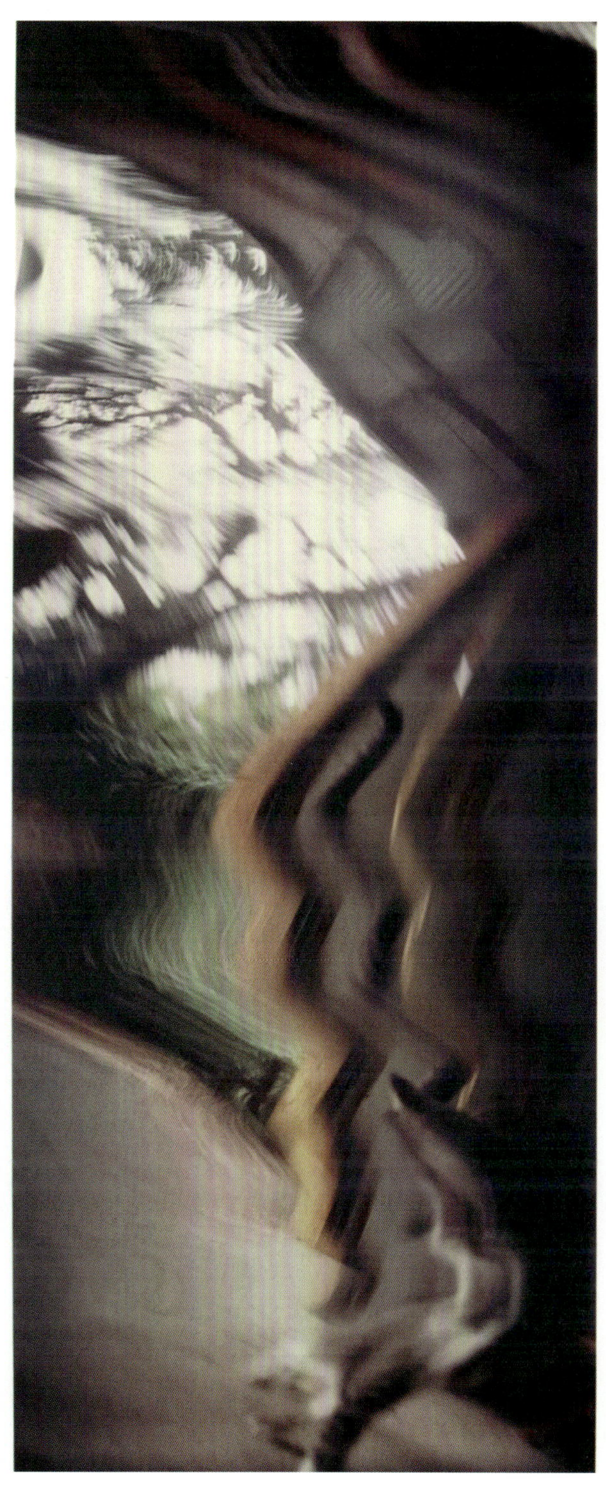

18.
Addapuss III, 1989

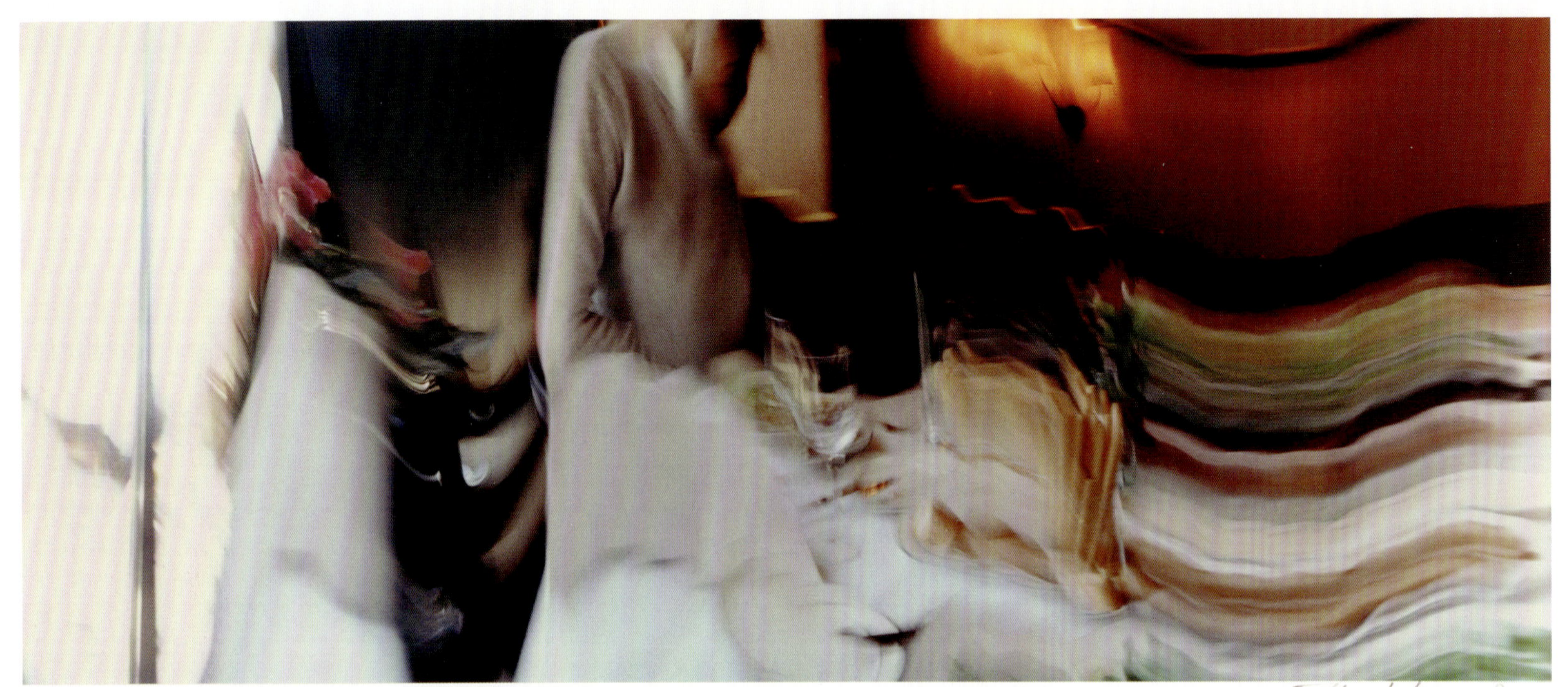

19.
Dining Out, 1990

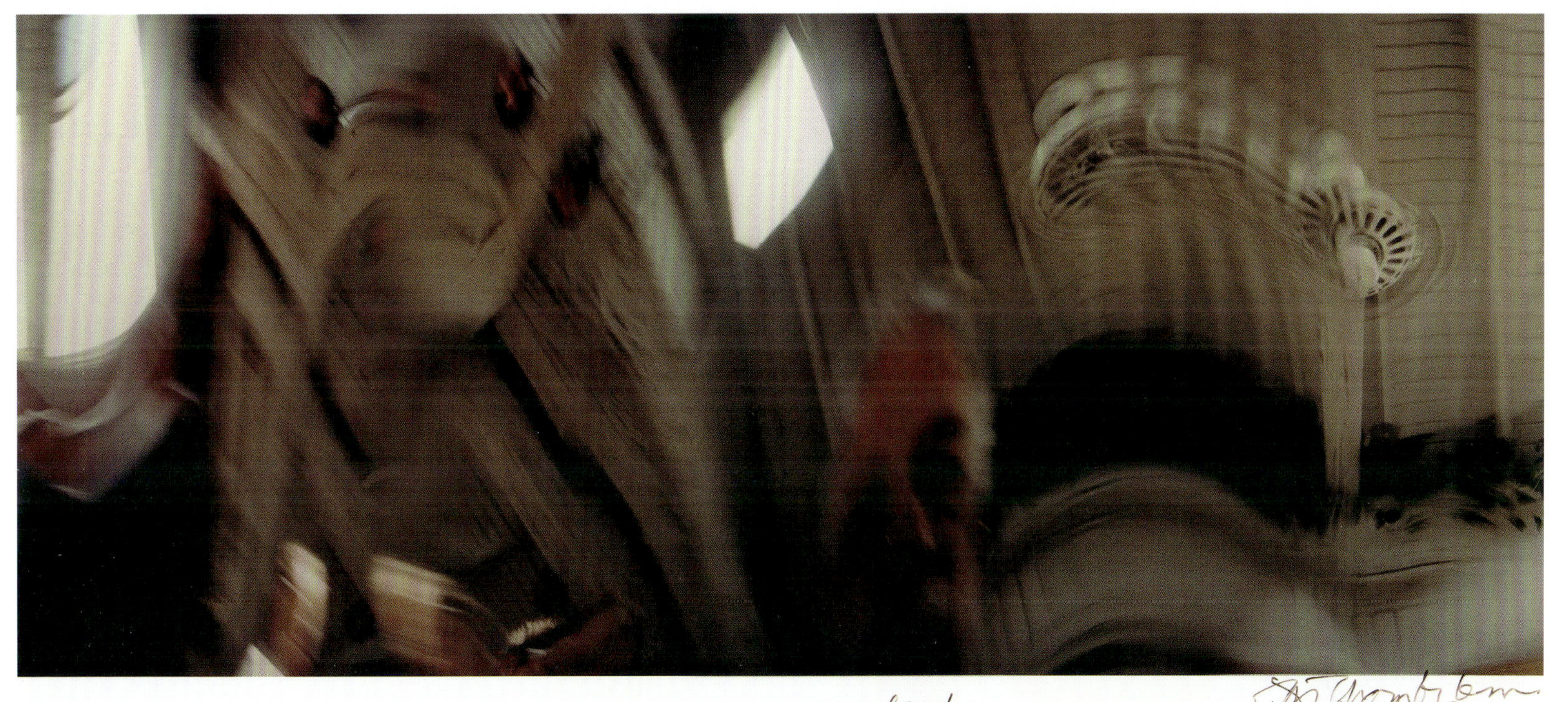

20.
Me & Overhead, 1990

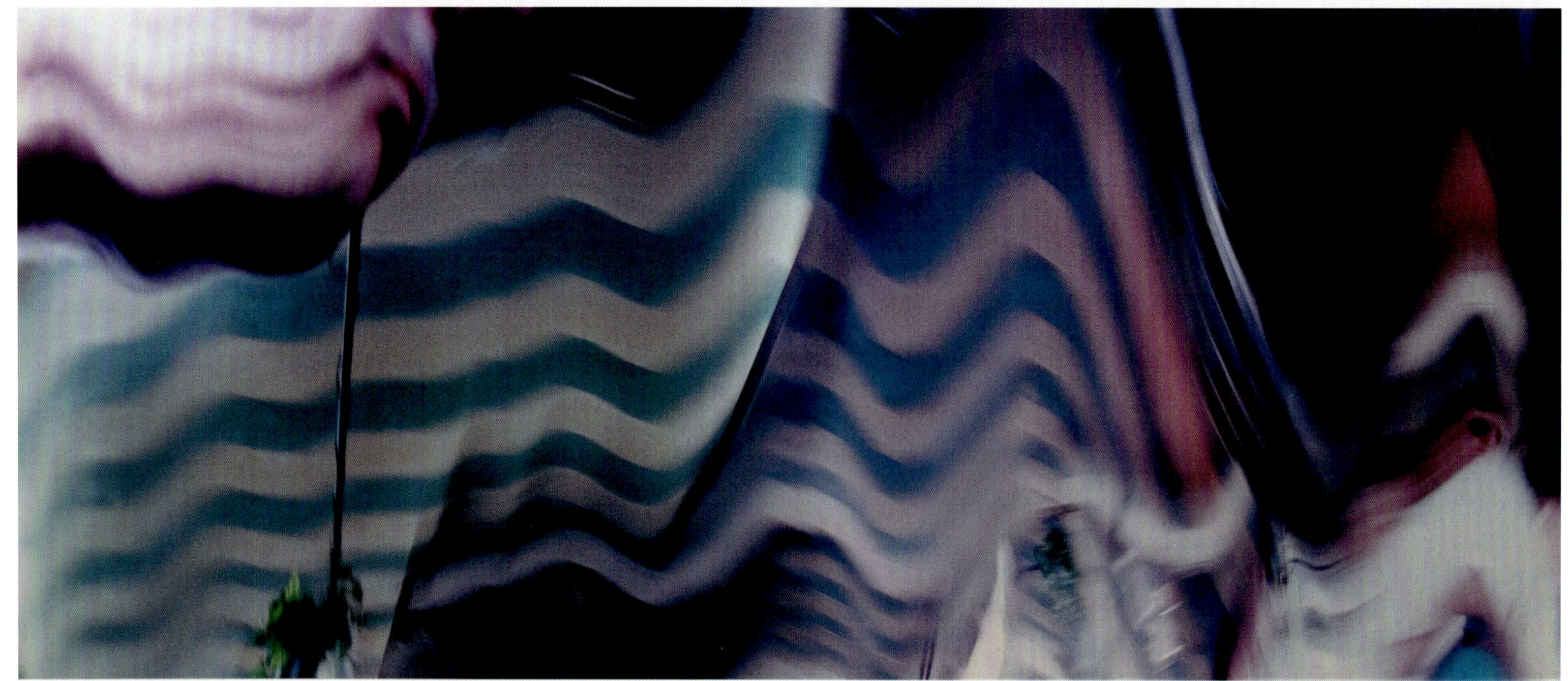

21.
Flores Awning, 1990

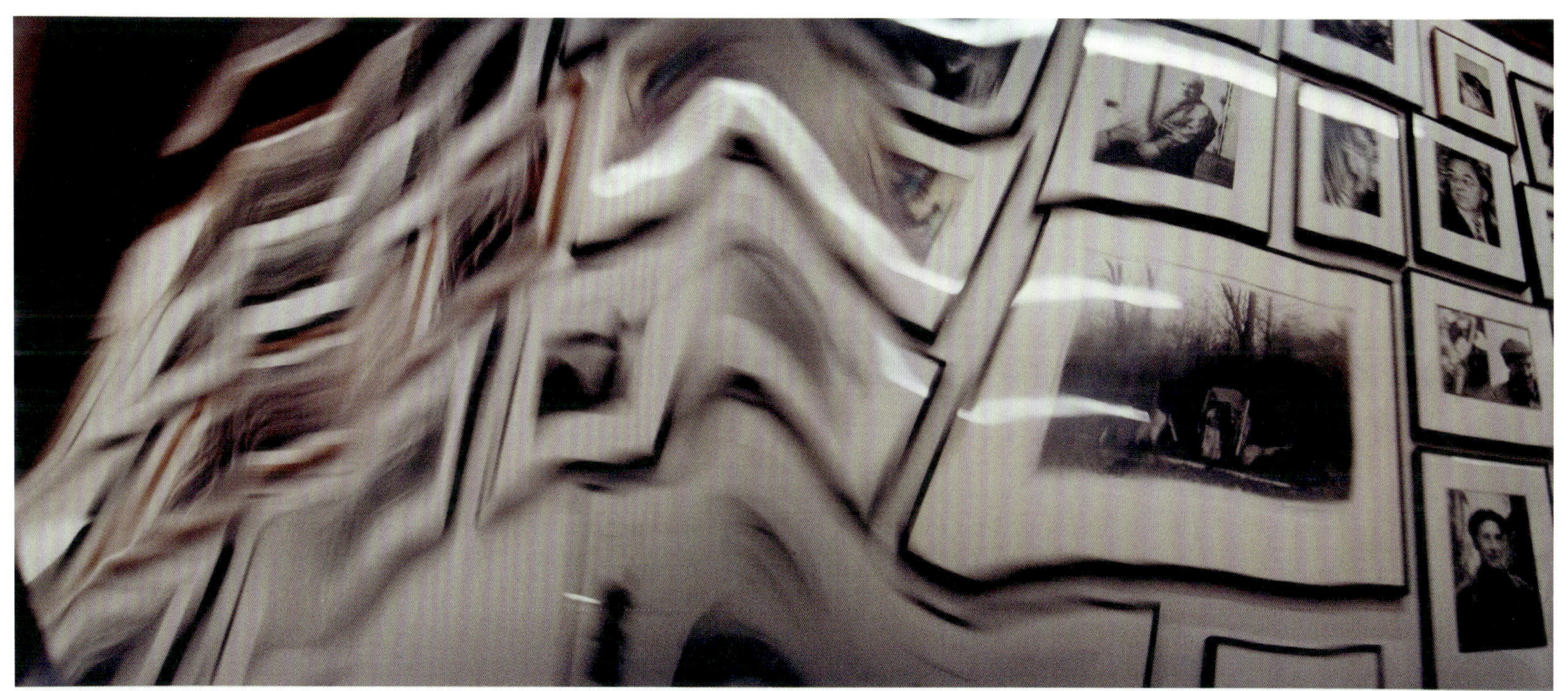

22.
Rogues Gallery, 1990

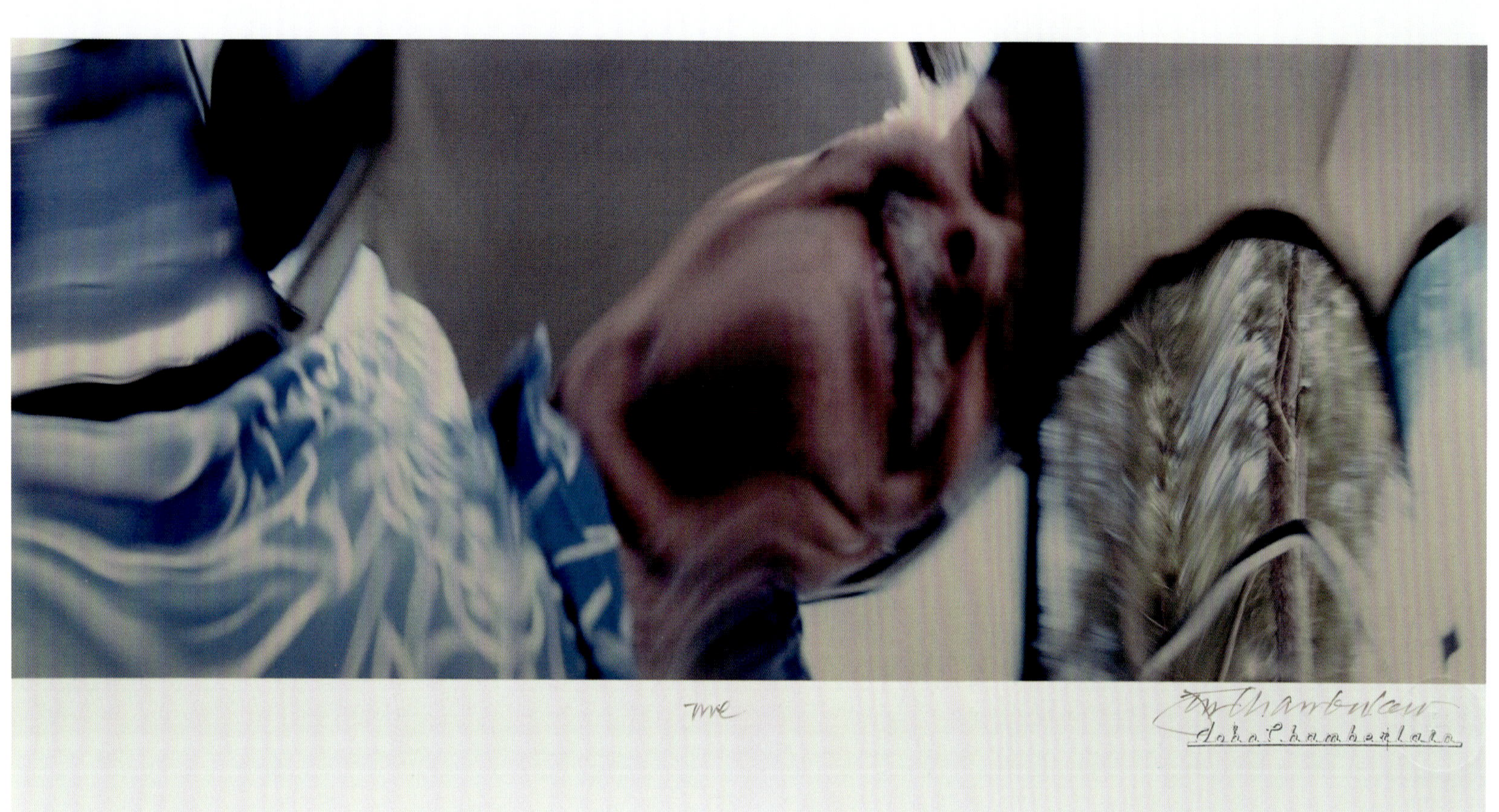

23.
Me-Portrait, 1990

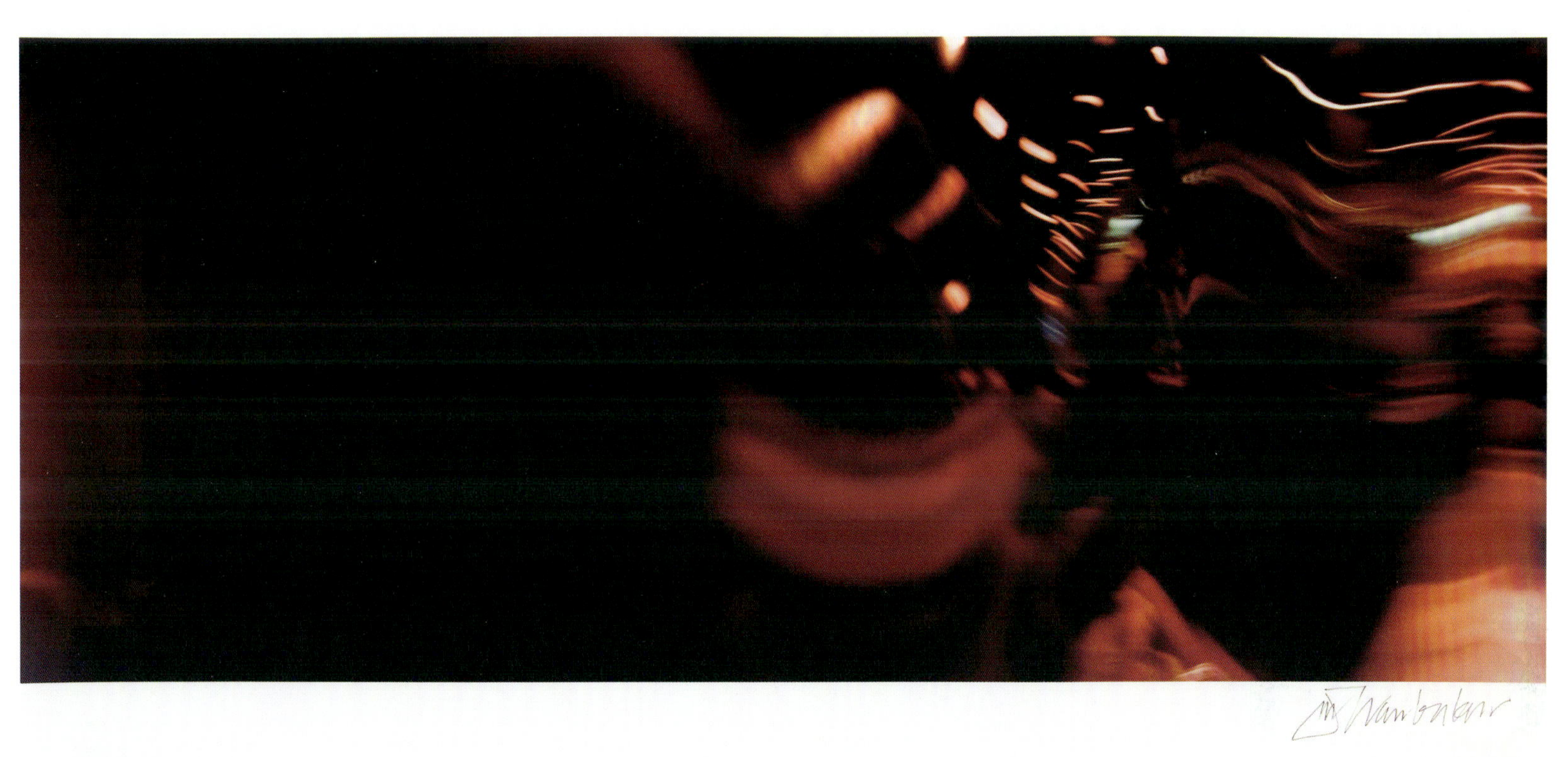

24.
Inca Dinka Dew, 1990

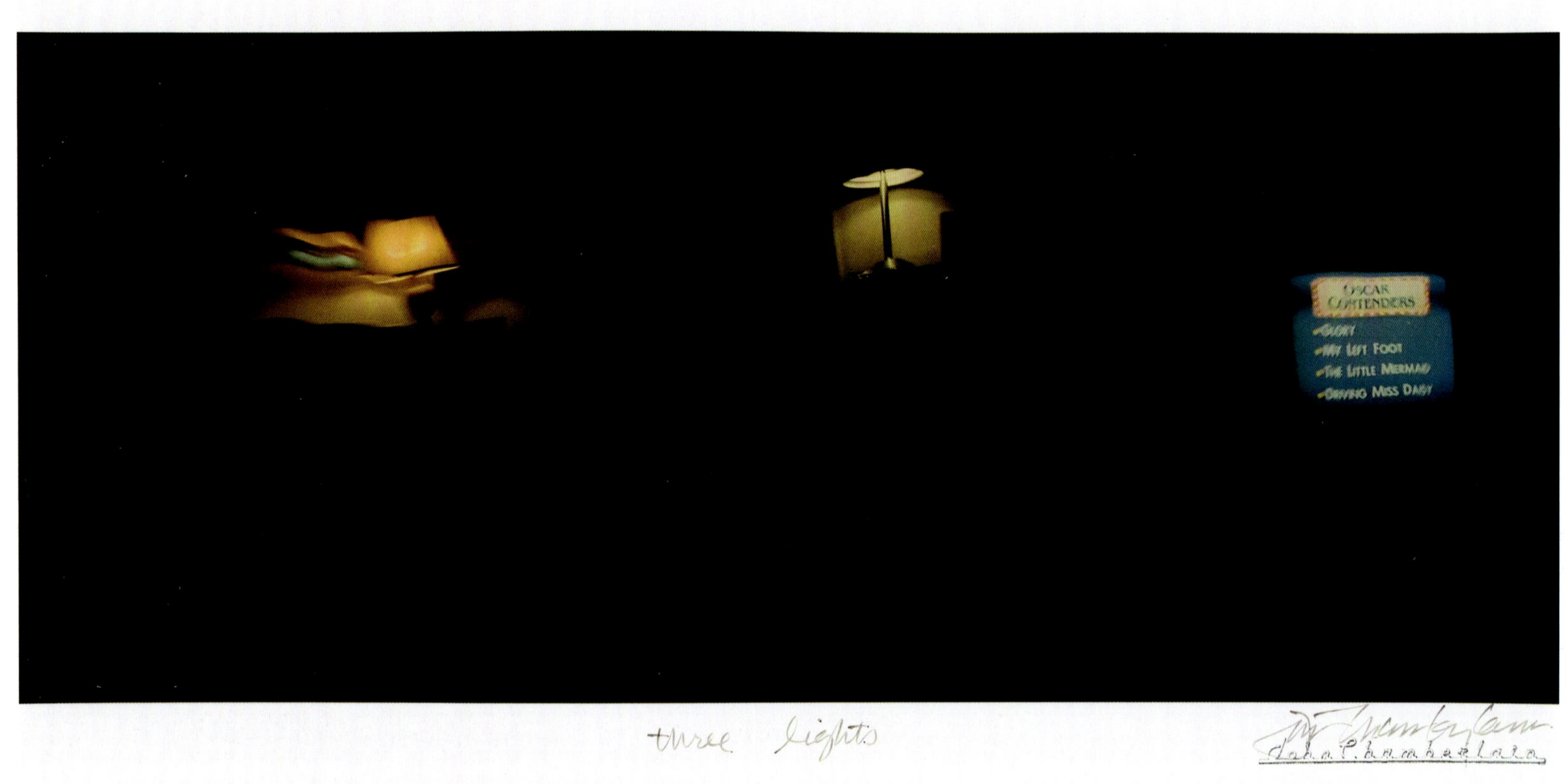

25.
Three Lites, 1990

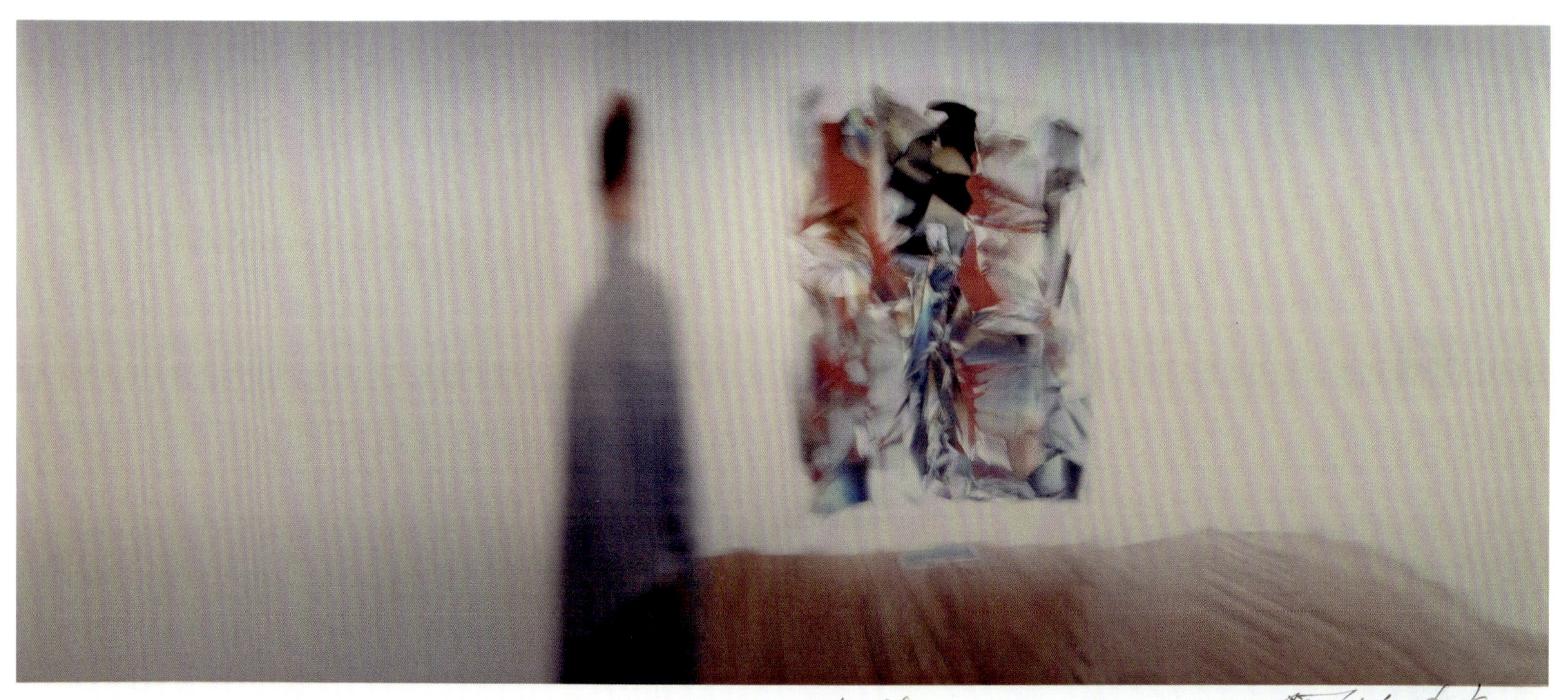

26.
Larry Bell, 1990

27.
888 Lite, 1990

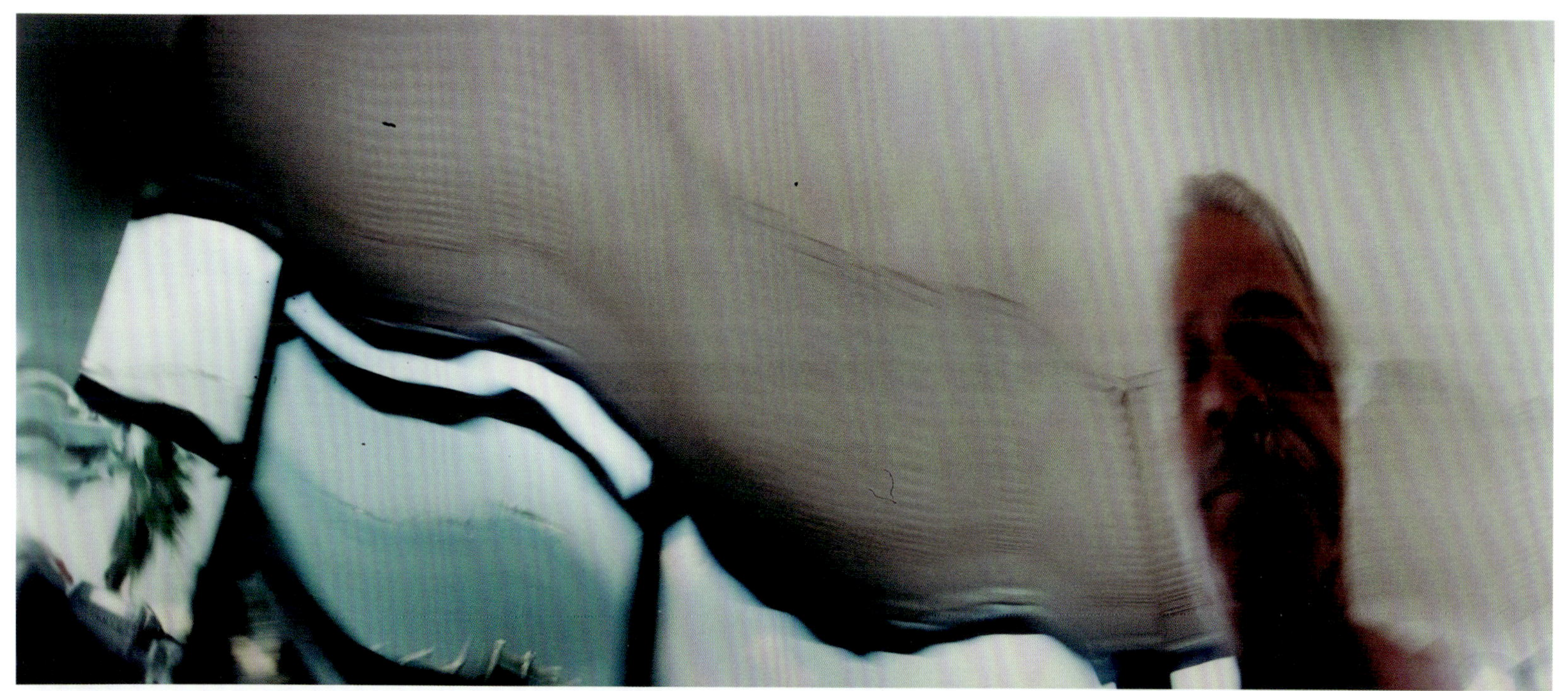

28.
888 Lite II, 1990

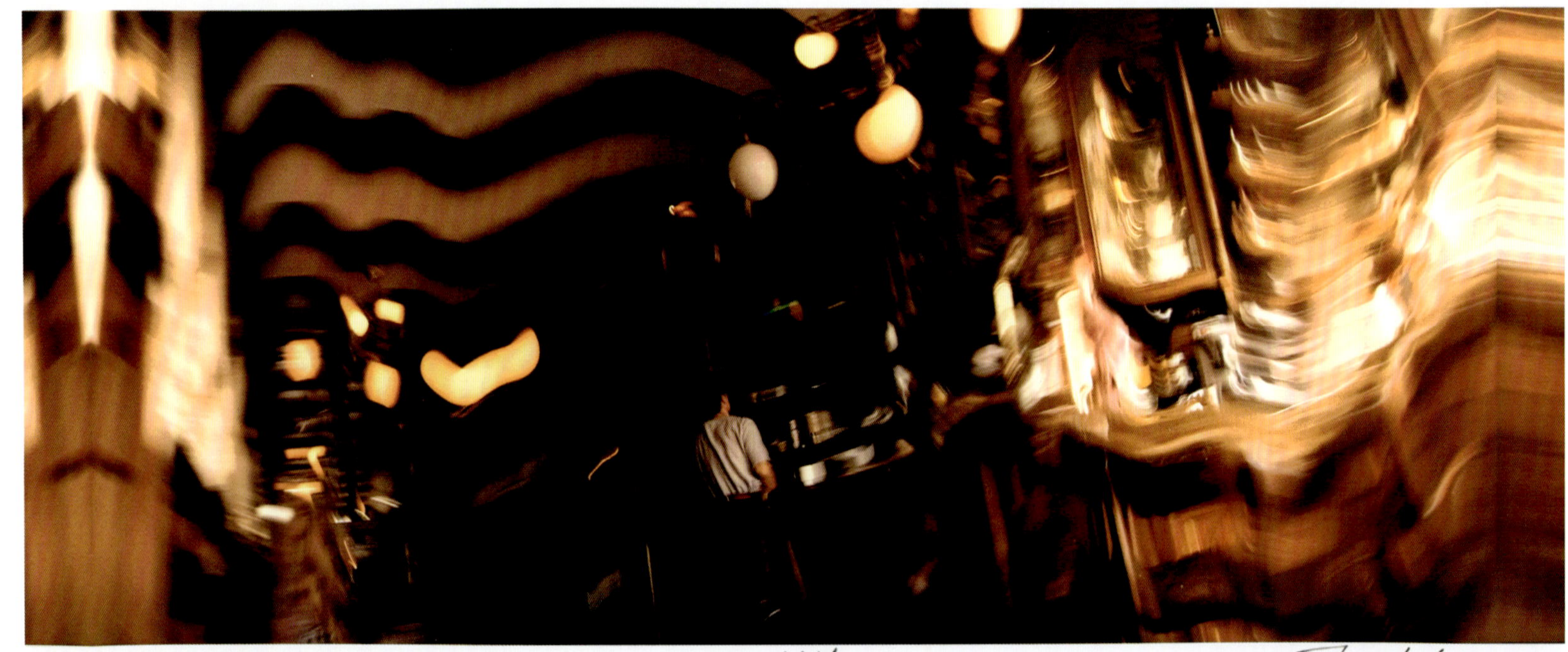

29.
Dutch Lights, 1990

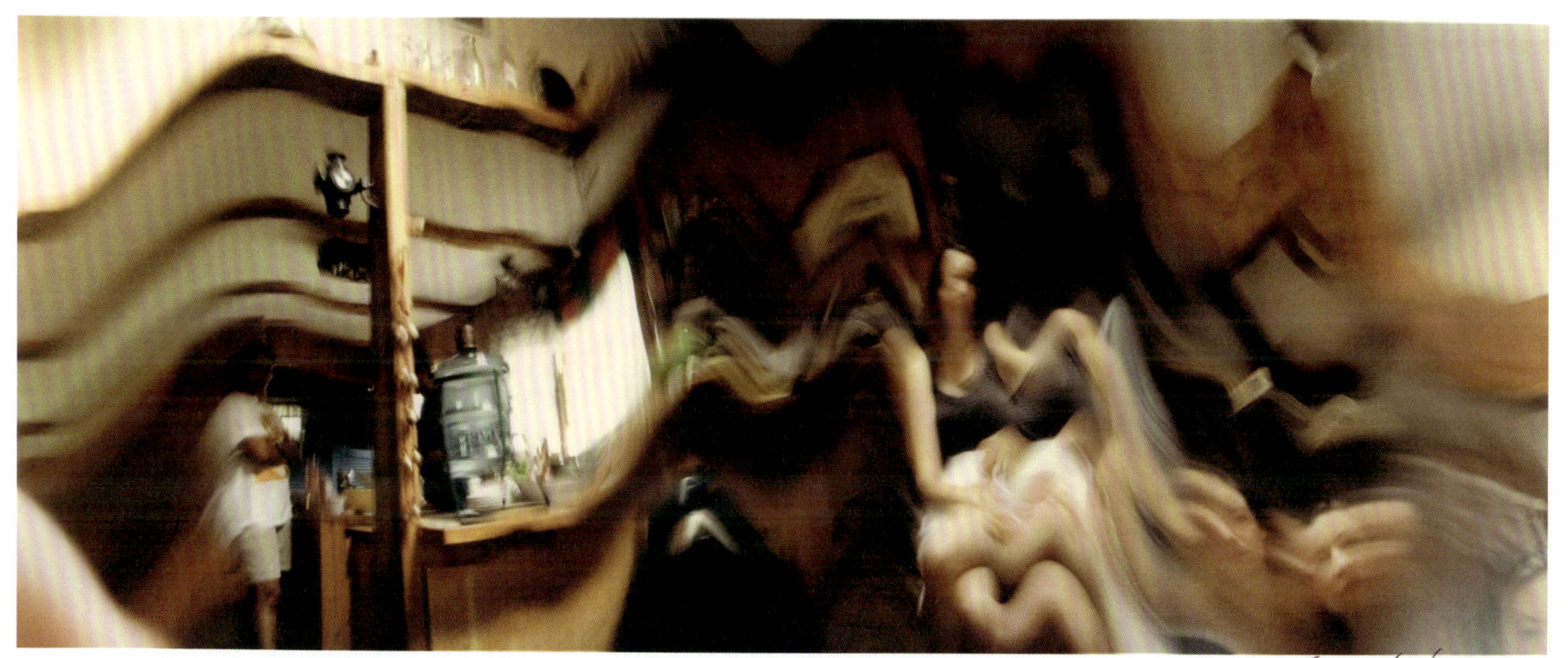

30.
Sunday at Leacock's, 1991

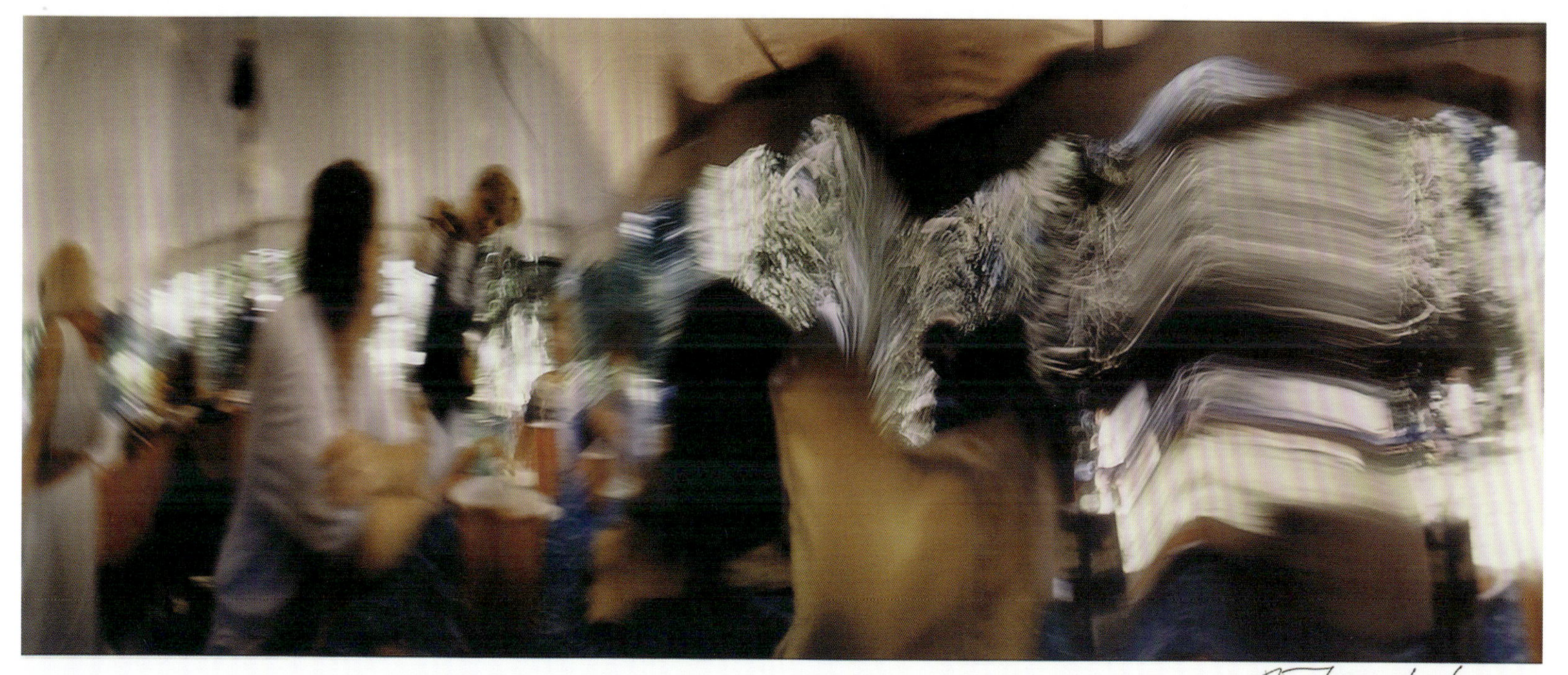

31.
Ohne Titel / Untitled, 1995

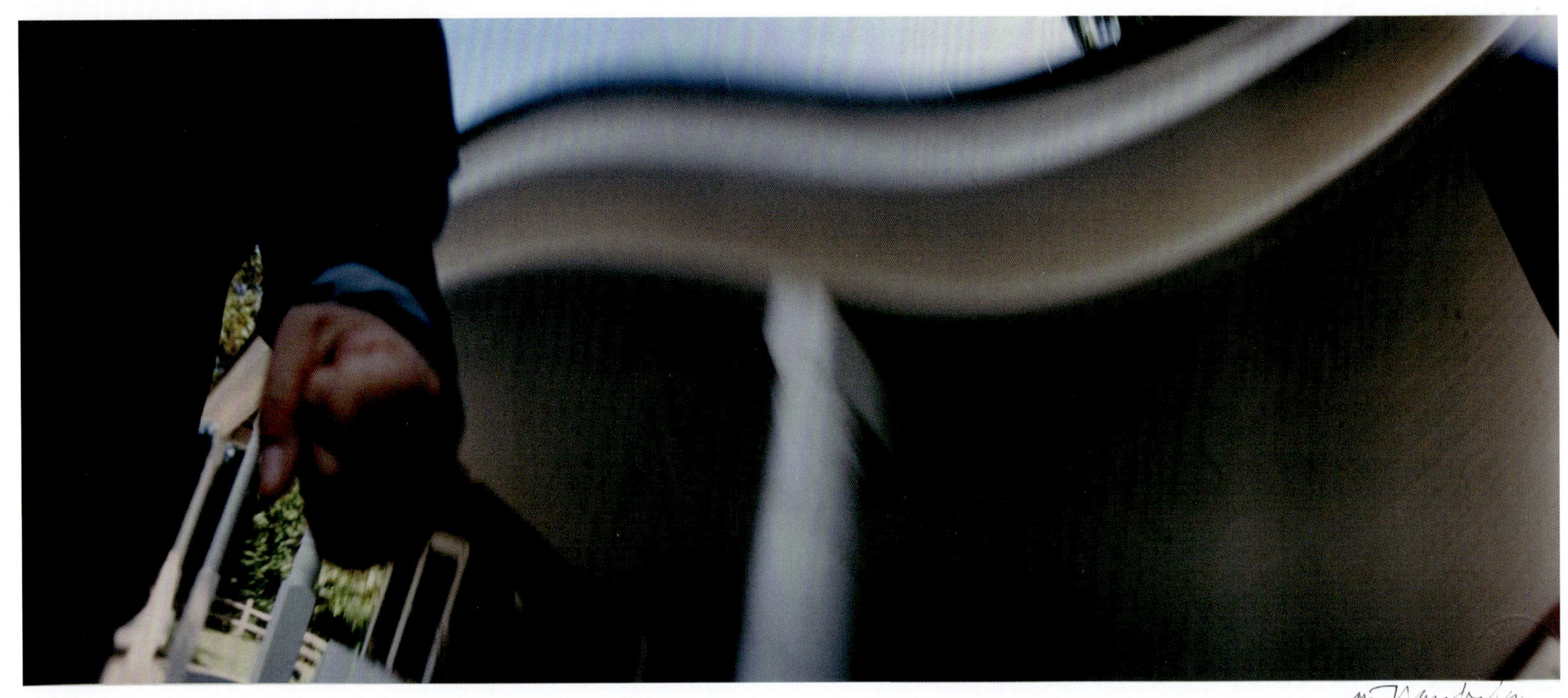

32.
Ohne Titel / Untitled, 1991

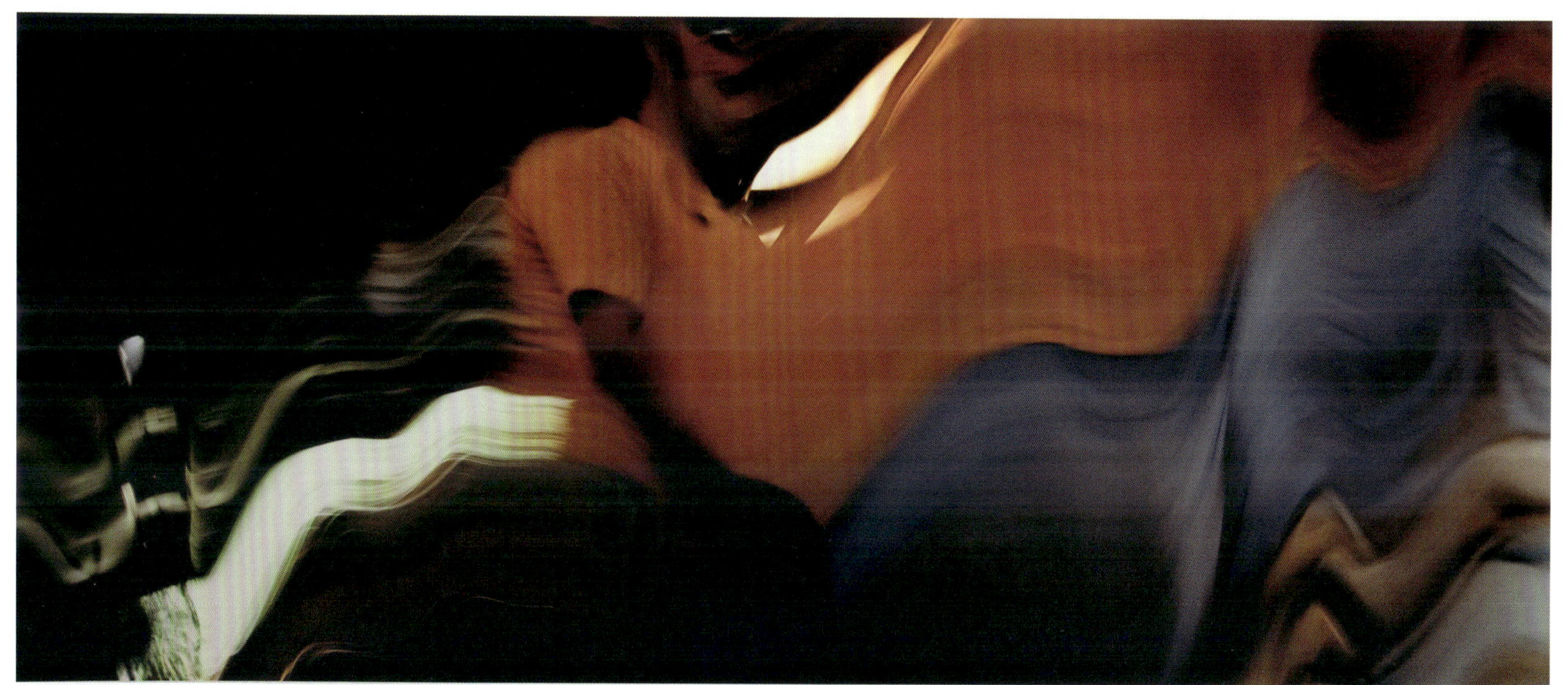

33.
Ohne Titel / Untitled, 1992

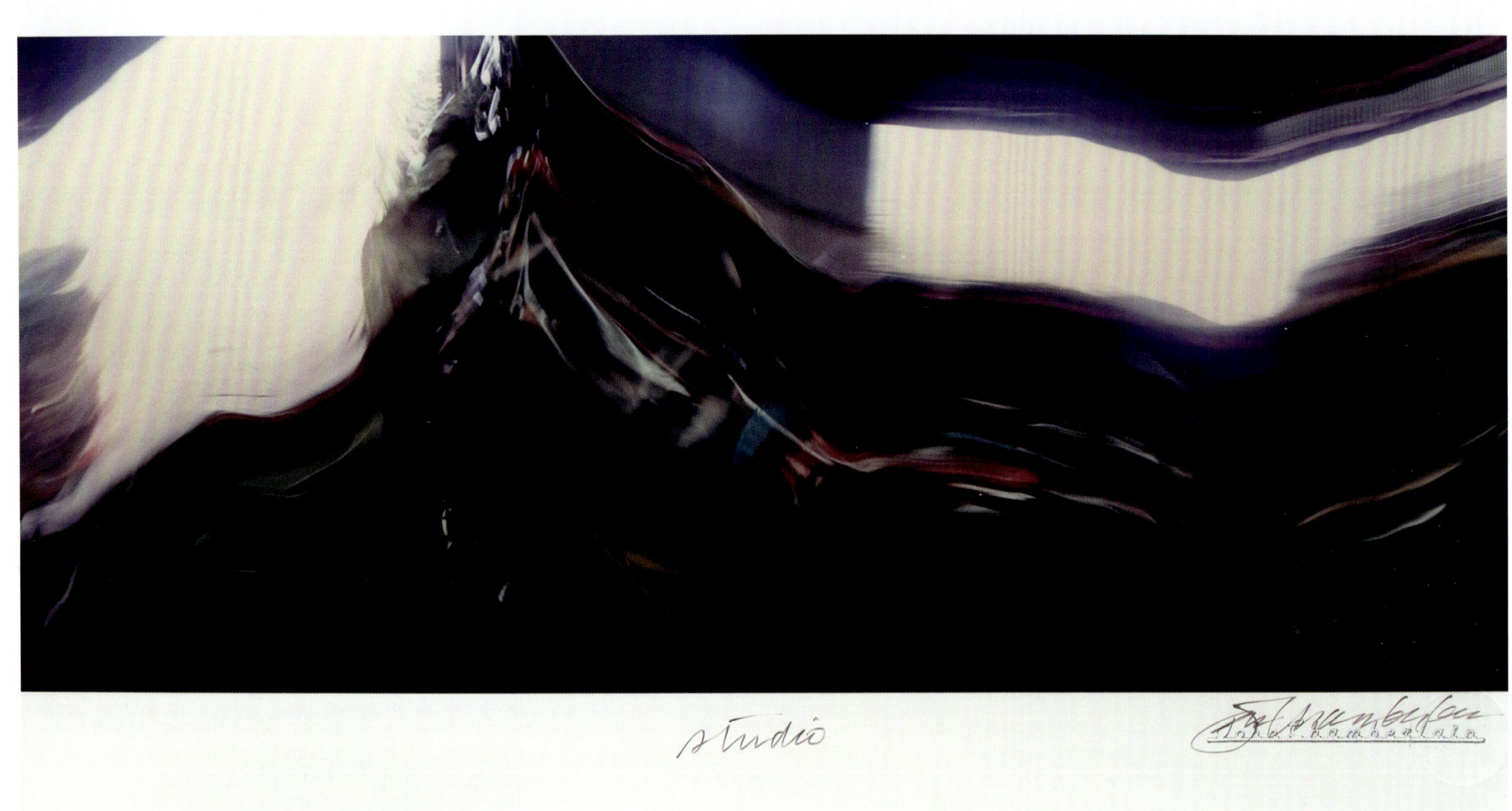

34.
Studio, 1994

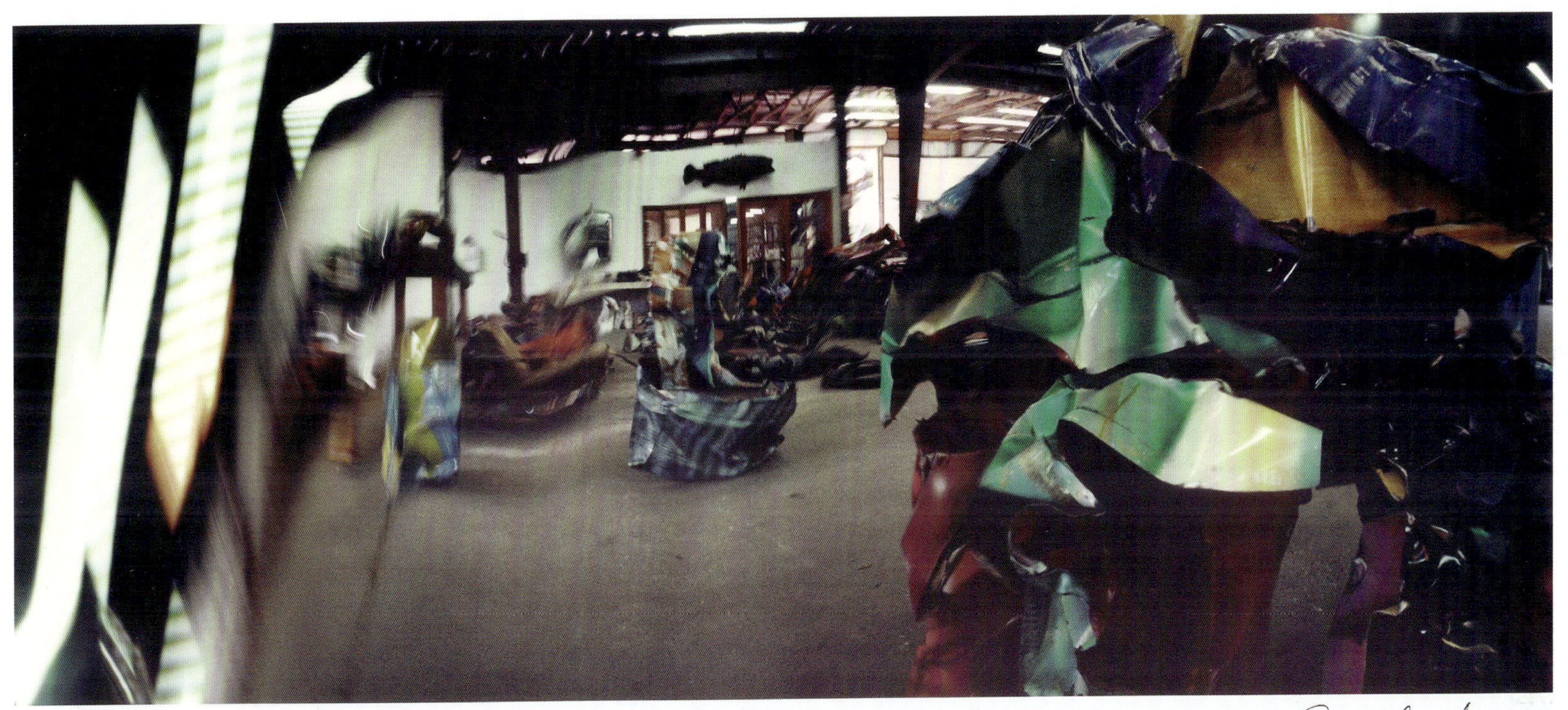

35.
Studio 1994 P106/107, 1994

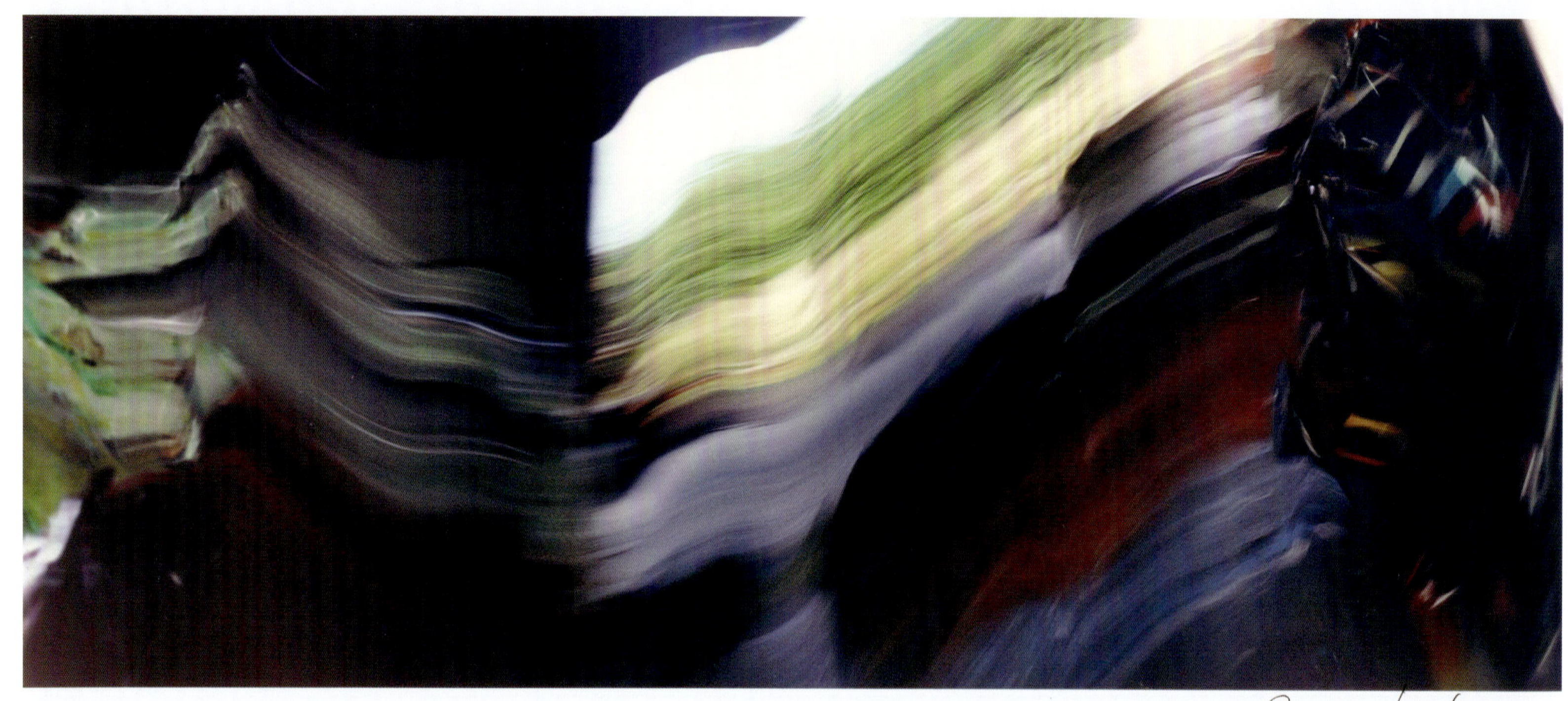

36.
Studio 1994 P106/107, 1994

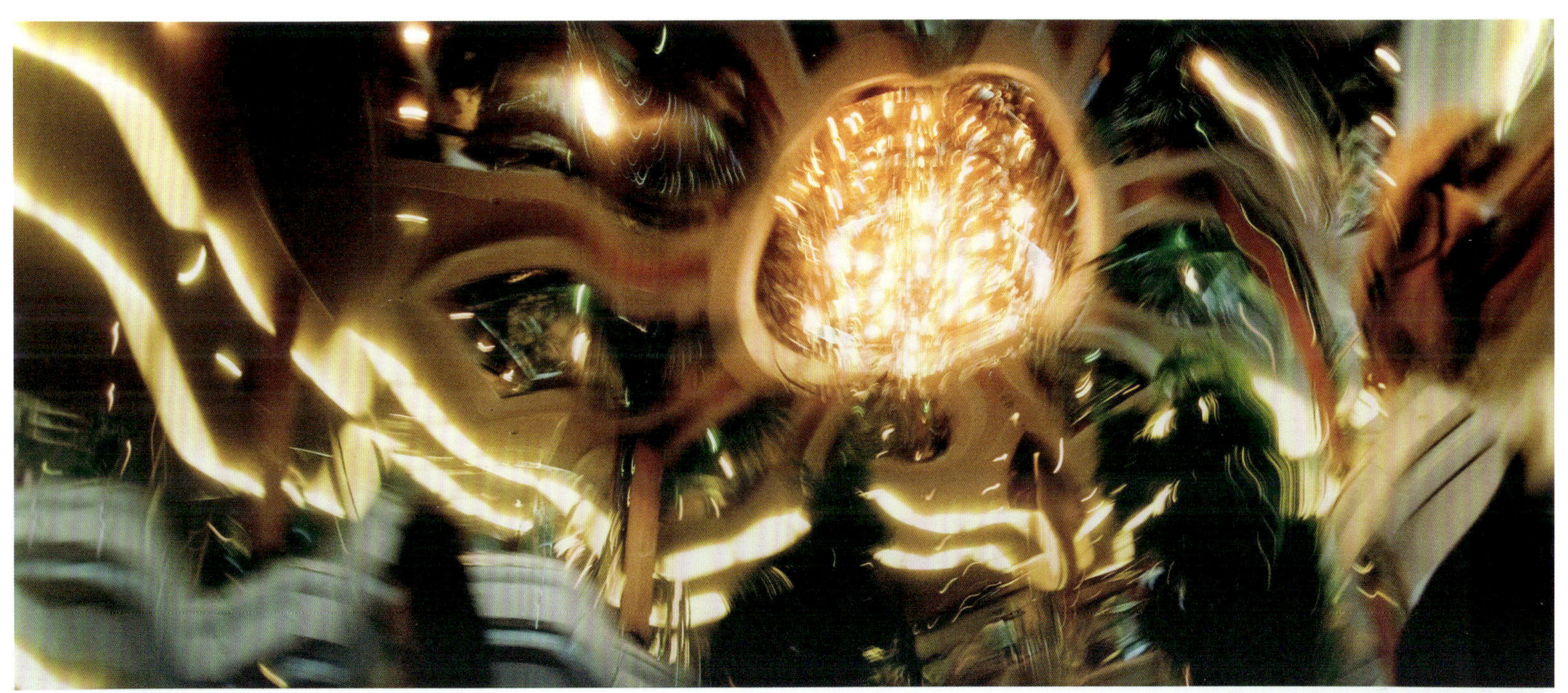

37.
Ohne Titel / *Untitled*, 1995

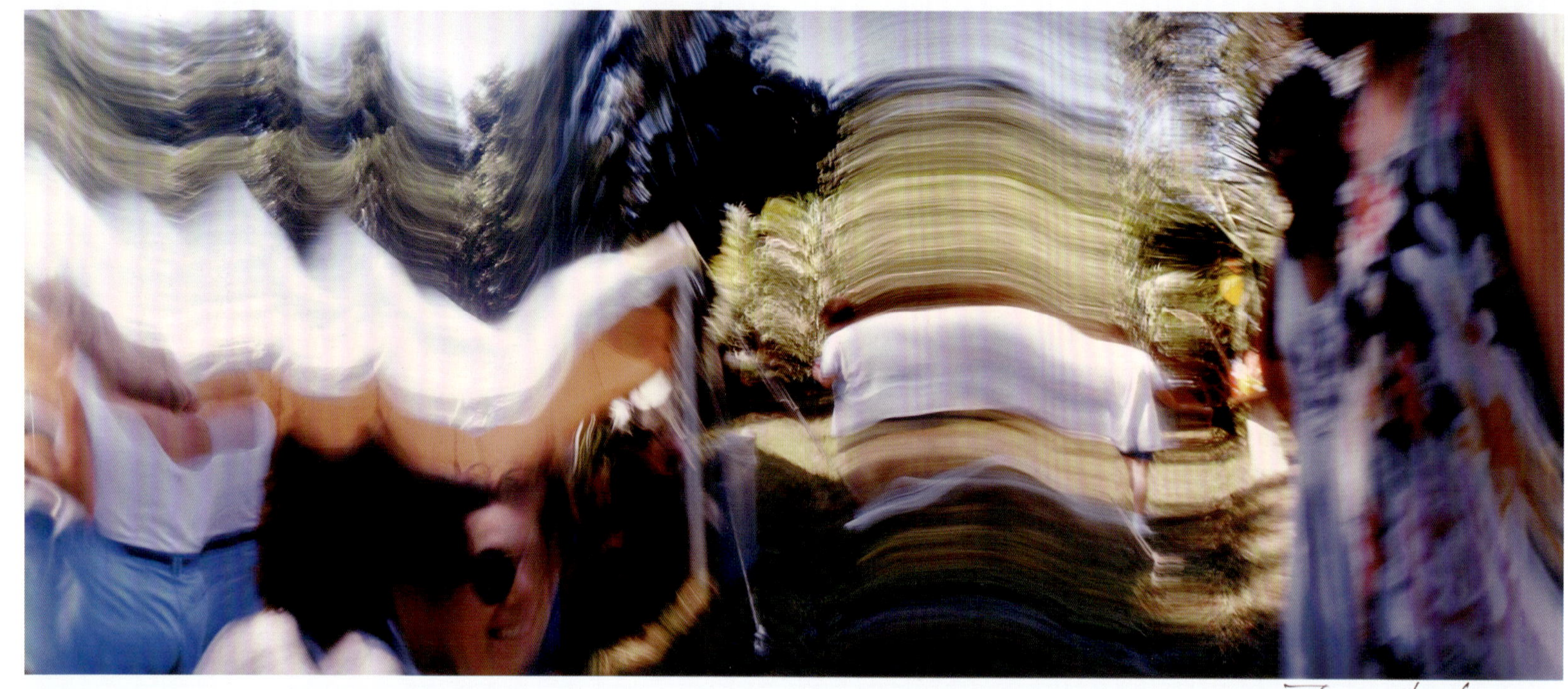

38.
Ohne Titel / Untitled, 1995

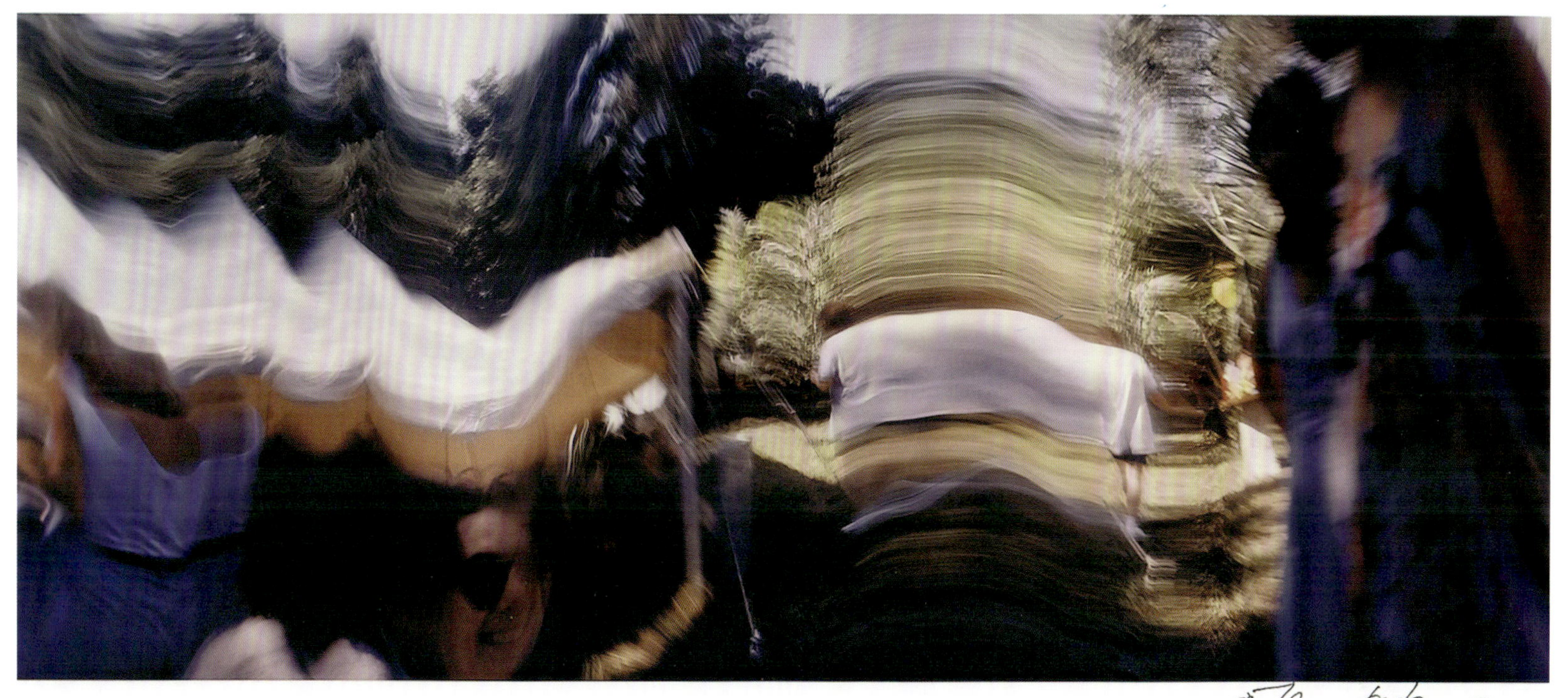

39.
Ohne Titel / *Untitled*, 1997

40.
Ohne Titel / Untitled, 1995

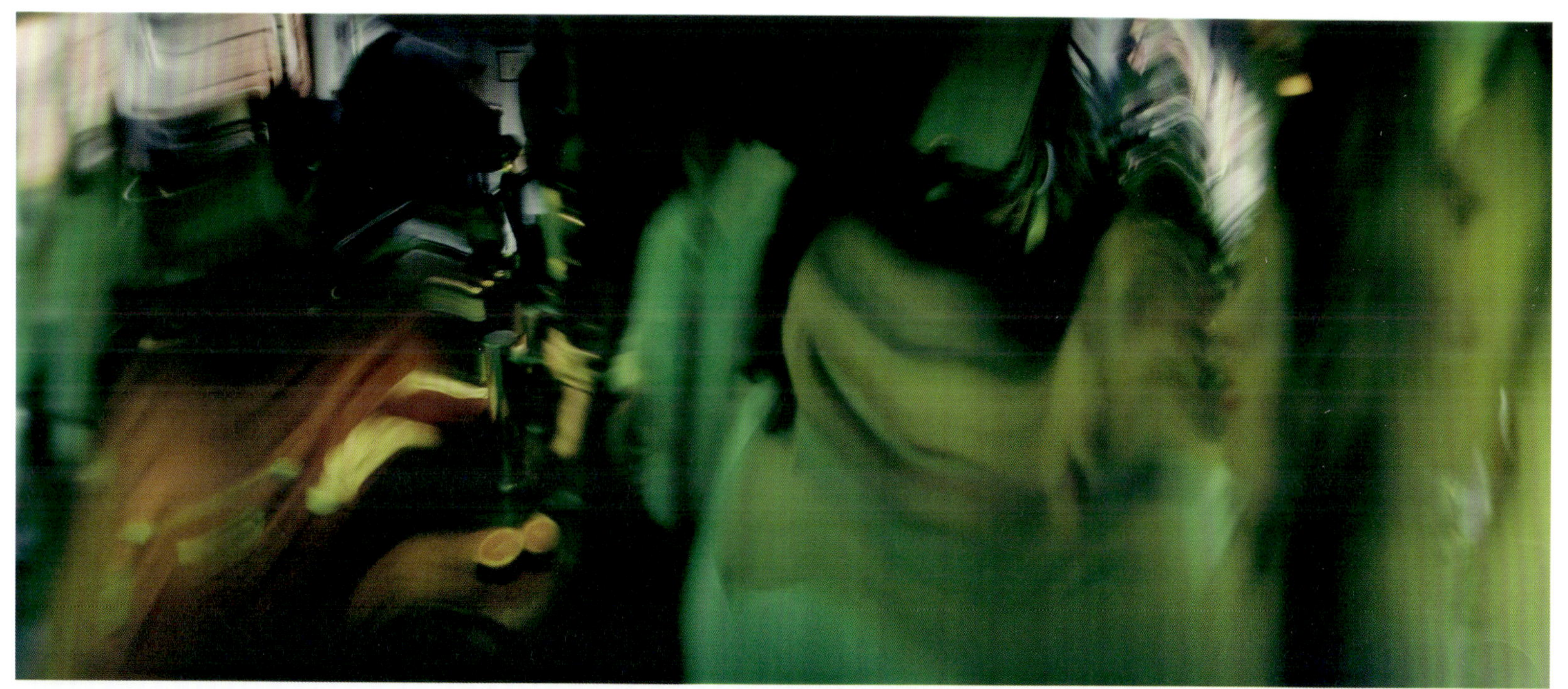

41.
Ohne Titel / Untitled, 1995

42.
Ohne Titel / Untitled, 1995

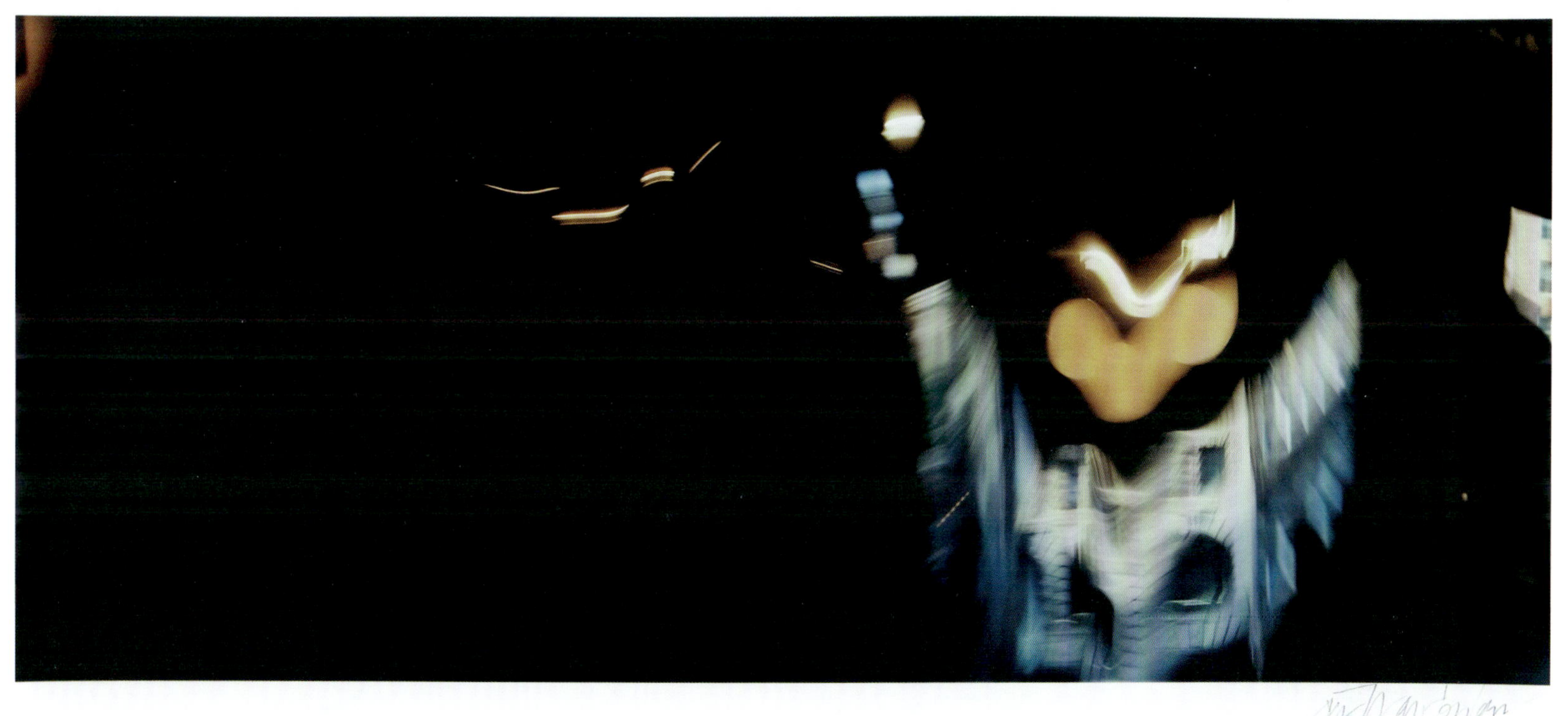

43.
Ohne Titel / *Untitled*, 1996

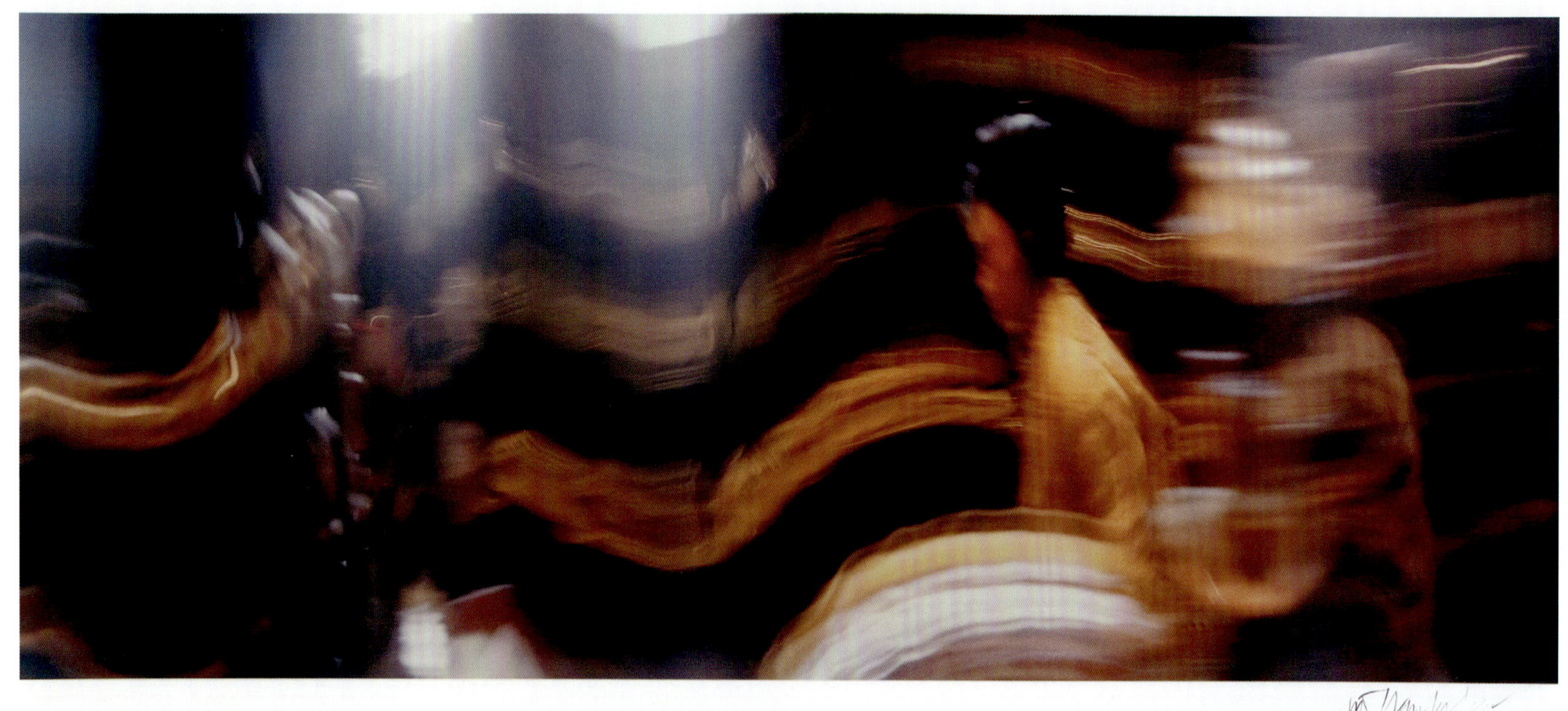

44.
Ohne Titel / Untitled, 1996

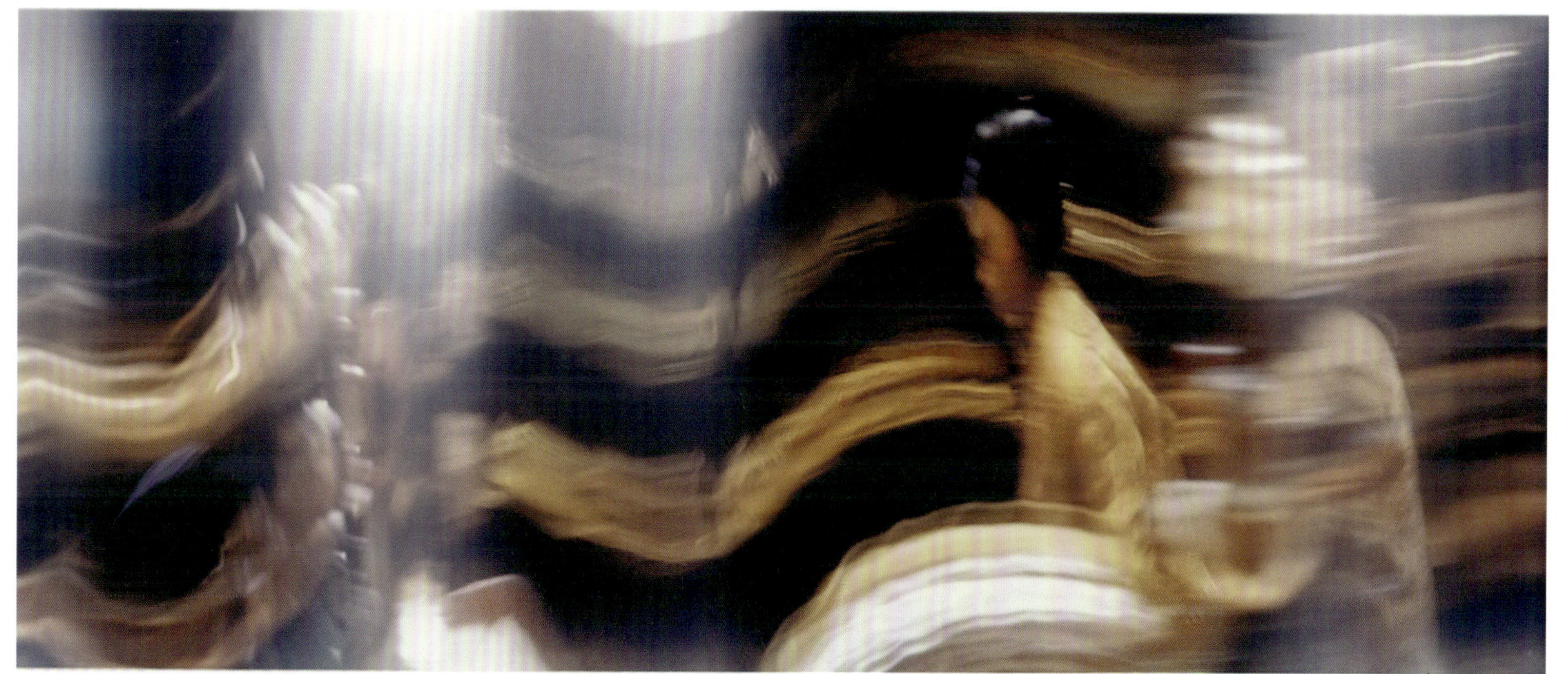

45.
Ohne Titel / Untitled, 1995

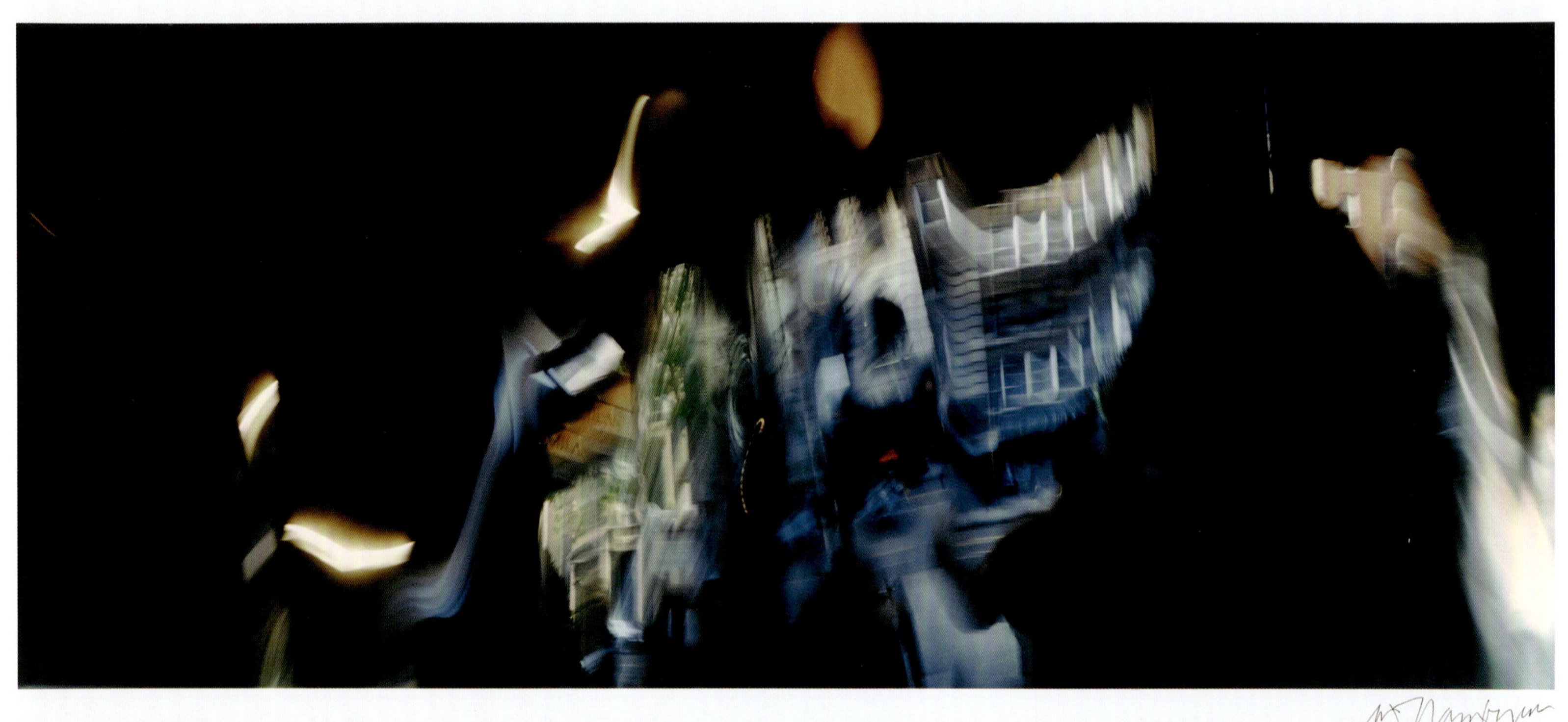

46.
Ohne Titel / Untitled, 1996

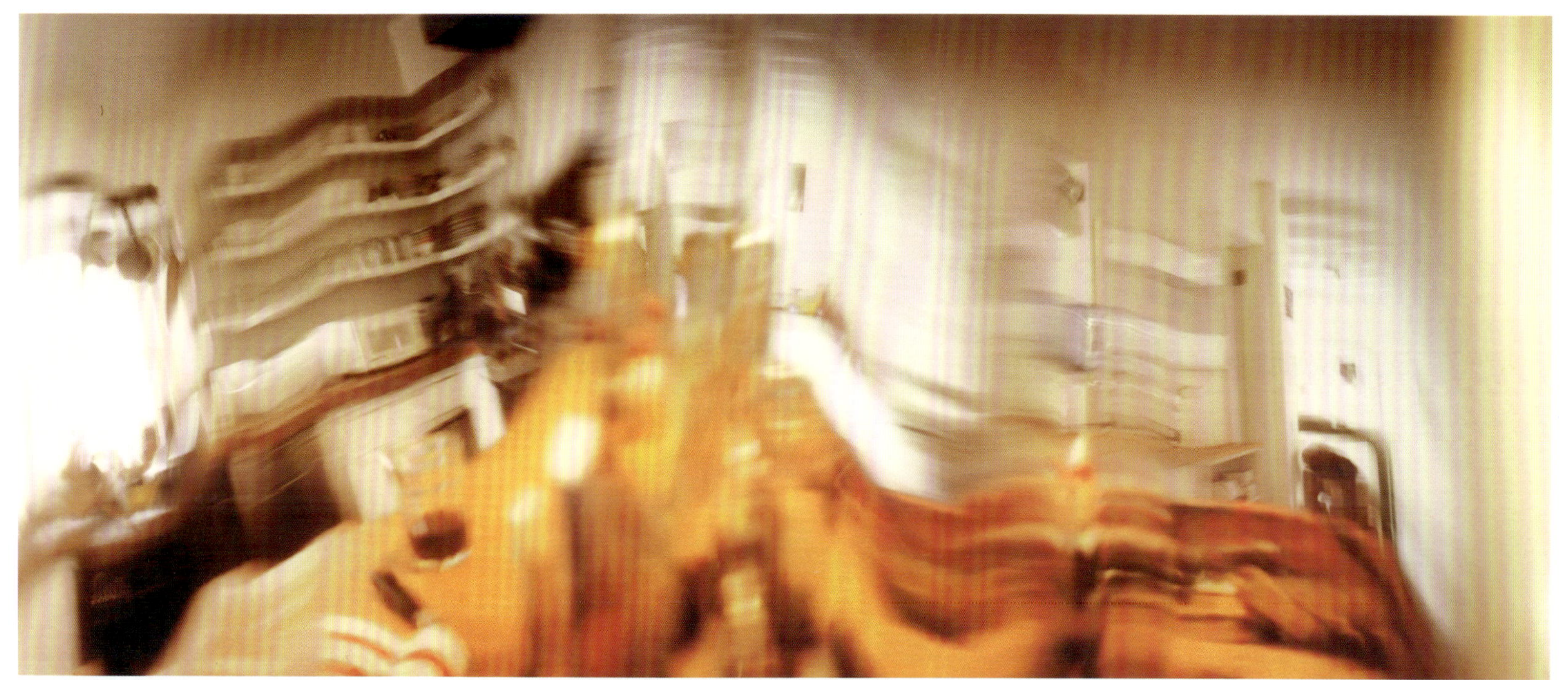

47.
Ohne Titel / *Untitled*, 1997

48.
Ohne Titel / *Untitled*, 1997

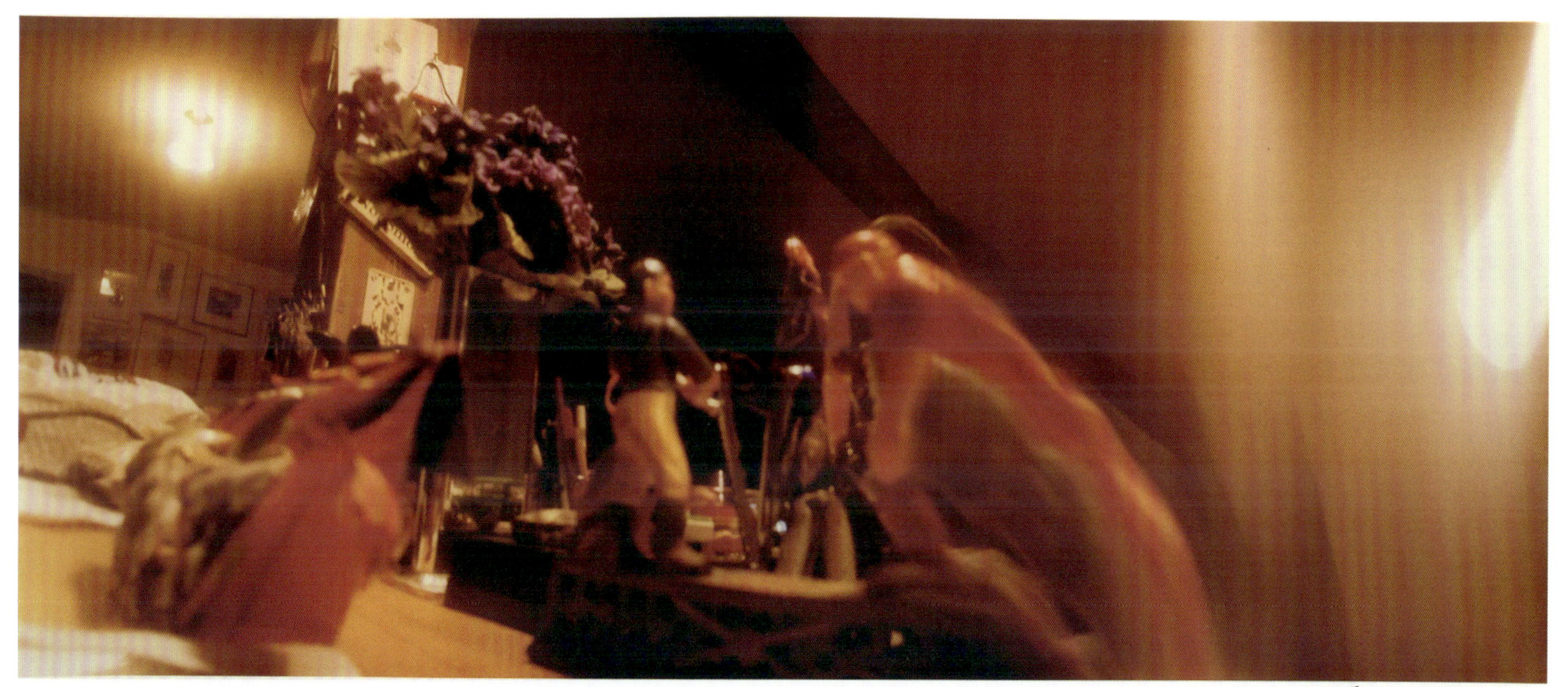

49.
Ohne Titel / *Untitled*, 1997

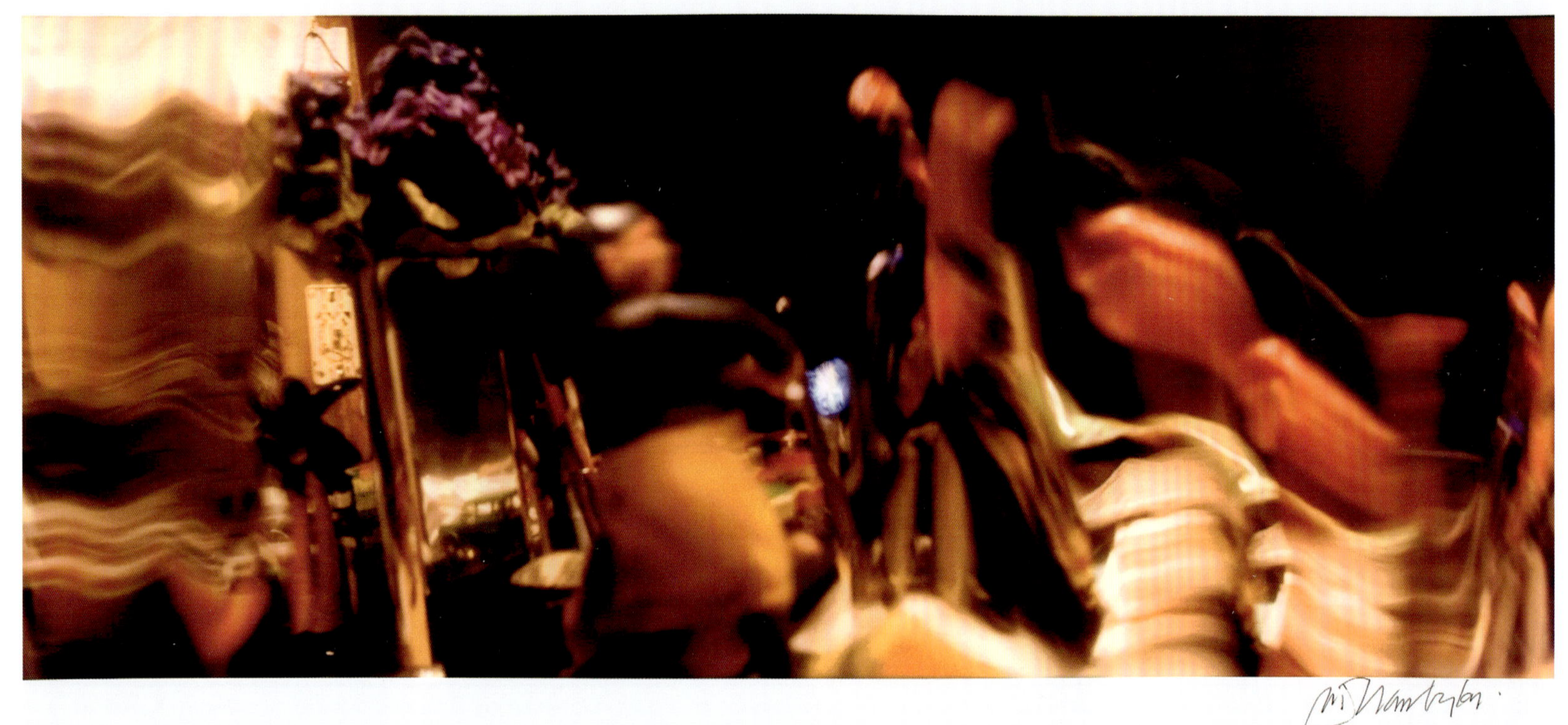

50.
Ohne Titel / Untitled, 1997

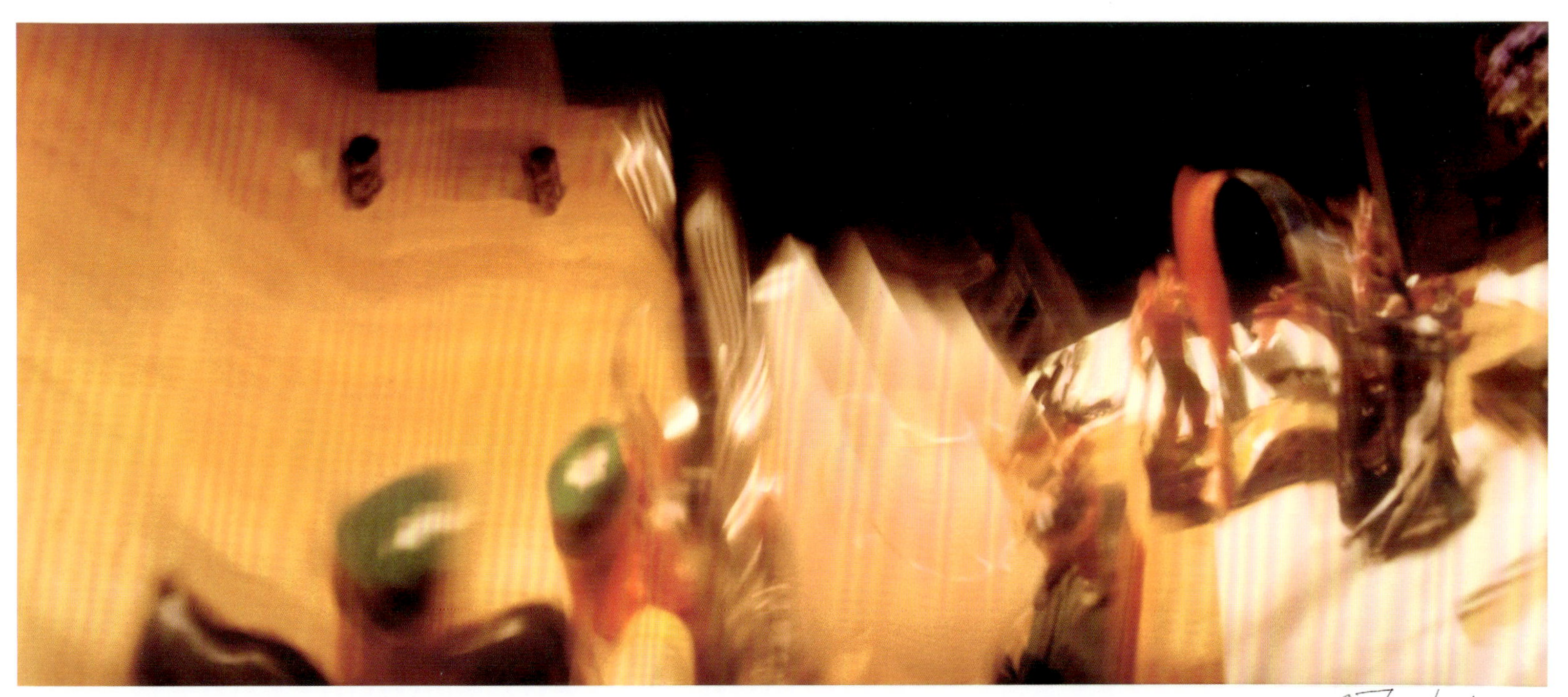

51.
Ohne Titel / Untitled, 1997

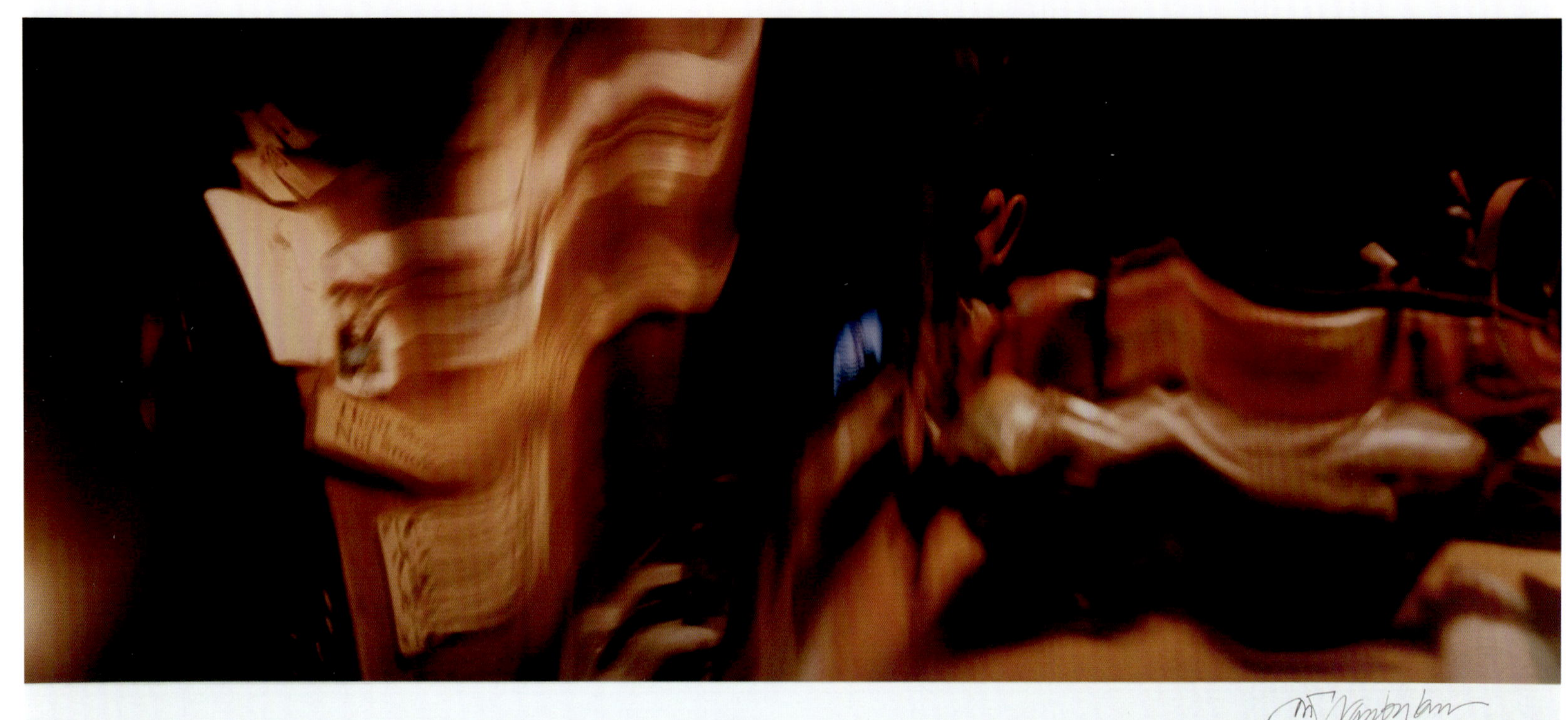

52.
Ohne Titel / Untitled, 1997

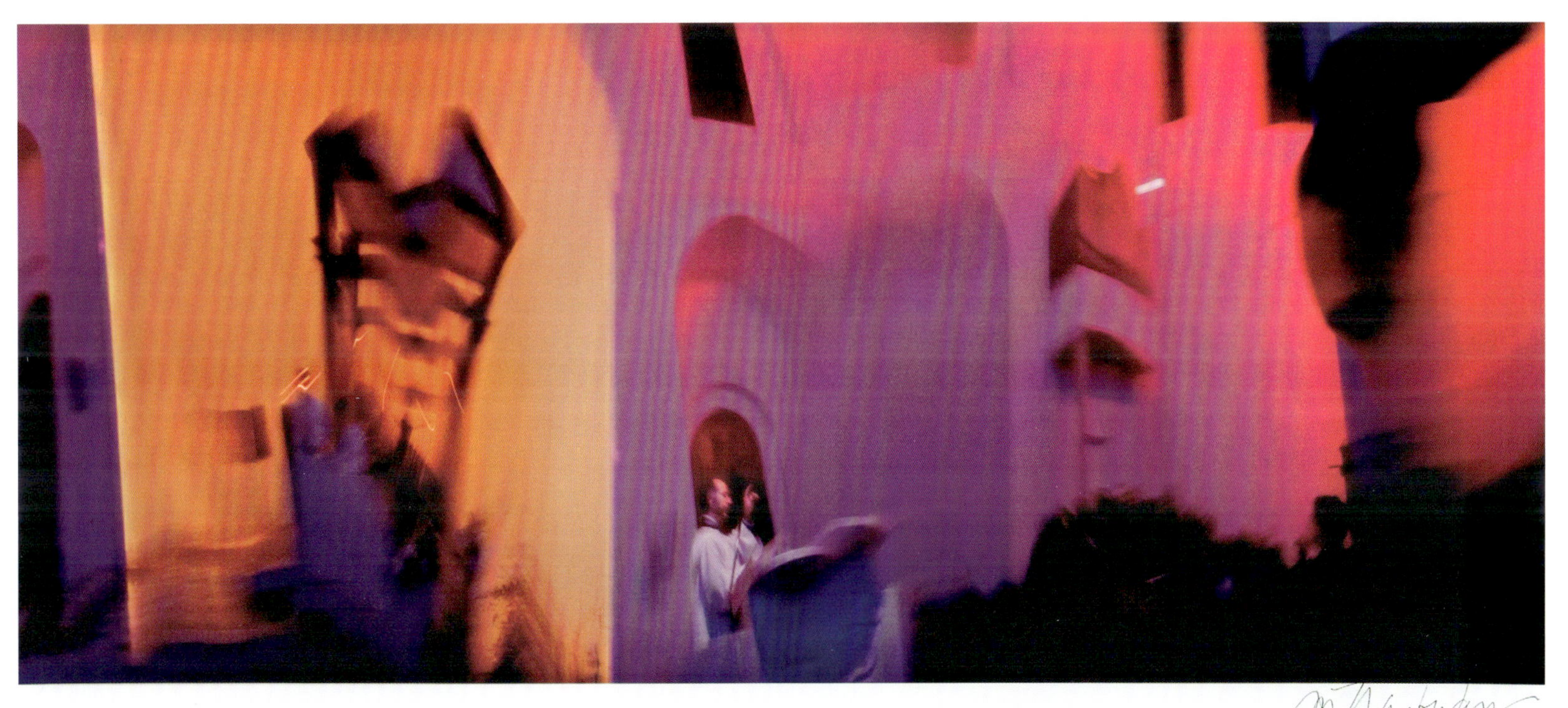

53.
Ohne Titel / Untitled (Flavin/Church Milan), 1997

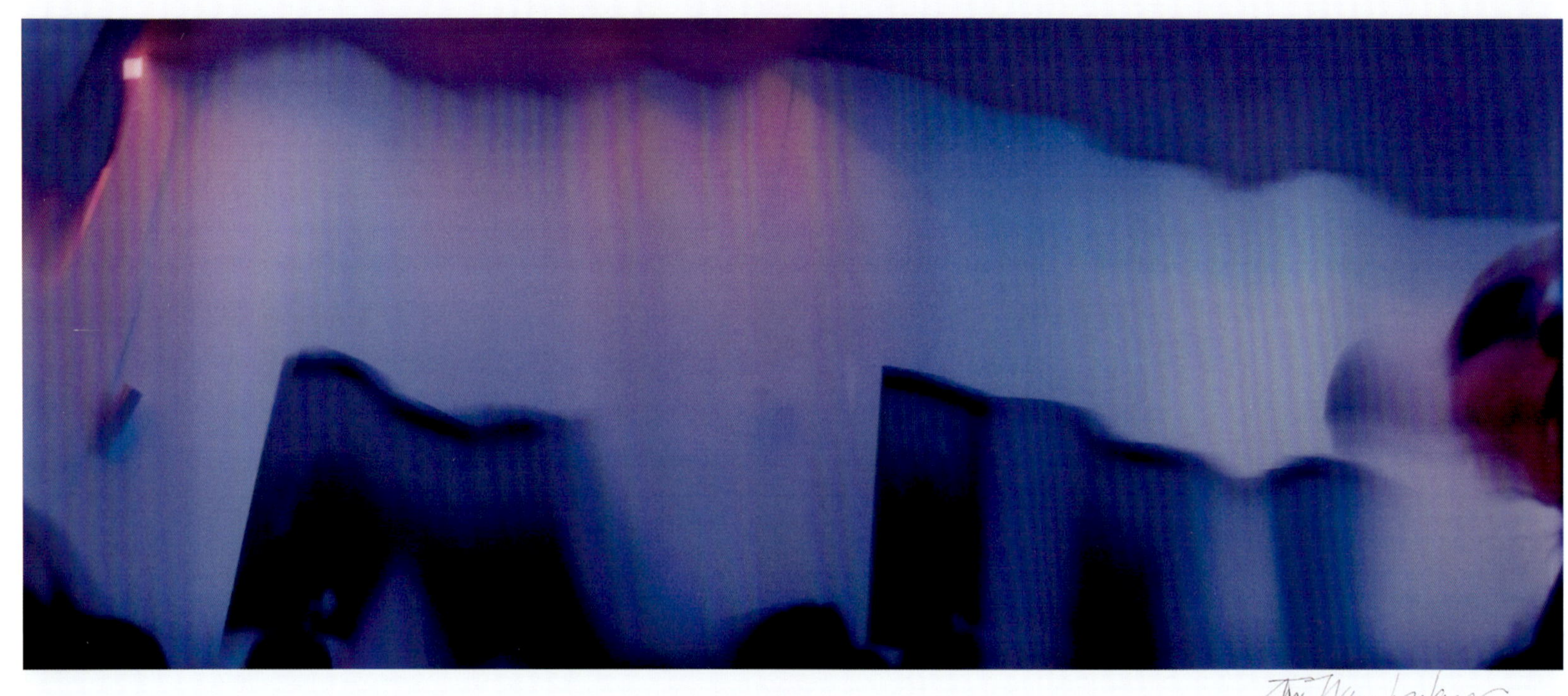

54.
Ohne Titel / Untitled (Flavin/Church Milan), 1997

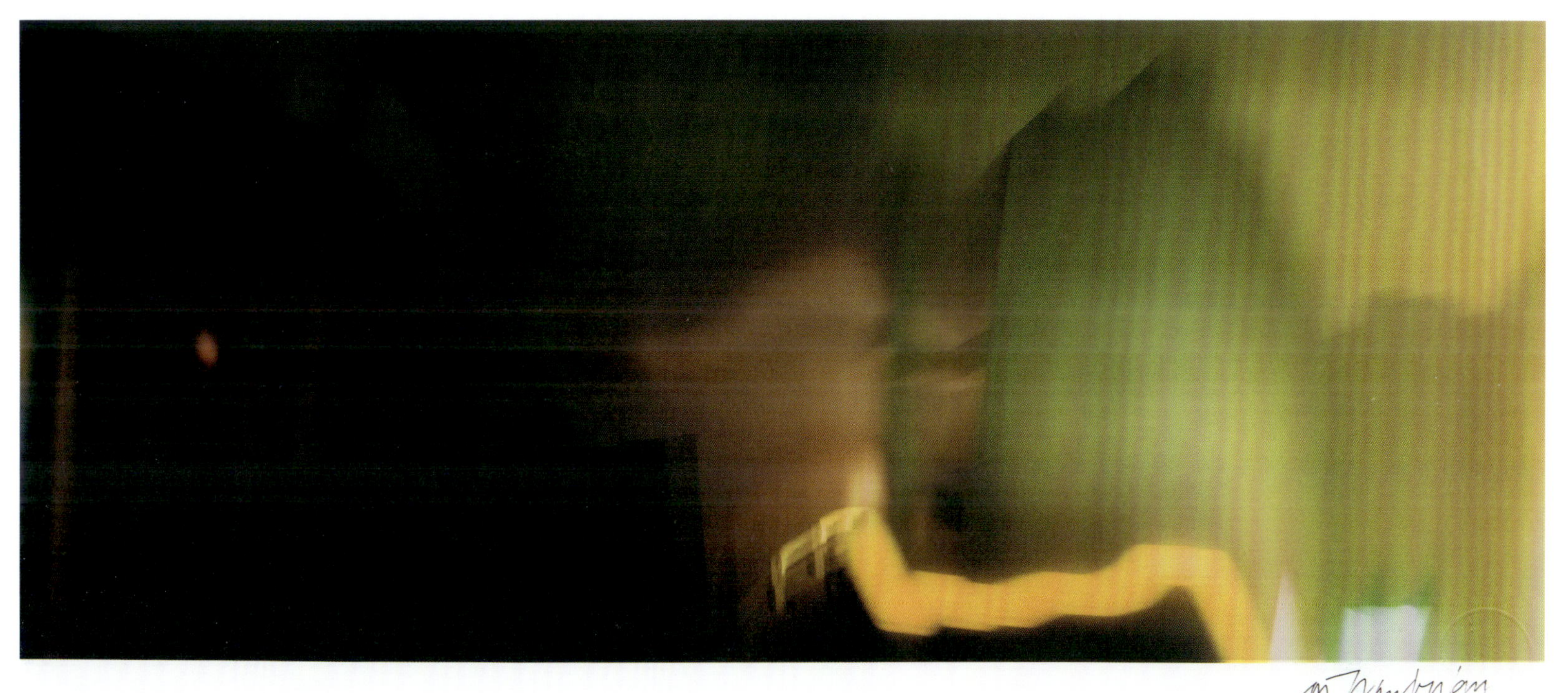

55.
Ohne Titel / Untitled, 1997

56.

Ohne Titel / *Untitled*, 1997

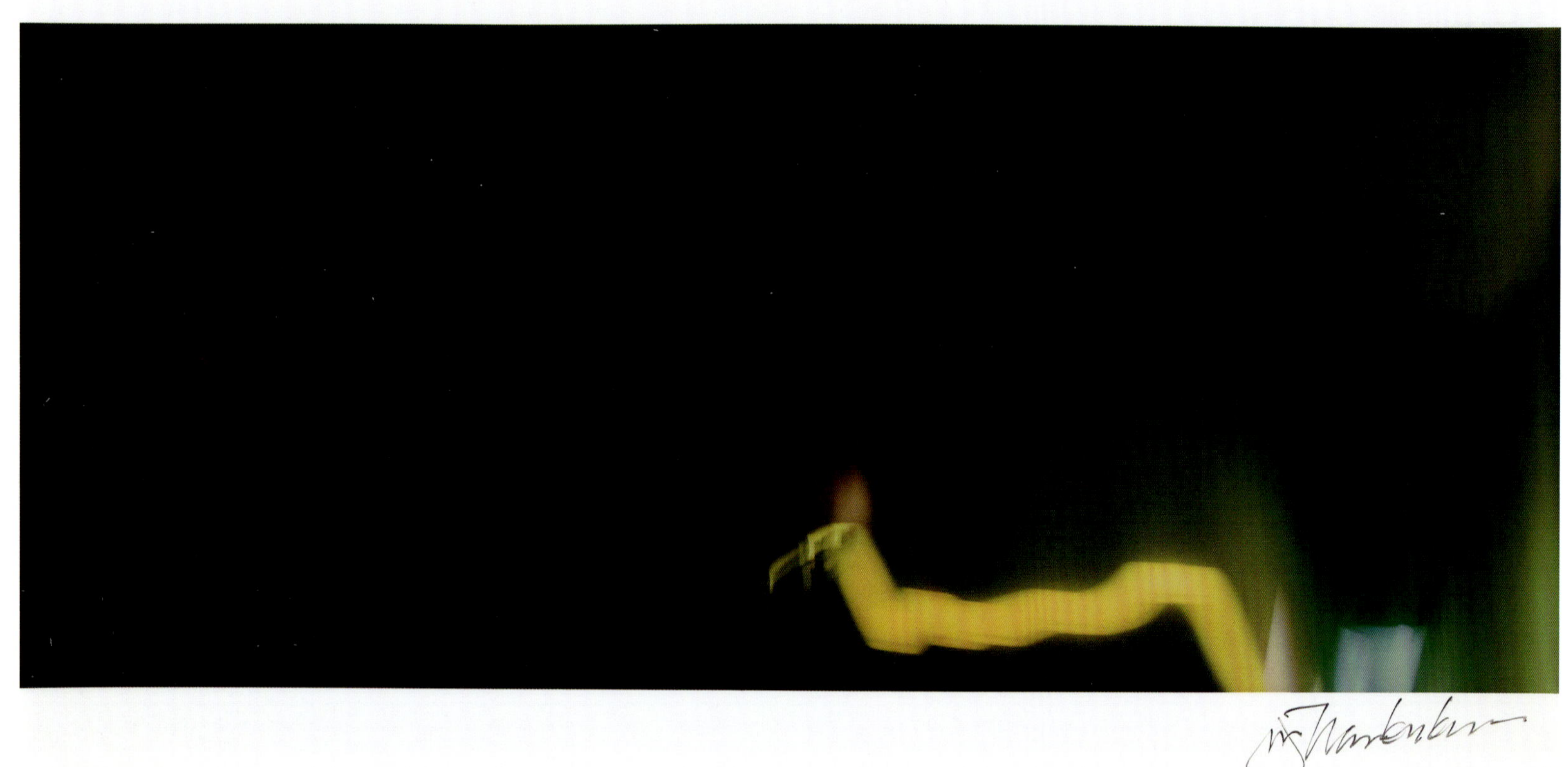

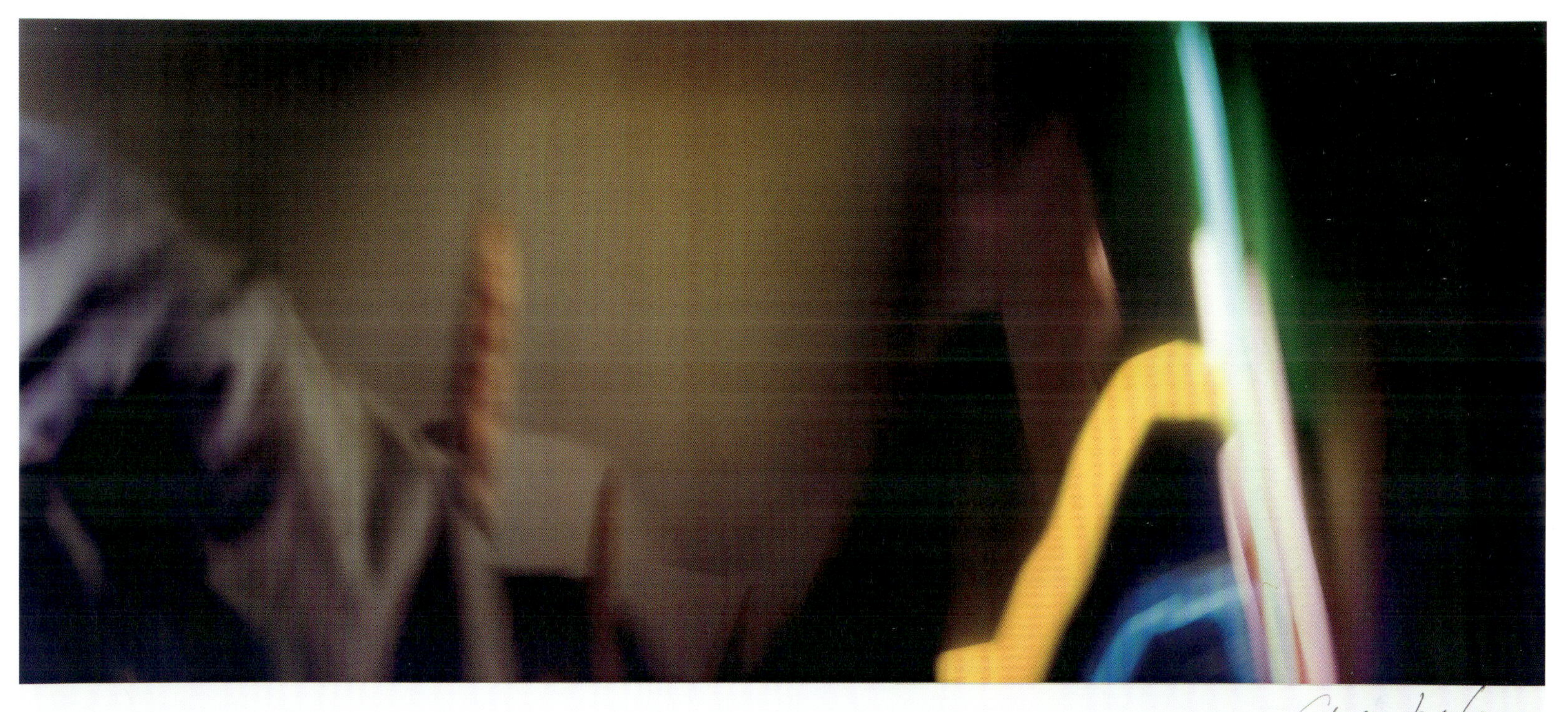

57.
Ohne Titel / Untitled, 1997

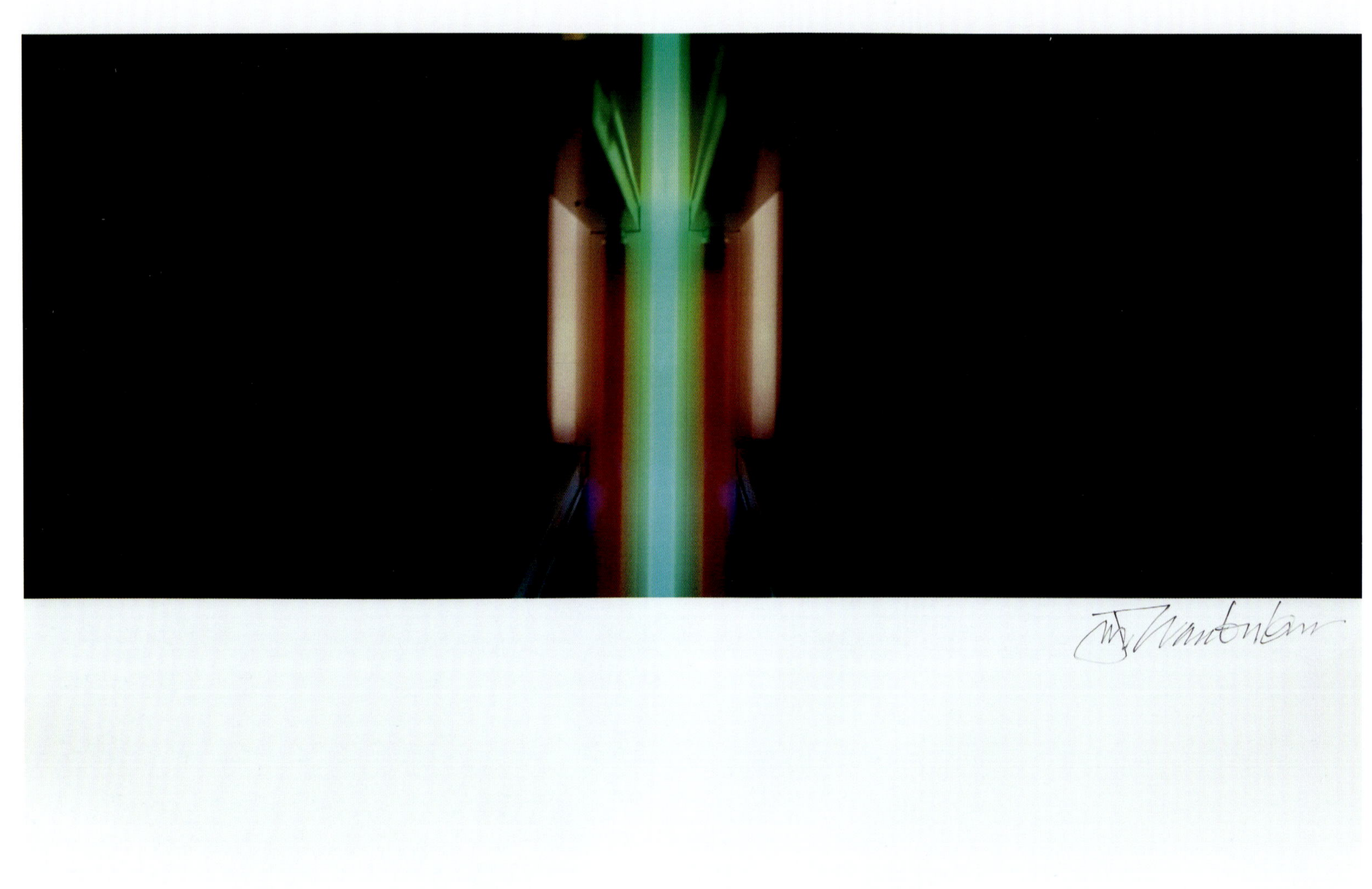

58.
Ohne Titel / Untitled (Flavin Foto), 1997

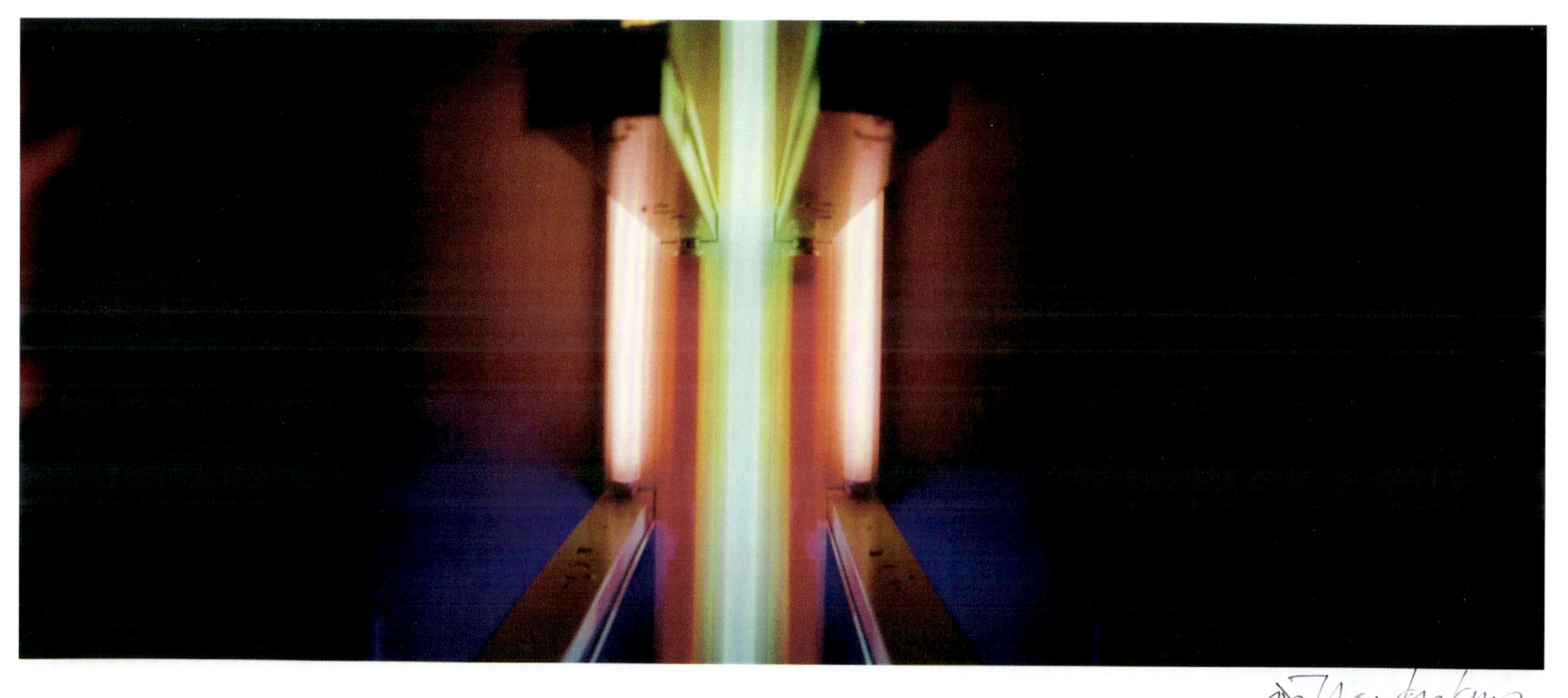

59.
Ohne Titel / Untitled (Flavin Foto), 1997

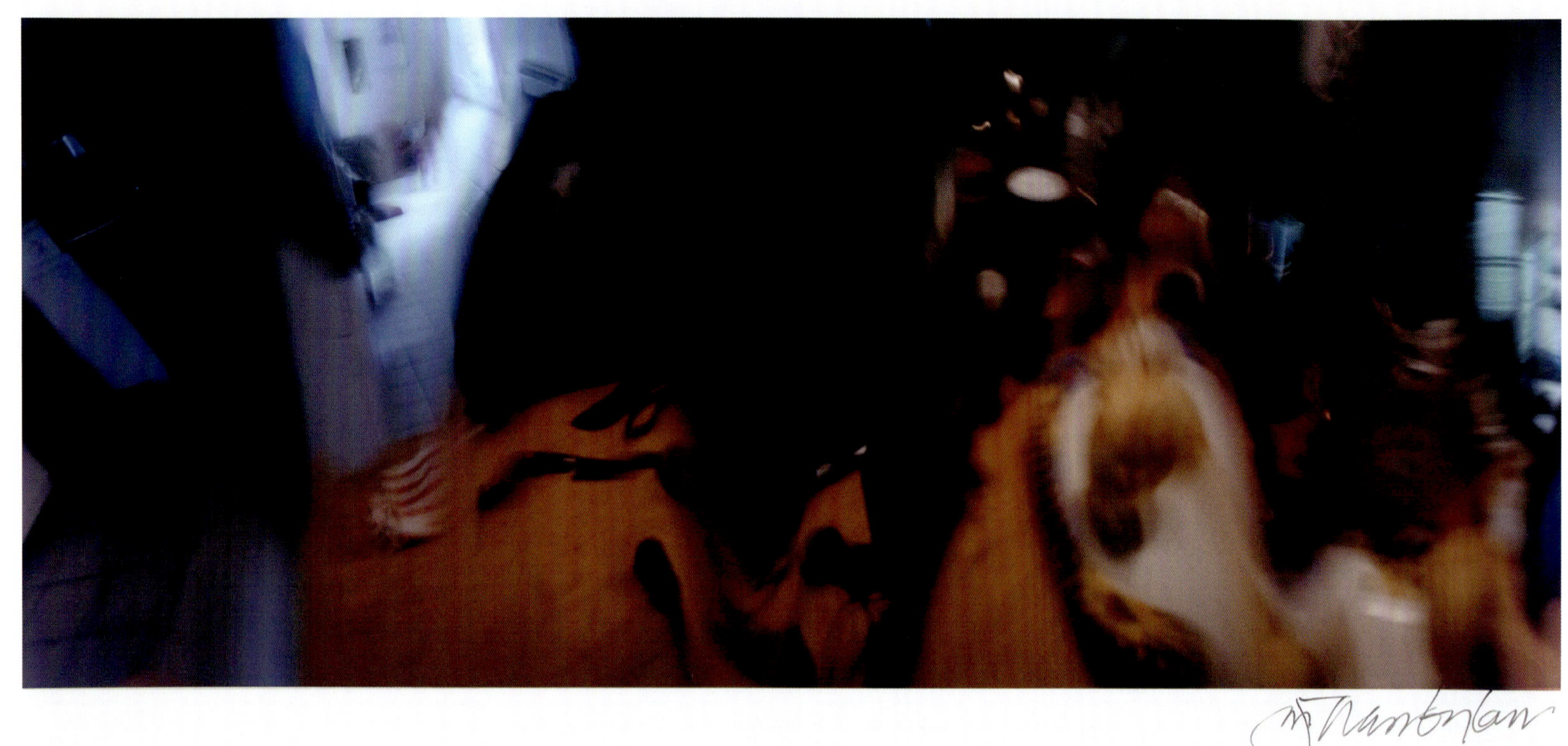

60.
Ohne Titel / *Untitled*, 1997

61.
Ohne Titel / *Untitled*, 1997

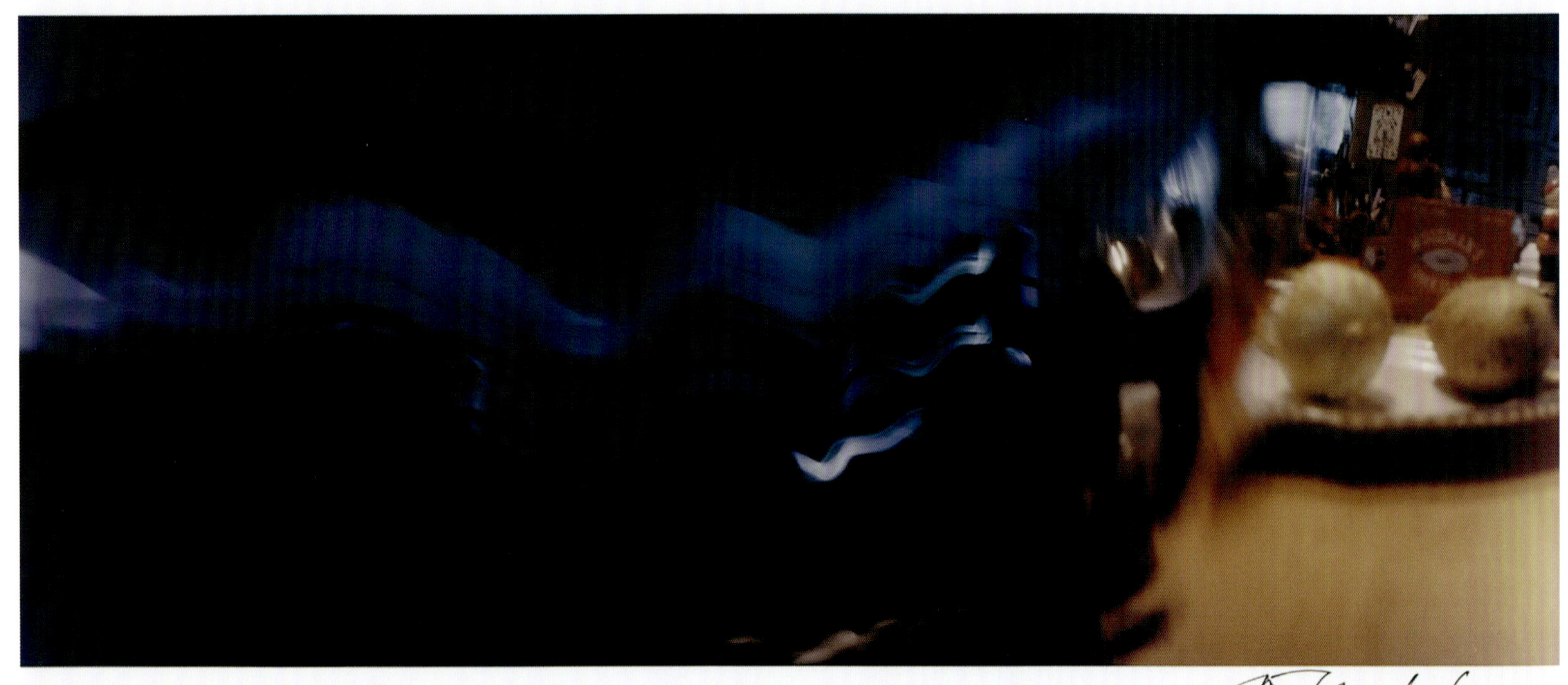

62.
Ohne Titel / Untitled, 1996

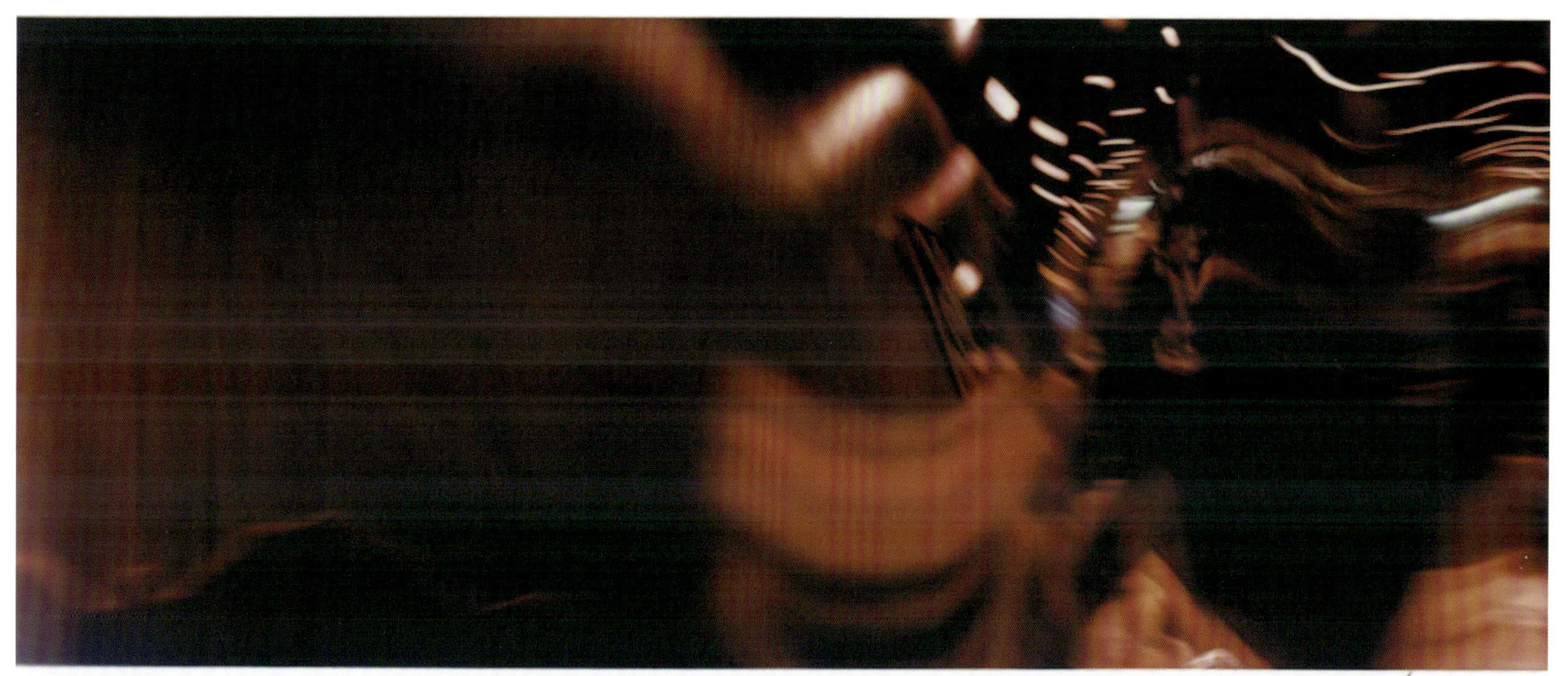

63.
Ohne Titel / Untitled, 1995

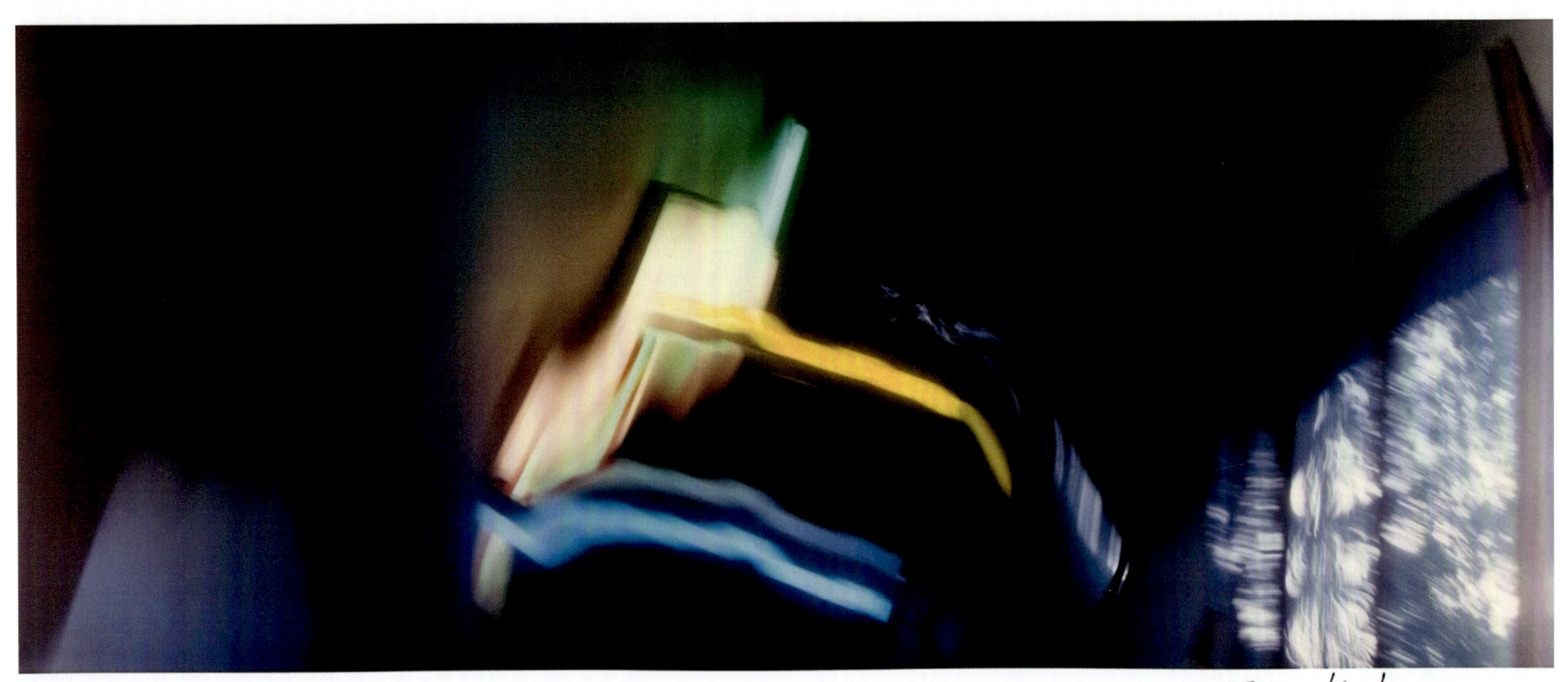

64.
Ohne Titel / *Untitled*, 1997

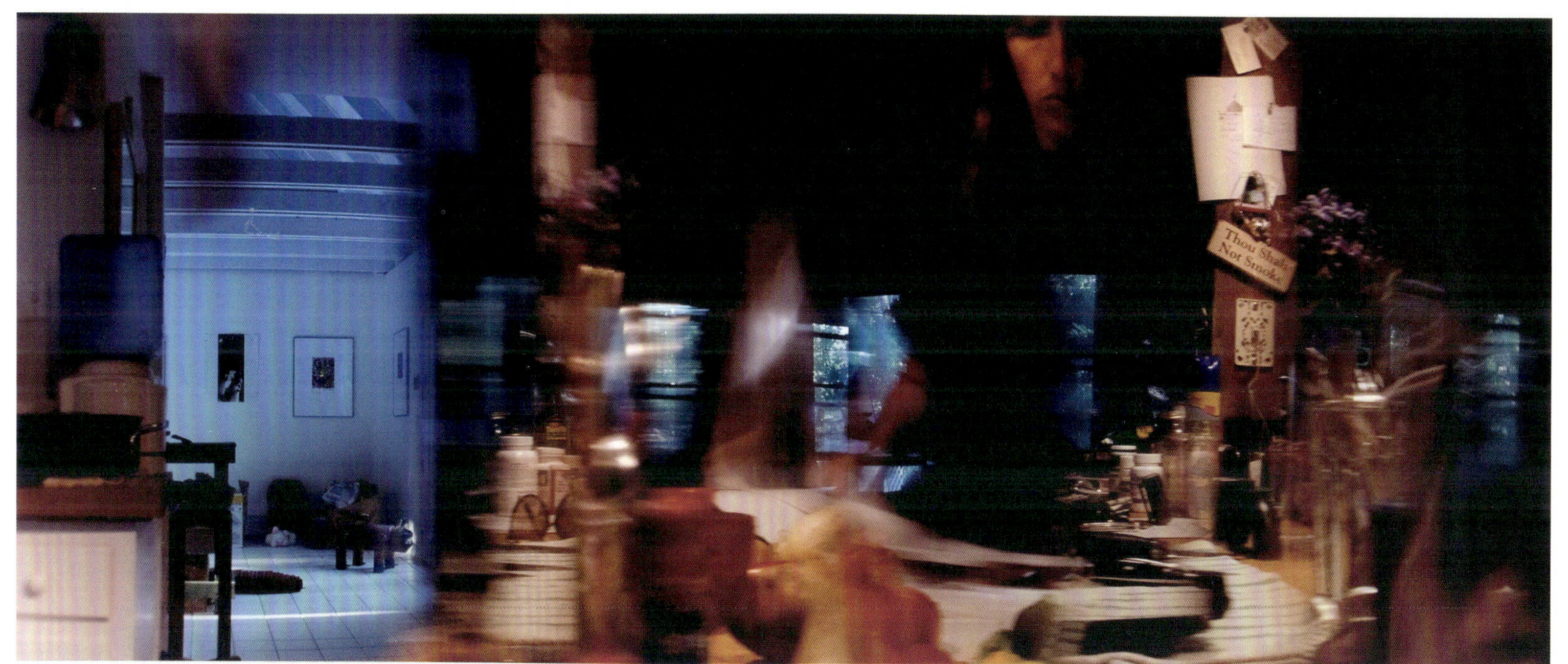

65.
Ohne Titel / Untitled, 1998

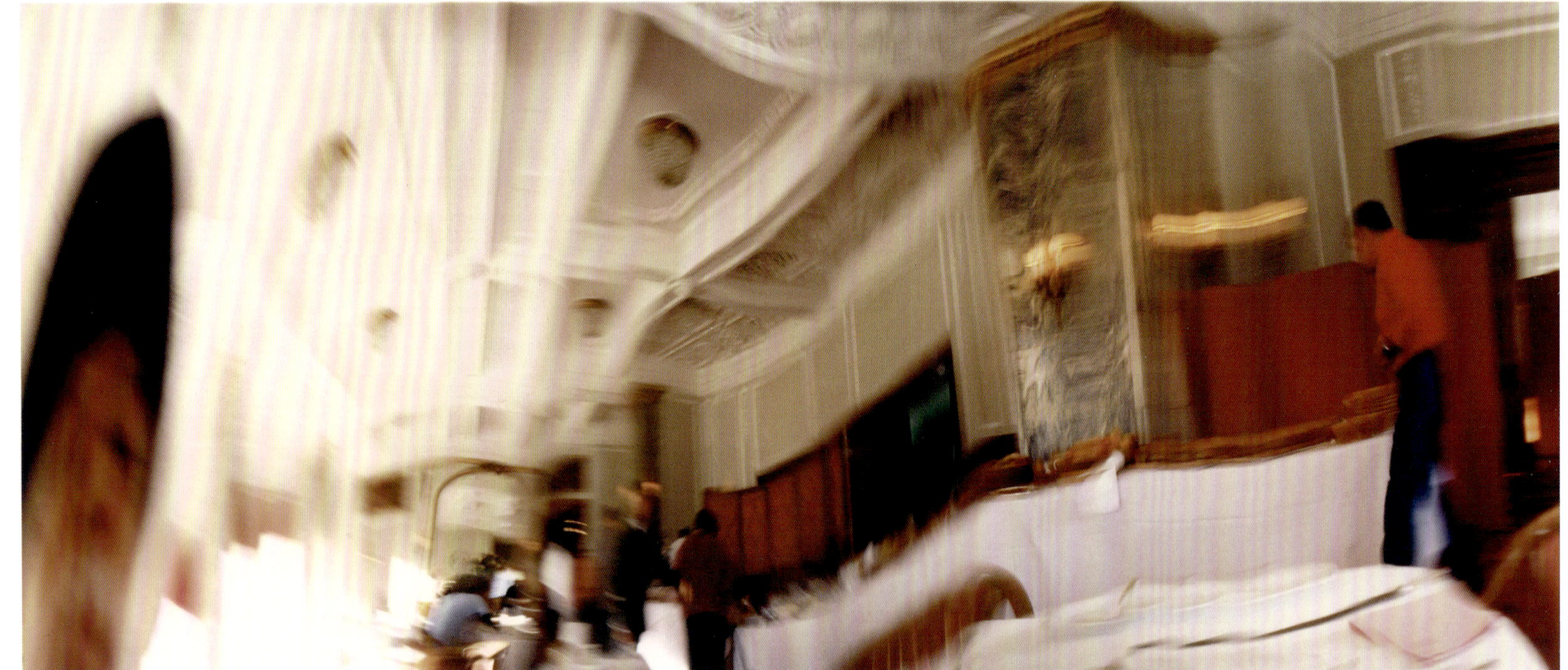

66.
Carlton Hotel St. Moritz, 2001

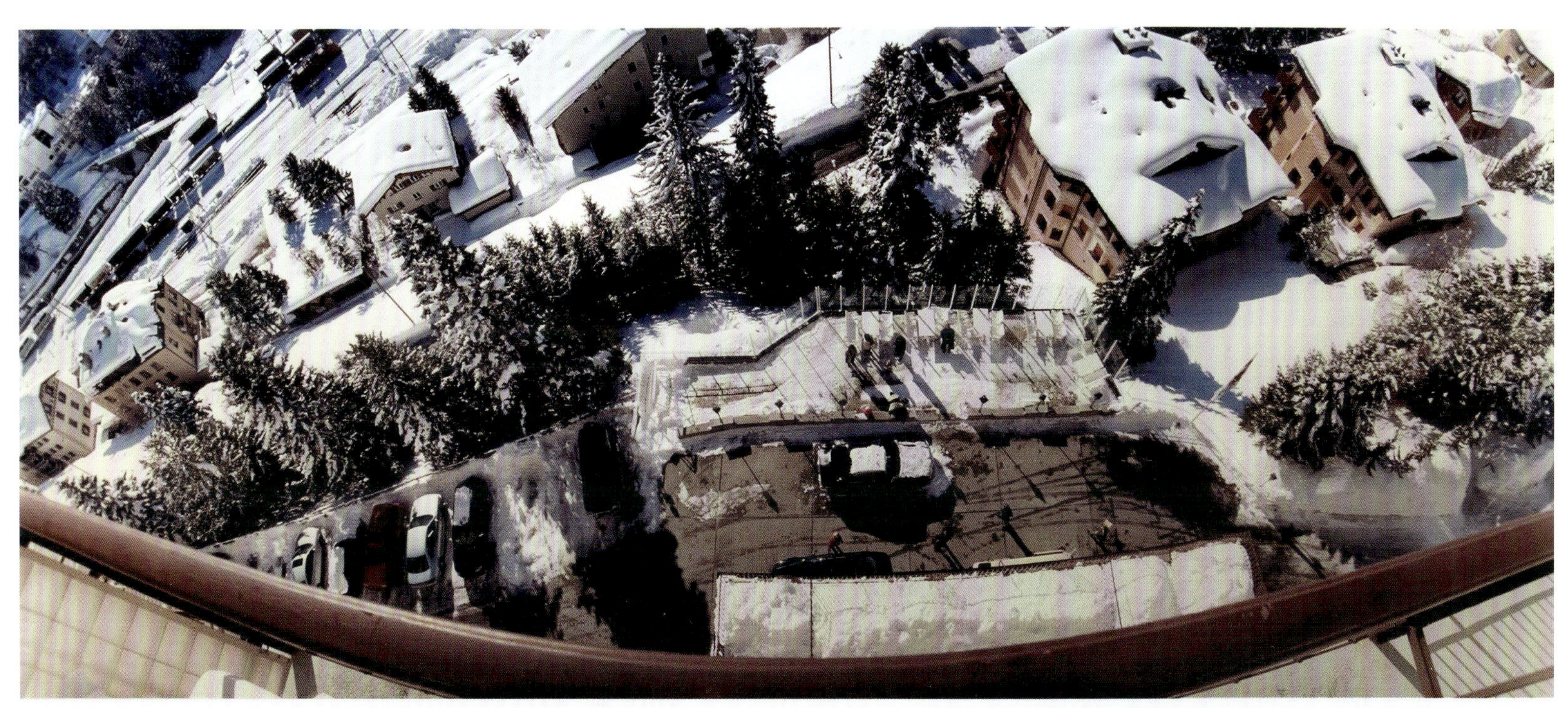

67.
St. Moritz Series, 2001

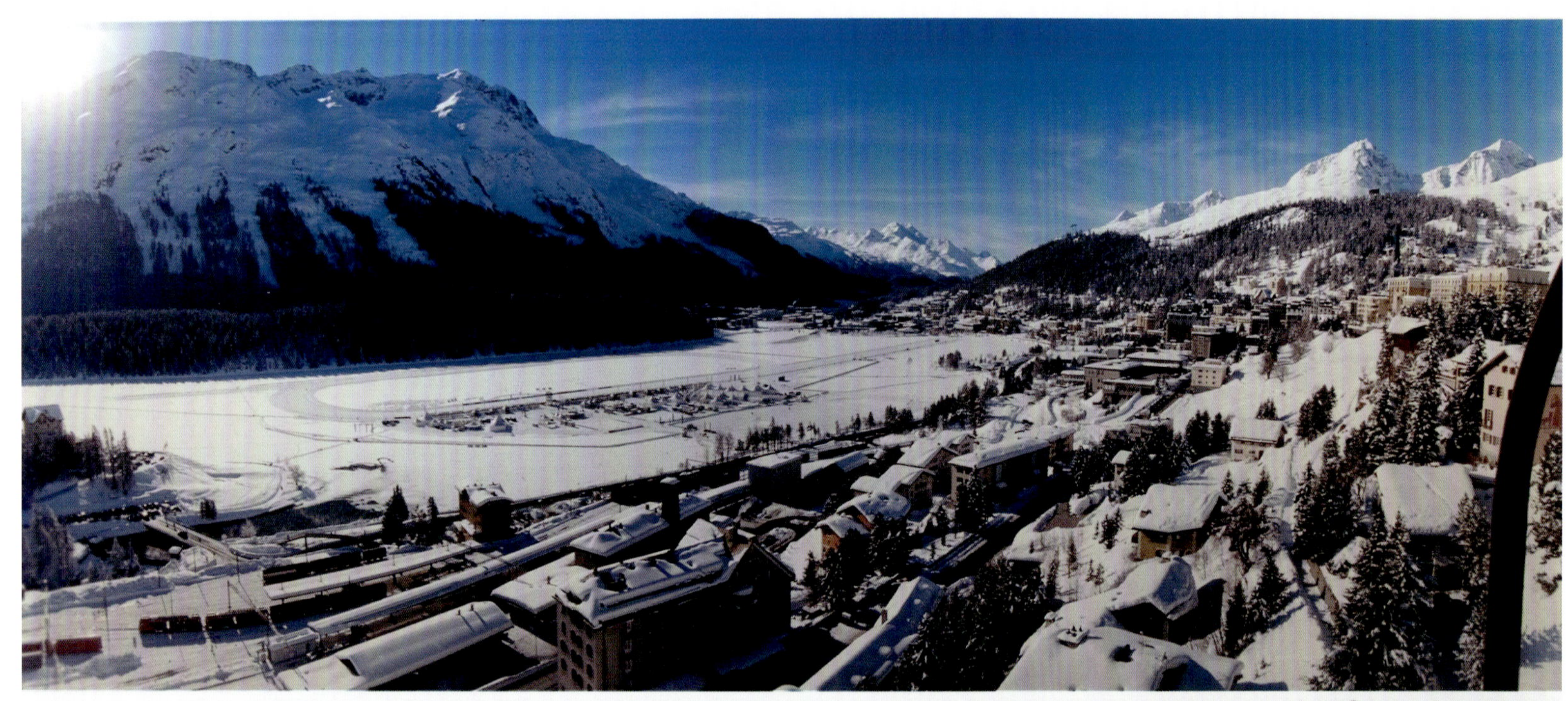

68.
St. Moritz Series, 2001

69.
St. Moritz Series, 2001

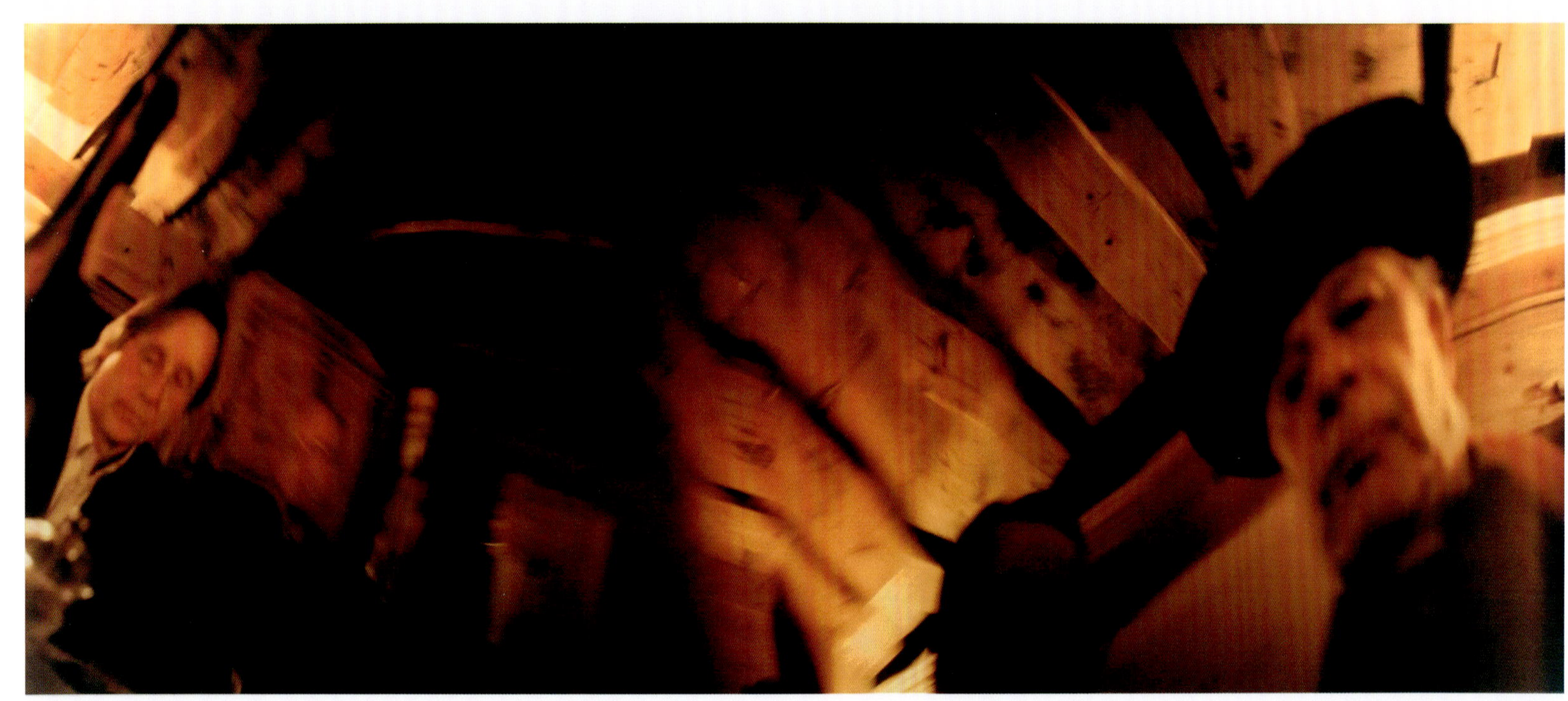

70.
St. Moritz Series, 2001

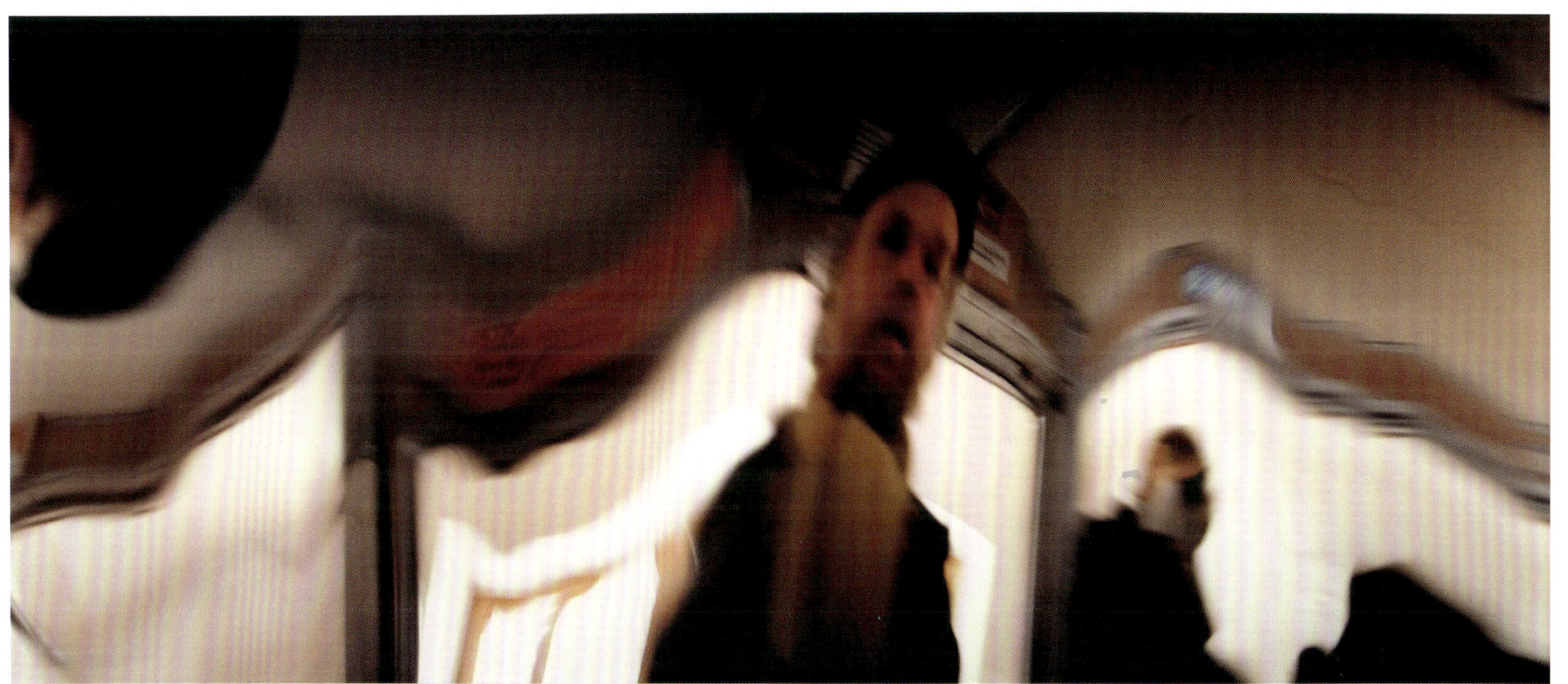

71.
St. Moritz Series, 2001

72.
St. Moritz Series, 2001

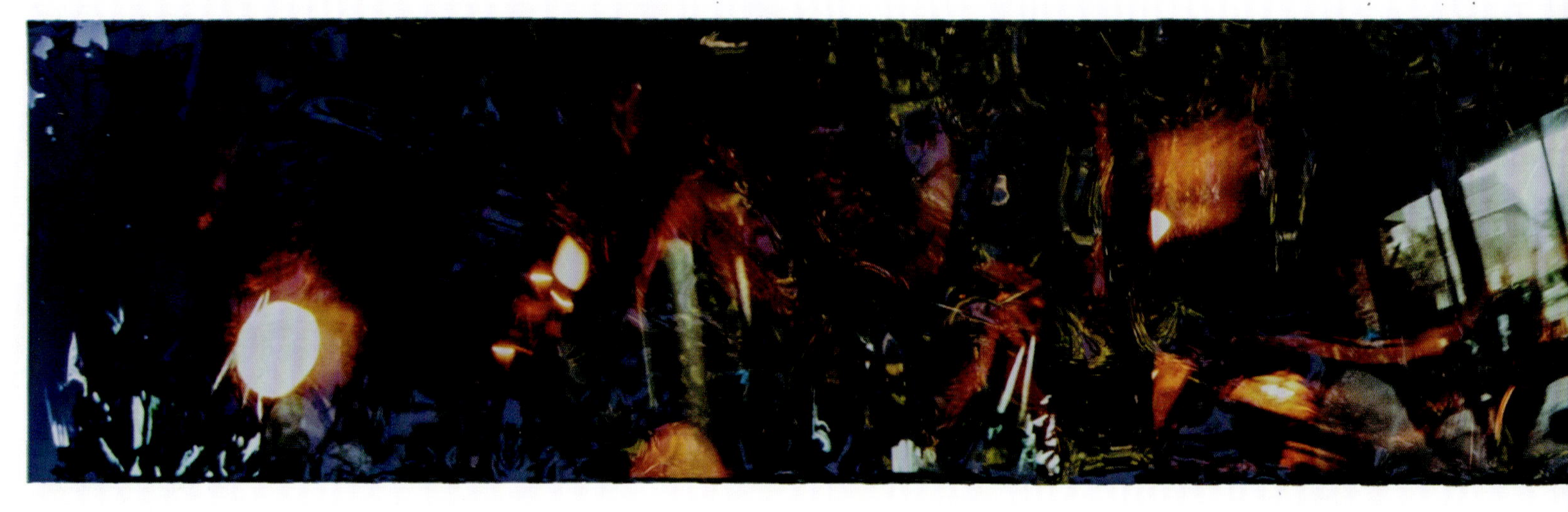

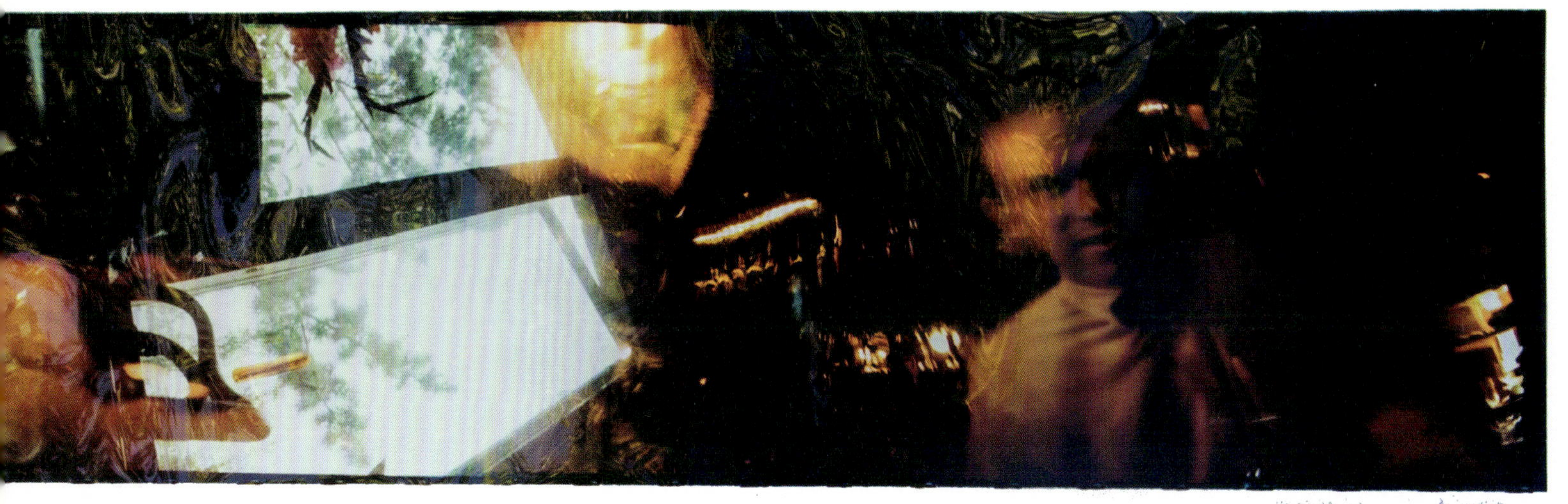

73.
The Golden Dick, 1989/1991

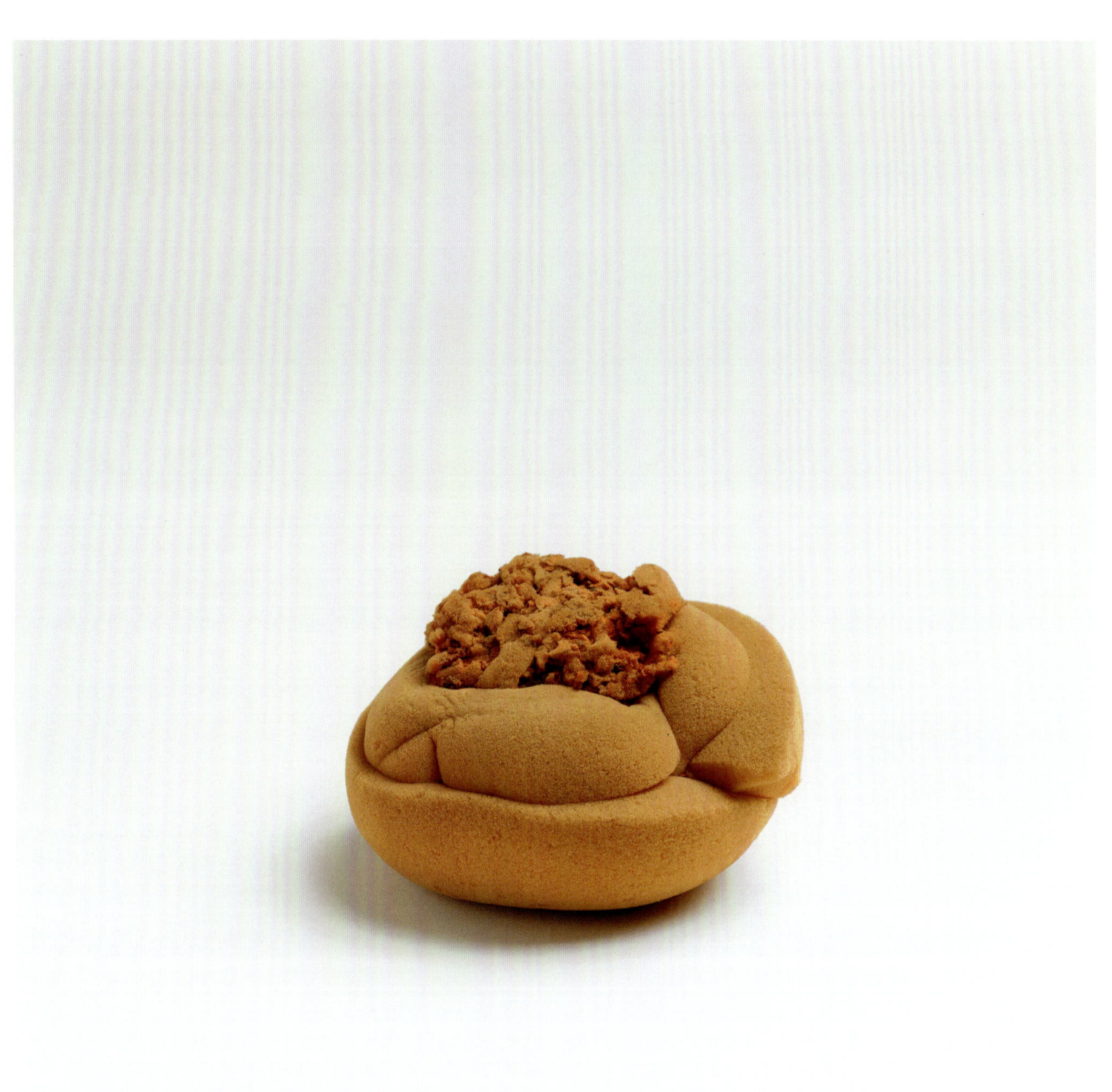

74.
Ohne Titel / Untitled, ca. 1969

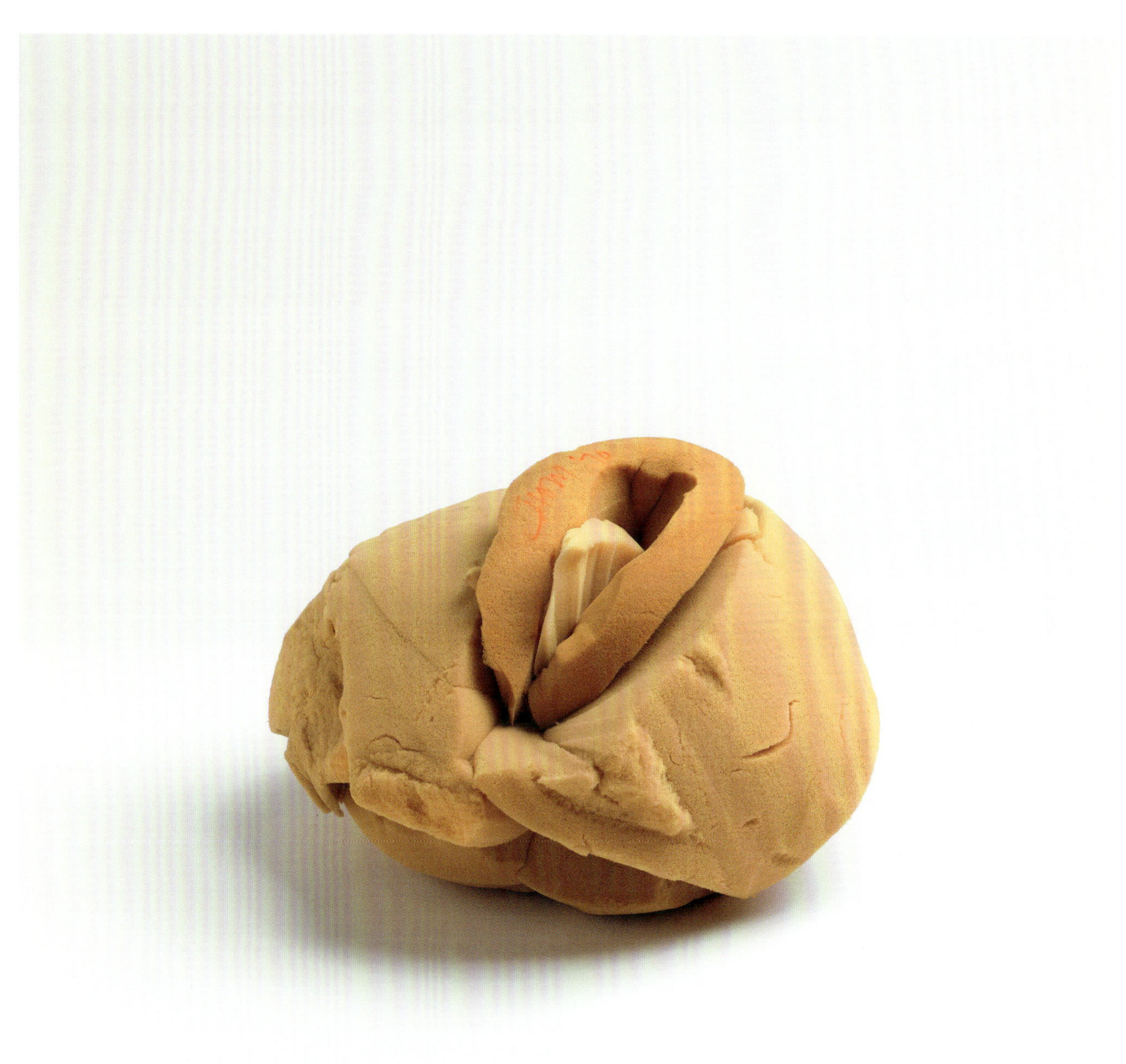

75.
Ohne Titel / *Untitled*, 1970

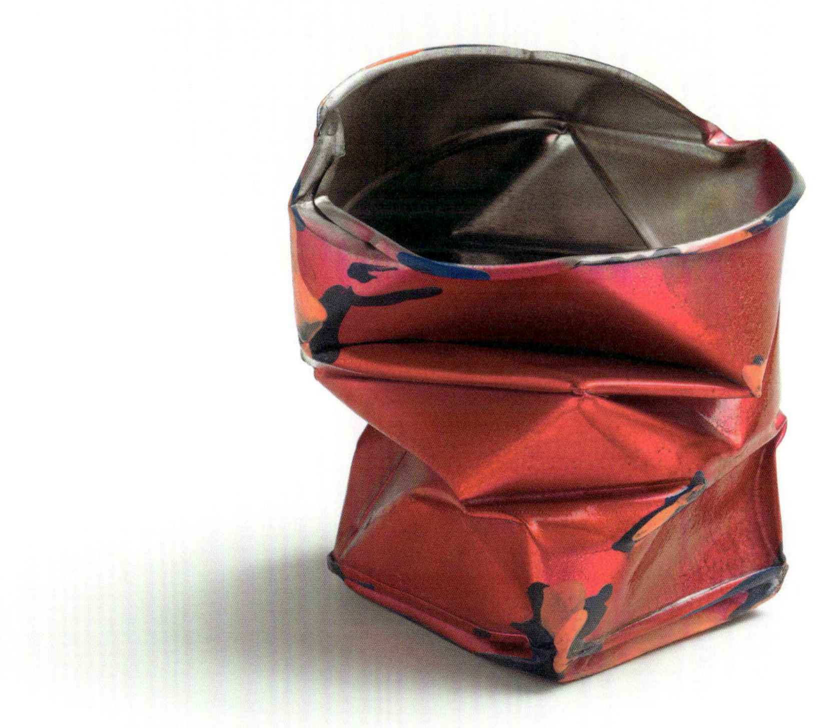

76.
Socket, 1977

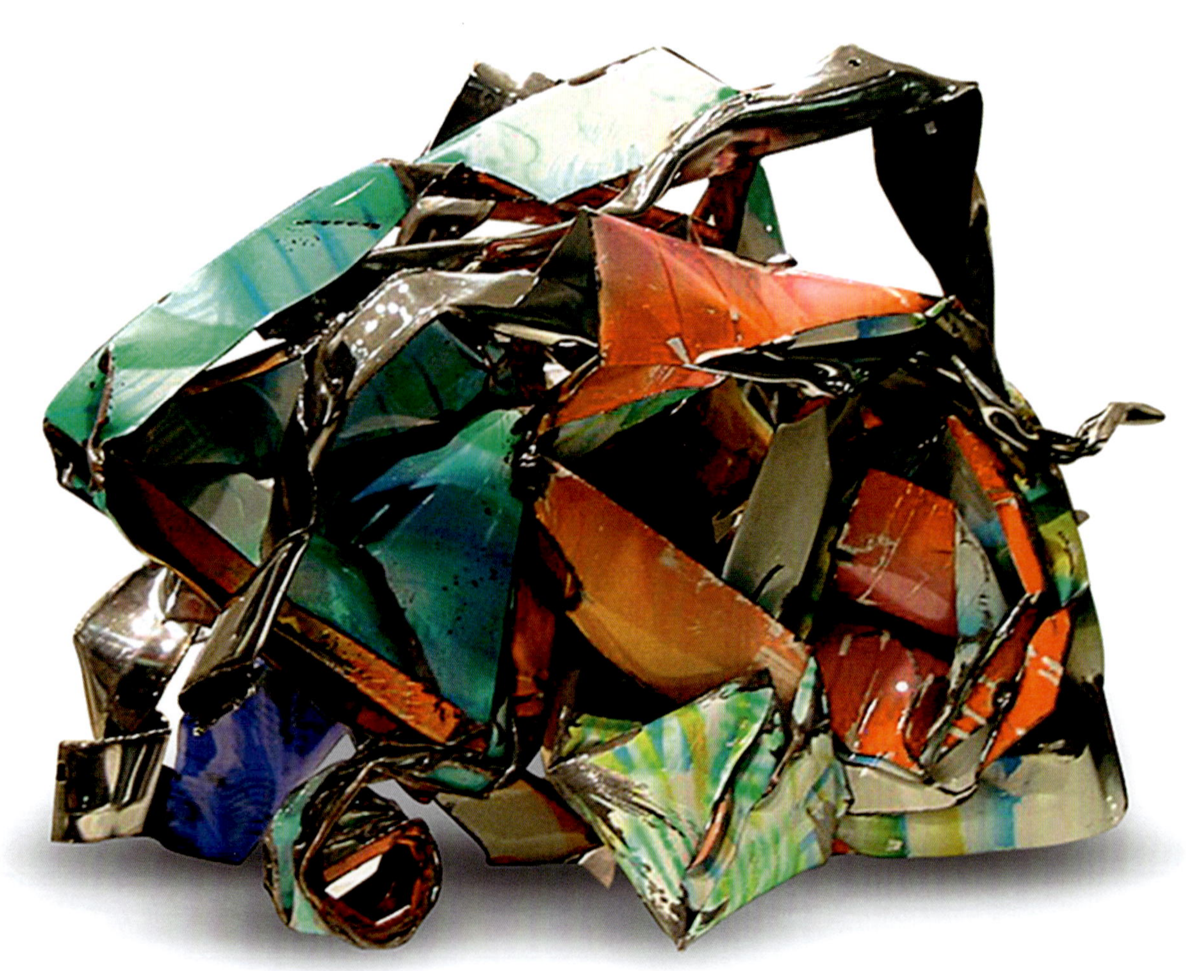

77.
Cunning Linguist, 1988

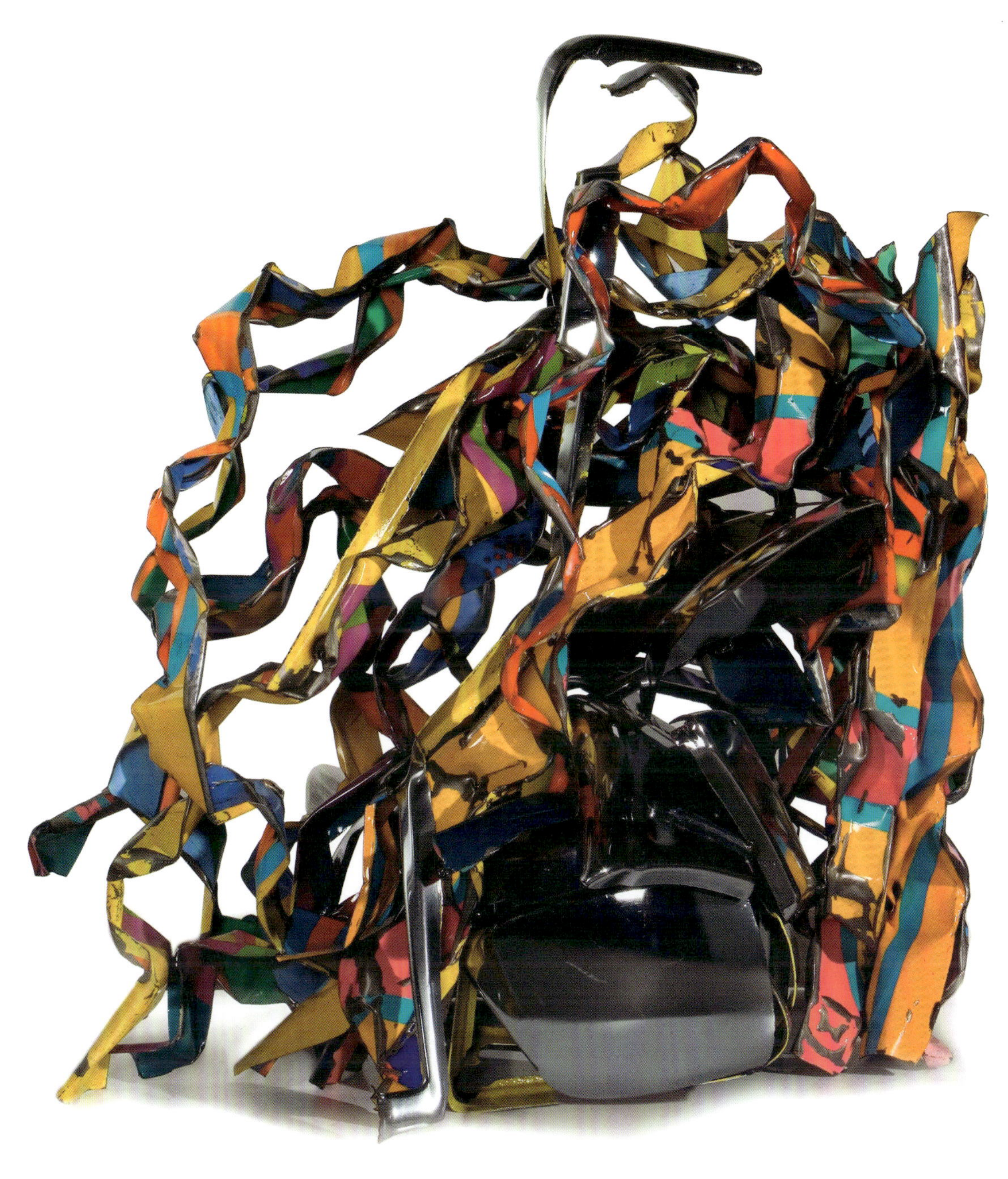

78.
MADONNA JUANA, 2006

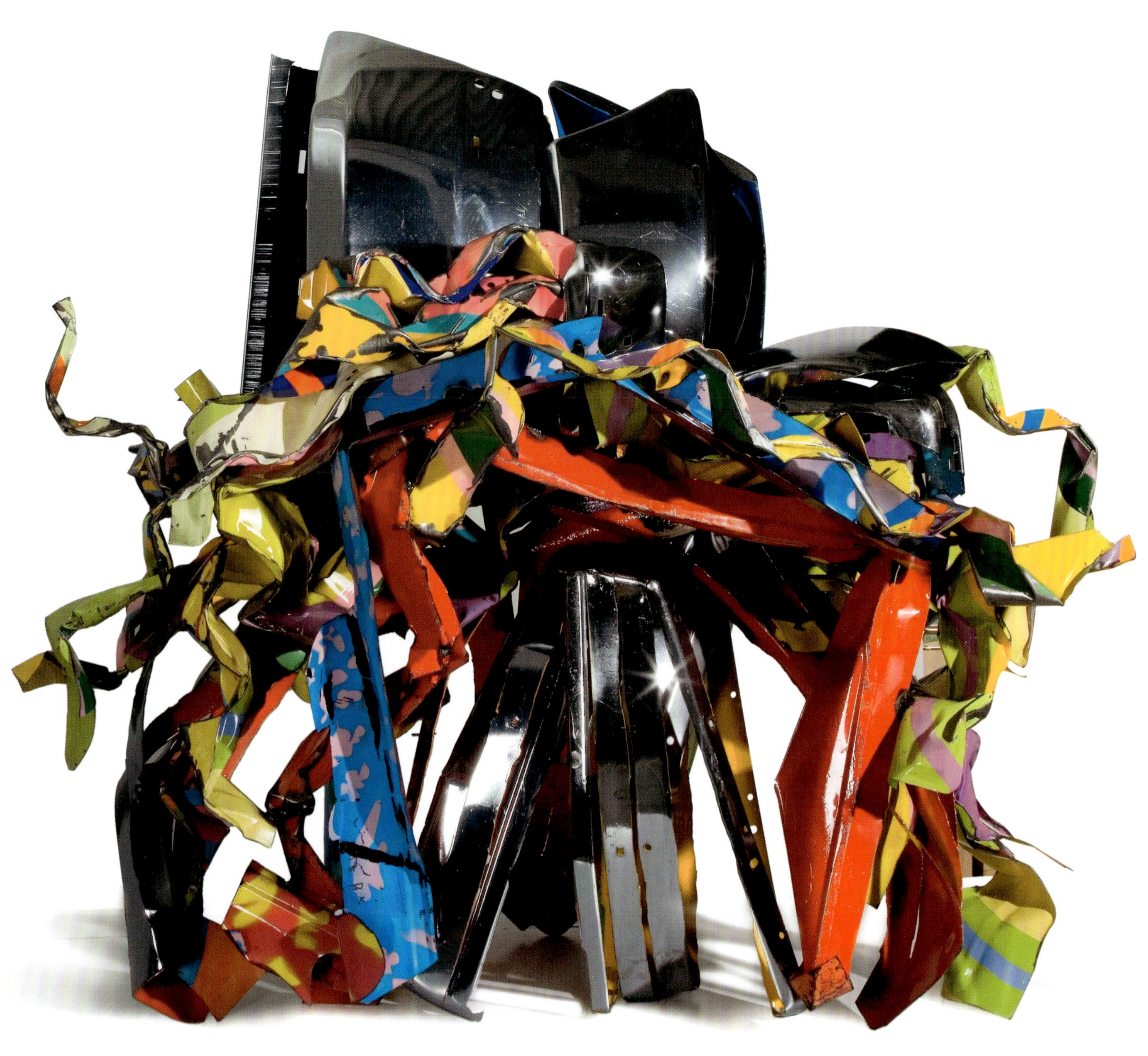

79.
Chromo Domo, 2006

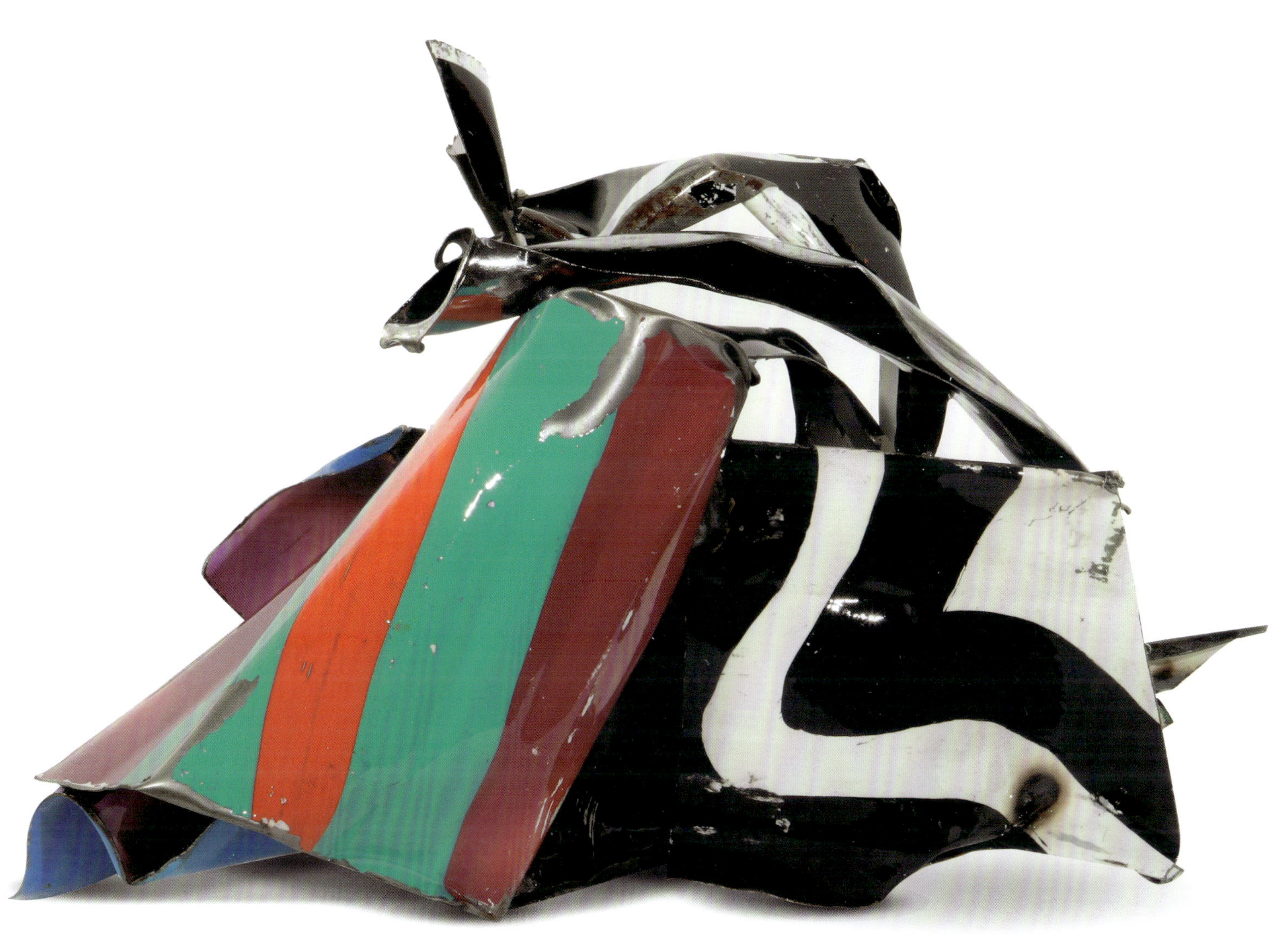

80.
Barnumizick, 2006

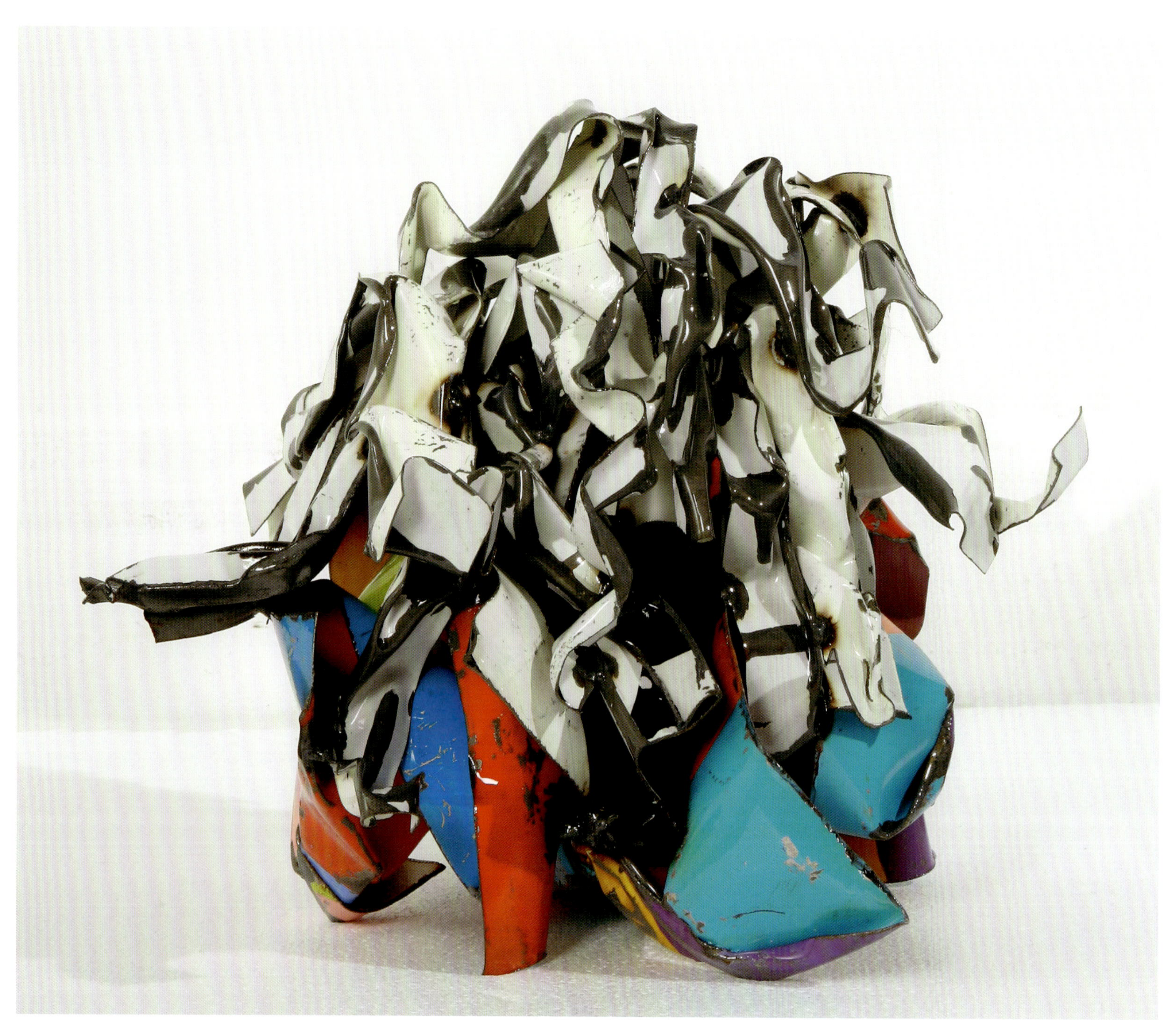

81.
Tu MAMUSE, 2006

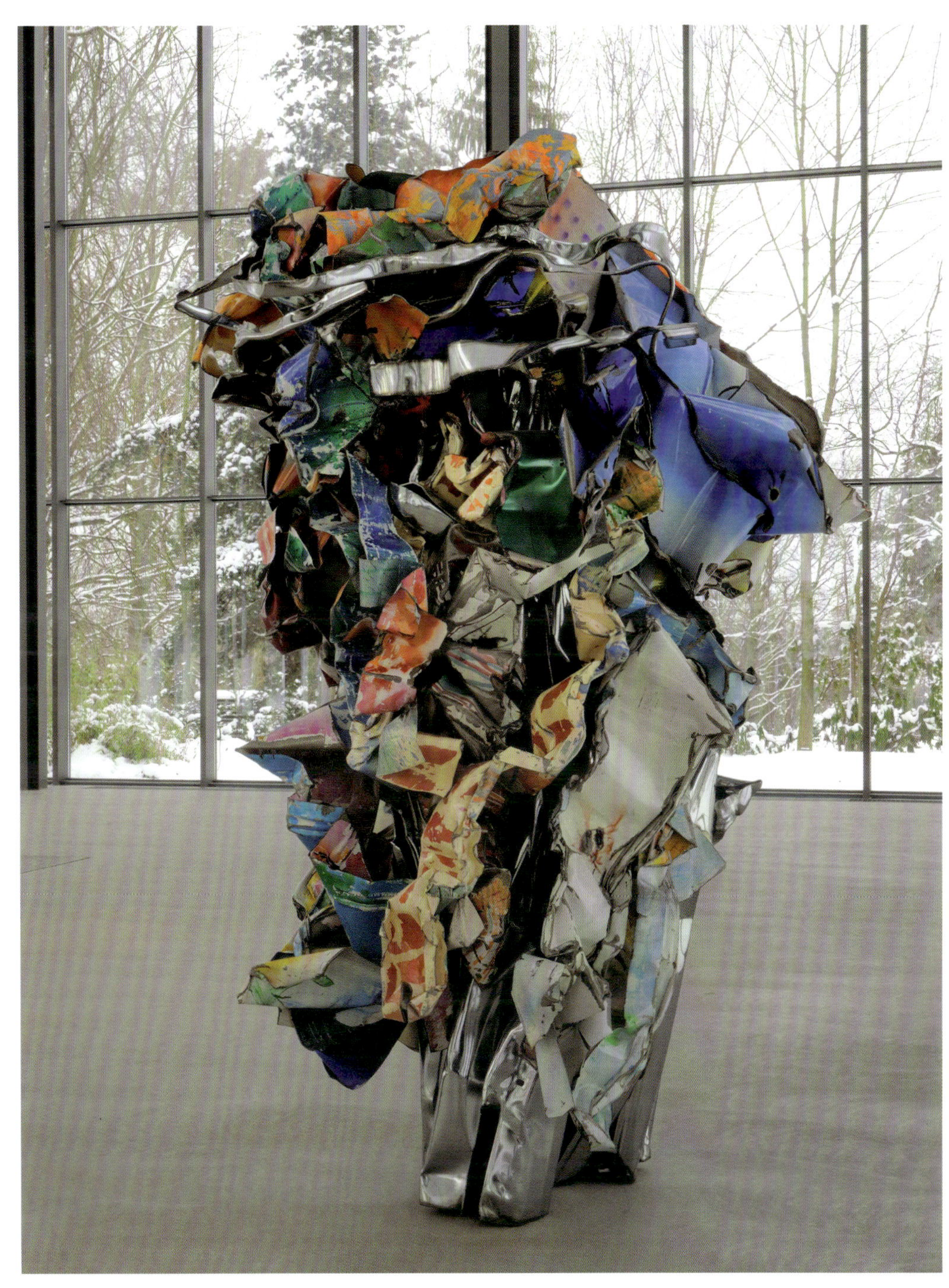

82.
Buoy Crazy, 1992

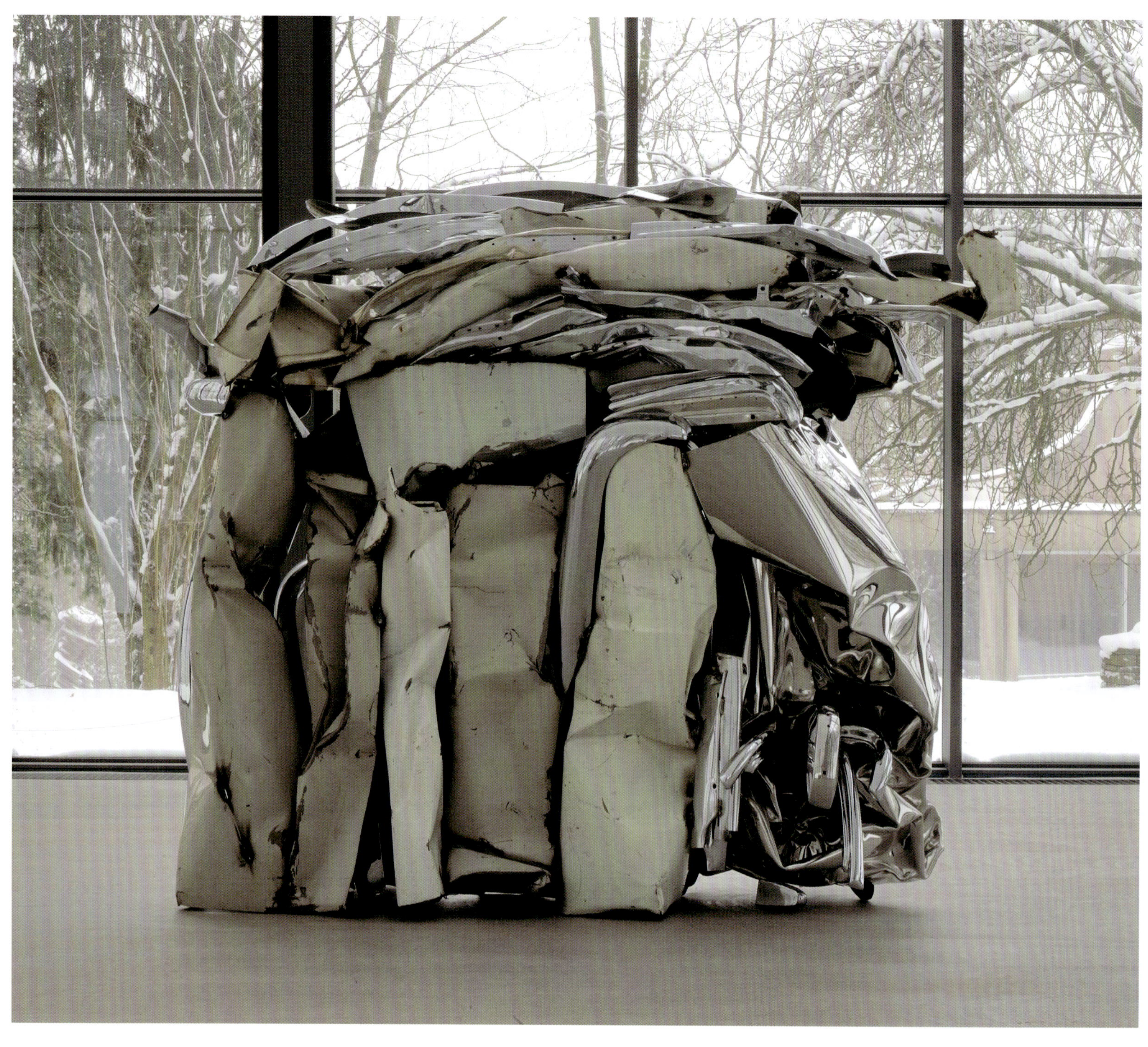

83.
LATRAVIATAPOSEXIA, 2009

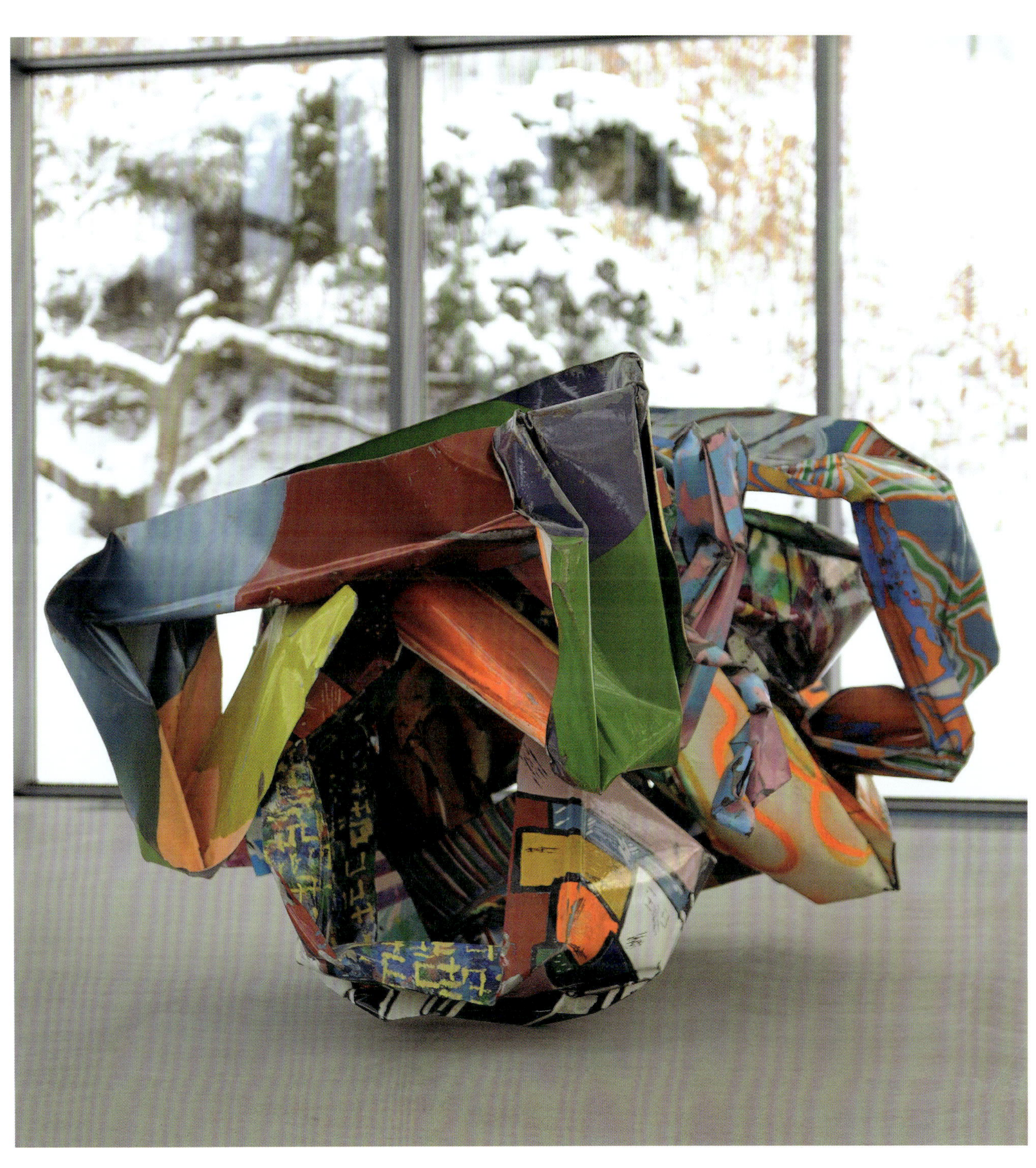

84.
Aucaussen + Nicolette, 1992

anhang | appendix

BIOGRAFIE
BIOGRAPHY

Geboren / Born: 1927 in Rochester, IN.
Gestorben / Died: 2011 in New York, NY.

Ausbildung / Education
1952 Art Institute of Chicago, Chicago, Illinois
1956 Black Mountain College, Black Mountain, North Carolina

Einzelausstellungen (Auswahl) / Solo Shows (selection)

2018
John Chamberlain. Bending spaces (Gekrümmte Räume). Ludwig Museum, Koblenz, Deutschland / Germany

2017
John Chamberlain Masks (John Chamberlain Masken). Gagosian Gallery, New York
John Chamberlain: Foils (John Chamberlain: Folien). Longhouse Reserve, East Hampton, New York

2016
John Chamberlain: Poetic Form (John Chamberlain: Poetische Form). Gagosian Gallery, Genf / Geneva, Schweiz / Switzerland

2015
John Chamberlain. Inverleith House, Royal Botanic Garden, Edinburgh, Schottland / Scotland

2013
The Artist's Studio: John Chamberlain (Das Atelier des Künstlers: John Chamberlain). Guild Hall, East Hampton, New York
John Chamberlain: It Ain't Cheap (John Chamberlain: Es ist nicht billig). Dan Flavin Art Institute, Dia Art Foundation, Bridgehampton, New York

2012
John Chamberlain: Choices (John Chamberlain: Auswahl). Guggenheim Museum, New York
Chamberlain in Fairchild. Fairchild Tropical Botanic Garden, Coral Gables, Florida
Installation am Seagram Gebäude / Installation at the Seagram building. Gagosian Gallery, New York

2011
John Chamberlain: New Sculptures (John Chamberlain: Neue Skulpturen). Gagosian Gallery, New York
John Chamberlain: CURVATUREROMANCE. Pinakothek der Moderne, München / Munich, Deutschland / Germany
John Chamberlain. Paula Cooper Gallery, New York

2010
John Chamberlain. Galería Elvira González, Madrid, Spanien / Spain
John Chamberlain: SINKOPEEFEAST. More Gallery, Giswil, Schweiz / Switzerland

2009
John Chamberlain: Early Years (John Chamberlain: Frühe Jahre). L & M Arts, New York
Contemporary Conversations: John Chamberlain, American Tableau (Zeitgenössische Gespräche: John Chamberlain, American Tableau). The Menil Collection, Houston, Texas

2008
John Chamberlain: Recent Work (John Chamberlain: Neue Arbeiten). PaceWildenstein, New York

2007
John Chamberlain, Squeezed and Tied: Foam and Paper Sculptures, 1969–70 (John Chamberlain, Gequetscht und Gebunden: Schaumstoff- und Papierskulpturen, 1969–70). Dan Flavin Art Institute, Dia Center for the Arts, Bridgehampton, New York
John Chamberlain: New Work (John Chamberlain: Neue Arbeiten). Anthony Meier Fine Arts, San Francisco, Kalifornien / California

2006
John Chamberlain: It's His Show (John Chamberlain: Es ist seine Show). Galerie Karsten Greve, Paris, Frankreich / France und / and Buchmann Galerie, Berlin, Deutschland / Germany, Galerie Xavier Hufkens, Brüssel / Brussels, Belgien / Belgium

2005
John Chamberlain: Foam Sculptures 1966–1981. Photographs 1989–2004 (John Chamberlain: Schaumstoffskulpturen 1966–1981 Fotografien 1989-2004). Chinati Foundation, Marfa, Texas
John Chamberlain: Recent Sculpture (John Chamberlain: Neue Skulpturen). PaceWildenstein, New York
John Chamberlain: Without Fear (John Chamberlain: Furchtlos). Waddington Galleries, London, England
John Chamberlain: Papier Paradisio. Kunstmuseum Winterthur, Winterthur, Schweiz / Switzerland

2003
John Chamberlain: Early Works (John Chamberlain: Frühe Arbeiten). Allan Stone Gallery, New York

2002
John Chamberlain: Sculptures 1988–2001 (John Chamberlain: Skulpturen 1988–2001). Waddington Galleries, London, England

2000
John Chamberlain: The Hedge (John Chamberlain: Die Hecke). The Center for Public Sculpture, New York
John Chamberlain Sculptures: Selection of The Menil Collection and the Dia Center for the Arts (John Chamberlain Skulpturen: Auswahl aus der Menil Collection und der Dia Center for the Arts). The Menil Collection, Houston, Texas
John Chamberlain: Recent Sculpture (John Chamberlain: Neue Skulpturen). PaceWildenstein, New York

1999
John Chamberlain. Lever House, New York

1998
John Chamberlain: Chamberlain's Fauve Landscape (Gelbbraune Landschaft). PaceWildenstein, New York

1997
John Chamberlain: Sculpture and Photographs (John Chamberlain: Skulpturen und Fotografien). PaceWildenstein, New York
John Chamberlain: Sculptures (John Chamberlain: Skulpturen). Jablonka Galerie, Köln / Cologne, Deutschland / Germany

1996
John Chamberlain. Kukje Gallery, Seoul, Südkorea / South Korea
John Chamberlain: Current Work and Fond Memories, Sculptures and Photographs 1967–1995 (John Chamberlain: Aktuelle Arbeiten und schöne Erinnerungen, Skulpturen und Fotografien 1967–1995). Stedelijk Museum, Amsterdam, Niederlande / Netherlands und / and Kunstmuseum Wolfsburg, Wolfsburg, Deutschland / Germany

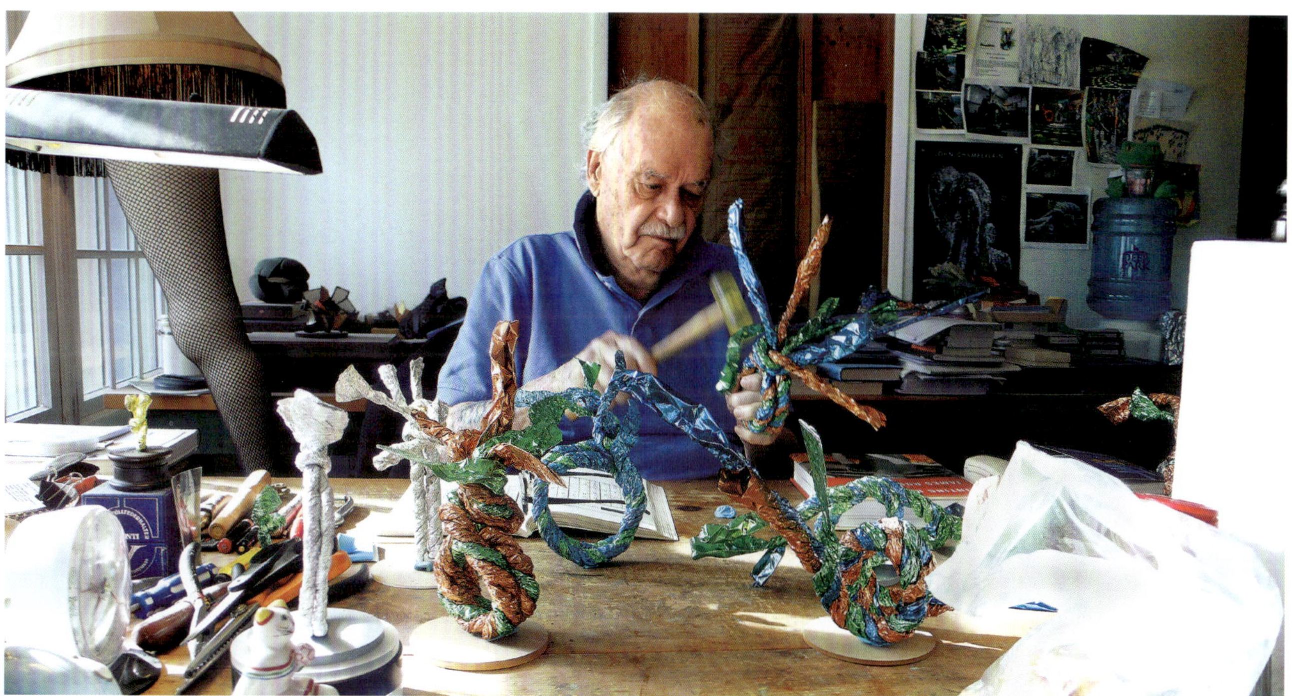

Chamberlain arbeitet an kleinen Skulpturen aus Aluminium / Chamberlain working on small aluminum sculptures, Shelter Island, 2008

Baby Tycoons: Sculptures by John Chamberlain (Baby Tycoons: Skulpturen von John Chamberlain). Galerie Daniel Blau, Münster, Deutschland / Germany

1994
John Chamberlain. Galerie Karsten Greve, Köln / Cologne, Deutschland / Germany
John Chamberlain: Recent Sculpture (John Chamberlain: Neue Arbeiten). PaceWildenstein, New York und / and Daniel Weinberg Gallery, Los Angeles, Kalifornien / California

1993
John Chamberlain. Barbara Krakow Gallery, Boston, Massachusetts
John Chamberlain. Galerie Karsten Greve, Paris, Frankreich / France
John Chamberlain Photographs (John Chamberlain Fotografien). Galerie Sonia Zannettacci, Genf / Geneva, Schweiz / Switzerland
Wide Point: The Photography of John Chamberlain. (Breitpunkt: Die Fotografie von John Chamberlain) Parrish Art Museum, Southampton, New York

1992
John Chamberlain: New Sculptures (John Chamberlain: Neue Skulpturen). Galerie Karsten Greve, Köln / Cologne, Deutschland / Germany
John Chamberlain: Recent Work (John Chamberlain: Neue Arbeiten). Pace Gallery, New York
John Chamberlain: New Work (John Chamberlain: Neue Arbeiten). Dan Flavin Art Institute, Dia Center for the Arts, Bridgehampton, New York
John Chamberlain: New Sculpture (John Chamberlain: Neue Skulpturen). Laura Carpenter Fine Art, Santa Fe, New Mexico
John Chamberlain. Galleria Seno, Mailand / Milan, Italien / Italy

1991
John Chamberlain. Staatliche Kunsthalle Baden-Baden, Baden-Baden, Deutschland / Germany und / and Staatliche Kunstsammlungen Dresden, Dresden, Deutschland / Germany
John Chamberlain: Monotypes (John Chamberlain: Monotypen). Pace Gallery, New York
John Chamberlain: New Sculpture (John Chamberlain: Neue Skulptur). Pace Gallery, New York

1990
John Chamberlain: Gondolas and Dooms Day Flotilla (John Chamberlain: Gondeln und Untergänge Tag Flotille). (Dia Center for the Arts, New York
John Chamberlain. Waddington Galleries, London, England

1989
John Chamberlain: New Sculpture (John Chamberlain: Neue Skulptur). Pace Gallery, New York

1988
John Chamberlain. Galerie Sonia Zannettacci, Genf / Geneva, Schweiz / Switzerland
John Chamberlain. Margo Leavin Gallery, Los Angeles, Kalifornien / California

1987
John Chamberlain. Galerie Pierre Huber, Genf / Geneva, Schweiz / Switzerland
John Chamberlain: Recent Sculpture (John Chamberlain: Neue Skulpturen). Xavier Fourcade, Inc., New York
John Chamberlain: Recent Sculpture (John Chamberlain: Neue Skulpturen). Fabian Carlsson Gallery, London, England

1986
John Chamberlain: Sculpture 1954–1985 (John Chamberlain: Skulpturen 1954–1985). Museum of Contemporary Art, Los Angeles, Kalifornien / California
John Chamberlain: Oils (John Chamberlain: Arbeiten in Öl). Galerie Fred Jahn, München / Munich, Deutschland / Germany und / and Galerie Rudolf Zwirner, Köln / Cologne, Deutschland / Germany
John Chamberlain: Sculpture (John Chamberlain: Skulpturen). Margo Leavin Gallery, Los Angeles, Kalifornien / California

1985
John Chamberlain. Galerie Gillespie-Laage-Salomon, Paris, Frankreich / France

1984
John Chamberlain: L Sculptures (John Chamberlain: L-Skulpturen). Galerie Gillespie-Laage-Salomon, Paris, Frankreich / France
John Chamberlain: Selected Prints (John Chamberlain: Ausgewählte Drucke). Marian Goodman Gallery, New York
John Chamberlain: New Sculpture (John Chamberlain: Neue Skulpturen). Xavier Fourcade, New York
John Chamberlain: Tonks. Gallery Helen van der Meij, Amsterdam, Niederlande / Netherlands
John Chamberlain: Drawings (John Chamberlain: Zeichnungen). Galerie Fred Jahn, München / Munich, Deutschland / Germany
John Chamberlain: Esculturas (John Chamberlain: Skulpturen). Palacio de Cristal Parque del Retiro, Madrid, Spanien / Spain

1983
John Chamberlain. L.A. Louver Gallery, Los Angeles, Kalifornien / California
Exhibits Tonks in John Chamberlain (Ausstellung Tonks in John Chamberlain). Marian Goodman Gallery, New York
John Chamberlain. Robert L. Kidd Galleries, Birmingham, Michigan
John Chamberlain: Sculpture and Work on Paper (John Chamberlain: Skulpturen und Arbeiten auf Papier). Butler Institute of American Art, Youngstown, Ohio
John Chamberlain Reliefs 1960–1982 (John Chamberlain Entspannungen 1960–1982). The John and Mable Ringling Museum of Art, Sarasota, Florida

1982
John Chamberlain Sculpture (John Chamberlain: Sulpturen). Dia Art Foundation, New York

1979
John Chamberlain. Kunsthalle Bern, Bern, Schweiz / Switzerland und / and Stedelijk van Abbemuseum, Eindhoven, Niederlande / Netherlands

1978
John Chamberlain. Galerie Heiner Friedrich, München / Munich, Deutschland / Germany und / and Galerie Heiner Friedrich, Köln / Cologne, Deutschland / Germany

1977
John Chamberlain. Galerie Heiner Friedrich, New York
The Texas Pieces (Die Stücke Texas). Dia Art Foundation, Manhattan Psychiatric Center, Ward's Island, New York
View from the Cockpit (Ausblick vom Cockpit). Margo Leavin Gallery, Los Angeles, Kailfornien / California

1976
John Chamberlain: An Exhibition of Sculpture (John Chamberlain: Eine Ausstellung der Skulpturen). Mayor Gallery, London, England

1975
John Chamberlain: Recent Sculpture (John Chamberlain: Neue Arbeiten). Contemporary Arts Museum, Houston, Texas und / and Saint Louis Botanical Gardens, Saint Louis, Missouri; Minneapolis Institute of Arts, Minneapolis, Minnesota
John Chamberlain. Ronald Greenburg Gallery, Saint Louis, Missouri

1973
John Chamberlain: An Exhibition of New Works in Foil (John Chamberlain: Eine Ausstellung neuer Folien-Arbeiten). Leo Castelli Gallery, New York
John Chamberlain: The Texas Pieces (Die Stücke Texas). Dag Hammarskjold Plaza Sculpture Garden, New York

1972
John Chamberlain / Fucking Couches (John Chamberlain / Verdammte Sofas). Lo Giudice Gallery, New York in Zusammenarbeit mit / in cooperation with Leo Castelli Gallery, New York

1971
John Chamberlain: A Retrospective Exhibition (John Chamberlain: Retrospektive). Solomon R. Guggenheim Museum, New York
John Chamberlain. Leo Castelli Gallery, New York

1970
Hard and Soft: Recent Sculpture (Hart und Weich: Neue Skulpturen). Lo Giudice Gallery, Chicago, Illinois
John Chamberlain: Minneapolis Couches (Minneapolis Sofas). Locksley / Shea Gallery, Minneapolis, Minnesota

1968
Contemporary Arts Center, Cincinnati, Ohio

1967
The Cleveland Museum of Art, Cleveland, Ohio

Gruppenausstellungen (Auswahl) / Group Exhibitions (selection)

2017
Nocturne Rive Droite. Gagosian Gallery, Paris, Frankreich / France

2016
Postwar: Art between the Pacific and the Atlantic 1945–1965 (Nachkriegszeit: Kunst zwischen dem Pazifik und dem Atlantik 1945–1965). Haus der Kunst, München / Munich, Deutschland / Germany
Puff Pieces (Wulststücke). Rachel Uffner Gallery, New York

2015
Sprayed (Gesprüht). Gagosian Gallery, London, England
America Is Hard to See (America ist schwer zu sehen). Whitney Museum of American Art, New York
Chamberlain | Prouve (Chamberlain | Beweis). Gagosian Gallery, New York in Zusammenarbeit mit / in cooperation with Galerie Patrick Seguin, Paris, Frankreich / France

2014
The Moon Museum (Das Mond Museum). Bob Rauschenberg Fine Art Gallery, Florida Southwestern State College, Fort Meyers, Florida
Michael Scott and John Chamberlain: A Conversation (Michael Scott and John Chamberlain: Eine Unterhaltung). Sandra Gering Inc, New York
Nine Shades of Black (Neun Nuancen von Schwarz). Galerie Tanit-Beyrouth, Beirut, Libanon / Lebanon
Carte Blanche. Pace Gallery, Chesa Busin, Zuoz, Schweiz / Switzerlang

2013
Chamberlain / Francis. Van Doren Waxter, New York
Secrets of Sunset Beach (Geheimnisse des Sunset Beach). Timothy Taylor Gallery, London, England
Biennale Artzuid. Rijksmuseum Amsterdam, Niederlande / Netherlands
Making Connections: Permanent Collection Exhibition (Verbindungen herstellen: Dauerausstellung). Parrish Art Museum, Water Mill, New York
Revolution: John Chamberlain, Ida Ekblad, Christine Streuli (Revolution: John Chamber-

lain, Ida Ekblad, Christine Streuli). Kunstmuseum Luzern / Lucerne, Schweiz / Switzerland

2012
Chamberlain, Gursky, Hirst, Kusama, Prince. Gagosian Gallery, Beverly Hills, Kalifornien / California
Sculpture (Skulpturen). Gagosian Gallery, Hongkong / Hong Kong, China

2010
Calder to Warhol: Introducing the Fisher Collection (Calder bis Warhol: Vorstellung der Fisher Collection). San Francisco Museum of Modern Art, San Francisco, Kalifornien / California
Robert & Ethel Scull: Portrait of a Collection (Robert & Ethel Scull: Porträt einer Sammlung). Acquavella Galleries, New York
50 Years at Pace (50 Jahre Pace). Pace Gallery, New York

2009
Collection: MOCA's First 30 Years (Sammlung: MOCAs erste 30 Jahre). Museum of Contemporary Art, Los Angeles, Kalifornien / California
1969. Museum of Modern Art P.S.1 Contemporary Art Center, New York
Artists Making Photographs: Chamberlain, Rauschenberg, Samaras, Ruscha, Warhol (Künstler machen Fotografien: Chamberlain, Rauschenberg, Samaras, Ruscha, Warhol). Whitney Museum of American Art, New York

2008
Color Chart: Reinventing Color, 1950 to Today (Farbkarte: Die Farbe neu erfinden, 1950 bis heute). Museum of Modern Art, New York

2007
Correspondances – Vincent Van Gogh / John Chamberlain (Korrespondenzen – Vincent Van Gogh/John Chamberlain). Musée d'Orsay, Paris, Frankreich / France

2006
John Chamberlain, Bruce Nauman. Andrea Rosen Gallery, New York

2003
Dan Flavin and John Chamberlain Sculptures (Skulpturen von Dan Flavin und John Chamberlain). Gagosian Gallery, New York

2002
Black Mountain College: Experimenting with Power (Black Mountain College: Mit Macht experimentieren). Museo Nacional Centro de Arte Reina Sofía, Madrid, Spanien / Spain

2001
De Kooning / Chamberlain: Influence and Transformation (De Kooning / Chamberlain: Einfluss und Transformation). PaceWildenstein, New York

2000
John Chamberlain, Dan Flavin, Donald Judd. Bernard Jacobson Gallery, London, England

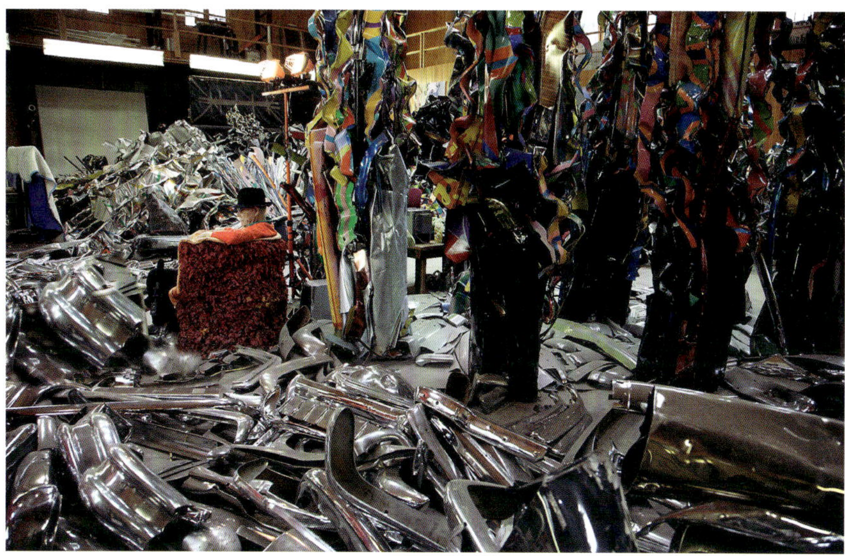

Chamberlain in seinem Atelier / Chamberlain in his studio, Shelter Island, New York, April 2011

1999
The American Century: Art & Culture 1900–2000 (Das amerikanische Jahrhundert: Kunst & Kultur 1900-2000). Whitney Museum of American Art, New York

1997
Joan Mitchell & John Chamberlain: A Juxtaposition (Joan Mitchell & John Chamberlain: Eine Gegenüberstellung). Cheim & Read, New York
The Froehlich Foundation: German and American Art from Beuys and Warhol (Die Froehlich-Stiftung: Deutsche und Amerikanische Kunst von Beuys und Warhol). Tate Gallery, London, England

1996
Abstraction in the 20th Century: Total Risk, Freedom (Abstraktion im 20. Jahrhundert: Gesamtrisiko, Freiheit), Discipline. Solomon R. Guggenheim Museum, New York

1995
Beat Culture and the New America: 1950–1965 (Beatkultur und Neue Amerika: 1950–1965). Whitney Museum of American Art, New York

1994
XXII Bienal de São Paulo (XXII Biennale von São Paulo). São Paulo, Brasilien / Brazil
Change of Scene V (Änderung der Szene V). Museum für Moderne Kunst, Frankfurt, Deutschland / Germany

1993
American Art in the 20th Century: Painting and Sculpture 1913–1993 (Amerikanische Kunst im 20. Jahrhundert: Malerei und Skulptur 1913-1993). Martin-Gropius-Bau, Berlin, Deutschland / Germany und / and Royal Academy of Arts, London, England

1992
John Chamberlain: Recent Work (John Chamberlain: Neue Arbeiten). Pace Gallery, New York

1991
Sélection (Auswahl). FAE Musée d'Art Contemporain, Pully/Lausanne, Schweiz / Switzerland

1990
American Masters of the 60s (Amerikanische Meister der 60er Jahre). Tony Shafrazi Gallery, New York
Major Sculpture (Große Skulpturen). Gagosian Gallery, New York

1987
1987: Biennial Exhibition (1987: Biennale-Ausstellung). Whitney Museum of American Art, New York

1986
Philadelphia Collects Art Since 1940 (Philadelphia sammelt Kunst seit 1940). Philadelphia Museum of Art, Philadelphia, Pennsylvania
Qu'est–ce que la sculpture moderne? (Was ist eine moderne Skulptur?). Musée National d'Art Moderne, Centre Georges Pompidou, Paris, Frankreich / France

1985
The Third Dimension (Die dritte Dimension). Whitney Museum of American Art, New York und / and Fort Worth Art Museum, Fort Worth, Texas; The Cleveland Museum of Art, Cleveland, Ohio; Newport Harbor Art Museum, Newport Harbor, Kalifornien / California

1984
Gemini G.E.L. Art and Collaboration. National Gallery of Art, Washington, D.C.

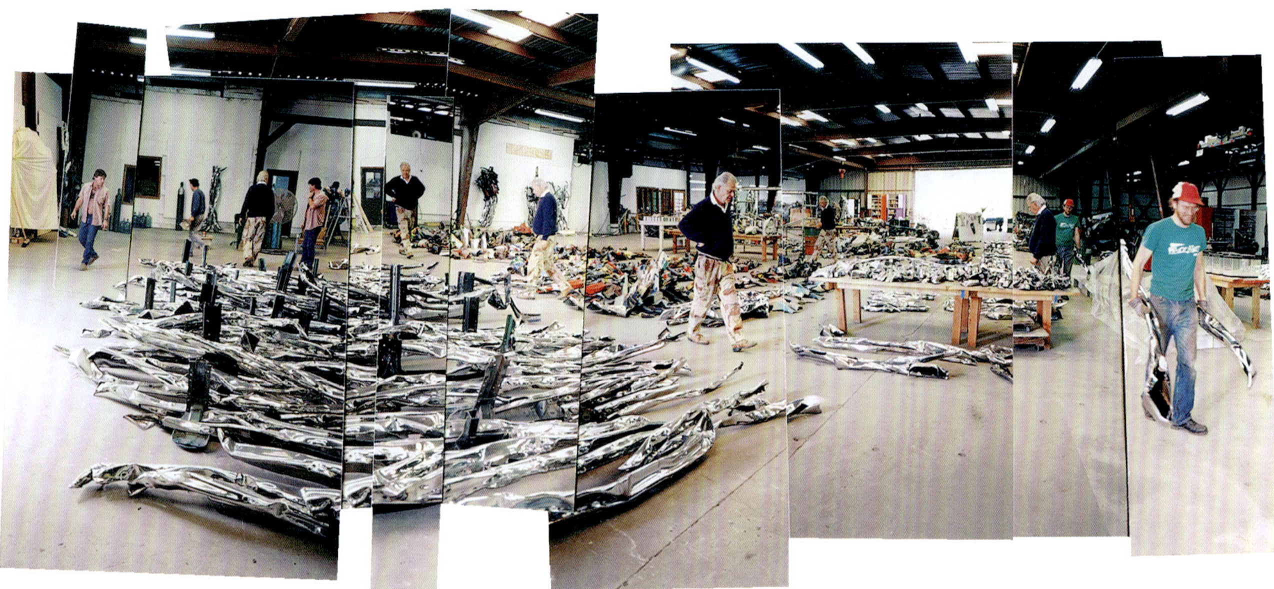

Fotomontage von Chamberlain in seinem Atelier / Photomontage of Chamberlain in his studio, Sarasota, Florida, 1988

1982
Documenta 7. Kassel, Deutschland / Germany
Castelli and His Artists/Twenty-Five Years (Castelli und seine Künstler / Fünfundzwanzig Jahre). La Jolla Museum of Contemporary Art, La Jolla, Kalifornien / California und / and Aspen Center for the Visual Arts, Aspen, Colorado; Leo Castelli Gallery, New York; Portland Center for the Visual Arts, Portland, Oregon; Laguna Gloria Art Museum, Austin, Texas

1980
Across the Nation: Fine Art for Federal Buildings 1972–1979 (Quer durch die Nation: Bildende Kunst für Bundesgebäude 1972–1979). National Collection of Fine Arts, Smithsonian Institution, Washington, D.C.

1976
Visions/Paintings and Sculpture: Distinguished Alumni 1945 to the Present (Visionen/Gemälde und Skulptur: Ausgezeichnete Alumni 1945 bis zur Gegenwart). School of the Art Institute of Chicago, Chicago, Illinois

1975
Sculpture, American Directions 1945–75 (Skulpturen, Amerikanische Richtungen 1945–75). National Collection of Fine Arts, Smithsonian Institution, Washington, D.C.

1974
Works from Change, Inc. The Museum of Modern Art, New York
Inaugural Exhibition (Eröffnungsausstellung). The Hirshhorn Museum and Sculpture Garden, Smithsonian Institution, Washington, D.C.

1973
Whitney Biennial: Painting and Sculpture (Whitney Biennale: Malerei und Skulptur). Whitney Museum of American Art, New York

1972
Critics' Choice (Wahl der Kritiker). Sculpture Center, New York

1970
New York Painting and Sculpture: 1940–1969 (New York Malerei und Skulptur: 1940–1969). The Metropolitan Museum of Art, New York

1968
John Chamberlain, Jim Dine, George Ortman. The Contemporary Arts Center, Cincinnati, Ohio
Selections from the Collection of Mr. and Mrs. Robert B. Mayer (Auswahl aus der Sammlung von Herrn und Frau Robert B. Mayer). Museum of Contemporary Art, Chicago, Illinois

1967
The 1967 Pittsburgh International Exhibition of Contemporary Painting and Sculpture (1967 Pittsburgh Internationale Ausstellung für zeitgenössische Malerei und Skulptur). Carnegie Institute, Pittsburgh, Pennsylvania

1964
Group. Circarama Building, New York State Pavilion, World's Fair, New York
XXXII Esposizione Biennale Internationale d'Arte Venezia (XXXII Internationale Biennale Kunstausstellung in Venedig). Venedig / Venice, Italien / Italy
Painting and Sculpture of a Decade: 54–64 (Malerei und Skulptur eines Jahrzehntes: 54-64). Tate Gallery, London, England

1961
Eighty Works from the Richard Brown Baker Collection (Achtzig Werke aus der Richard Brown Baker Collection). Walker Art Center, Minneapolis, Minnesota
The 1961 Pittsburgh International Exhibition of Contemporary Painting and Sculpture (1961 Pittsburgh Internationale Ausstellung für zeitgenössische Malerei und Skulptur). Carnegie Institute, Pittsburgh, Pennsylvania
Three Young Americans (Drei junge Amerikaner). Allen Memorial Art Museum, Oberlin College, Oberlin, Ohio
VI Bienal de São Paulo (VI Biennale von São Paulo). Museu d'Arte Moderna, São Paulo, Brasilien / Brazil
The Art of Assemblage (Die Kunst der Assemblage). The Museum of Modern Art, New York und / and Dallas Museum for Contemporary Arts, Dallas, Texas; San Francisco Museum of Art, San Francisco, Kalifornien / California

1959
Recent Sculpture USA (Neue Skulptur USA). The Museum of Modern Art, New York und / and Denver Art Museum, Denver; Tucson Fine Arts Association, Tucson, Arizona; Los Angeles County Museum of Art, Los Angeles, Kalifornien / California; City Art Museum of Saint Louis, Saint Louis, Missouri; Museum of Fine Arts, Boston, Massachusetts
The Enormous Room: Four Artists (Der riesige Raum: Vier Künstler). Martha Jackson Gallery, New York

Öffentliche Sammlungen (Auswahl) / Public collections (selection)

Albright-Knox Art Gallery, Buffalo, New York
Allen Memorial Art Museum, Oberlin College, Oberlin, Ohio

American Broadcasting Companies, Inc., New York
The Art Institute of Chicago, Chicago, Illinois
The Chinati Foundation, Marfa, Texas
The Chrysler Museum, Norfolk, Virginia
The Cleveland Museum of Art, Cleveland, Ohio
Cornell University, Ithaca, New York
Dallas Museum of Art, Dallas, Texas
The Detroit Institute of Arts, Detroit, Michigan
Dia Art Foundation, New York
The Douglas Cramer Foundation, Los Angeles, Kalifornien / California
Frederick R. Weisman Foundation of Art, Los Angeles, Kalifornien / California
Galleria Nazionale d'Arte Moderna, Rom / Rome, Italien / Italy
General Mills, Minneapolis, Minnesota
Hirshhorn Museum and Sculpture Garden, Smithsonian Institution, Washington, D.C.
International Business Machines, Armonk, New York
IVAM Centre Julio González, Valencia, Spanien / Spain
John and Mable Ringling Museum of Art, Sarasota, Florida
Kentucky Center for the Performing Arts, Louisville, Kentucky
Kunstmuseum Winterthur, Winterthur, Schweiz / Switzerland
Los Angeles County Museum, Los Angeles, Kalifornien / California
Maxine and Stuart Frankel Foundation for Art, Bloomfield Hills, Michigan
The Menil Collection, Houston, Texas
Modern Art Museum of Fort Worth, Fort Worth, Texas
Moderna Museet, Stockholm, Schweden / Sweden
Musée national d'art moderne, Centre Georges Pompidou, Paris, Frankreich / France
Museum für Moderne Kunst, Frankfurt, Deutschland / Germany
Museum Ludwig, Köln / Cologne, Deutschland / Germany
Museum moderner Kunst, Wien / Vienna, Österreich / Austria
The Museum of Contemporary Art, Los Angeles, Kalifornien / California
The Museum of Modern Art, New York

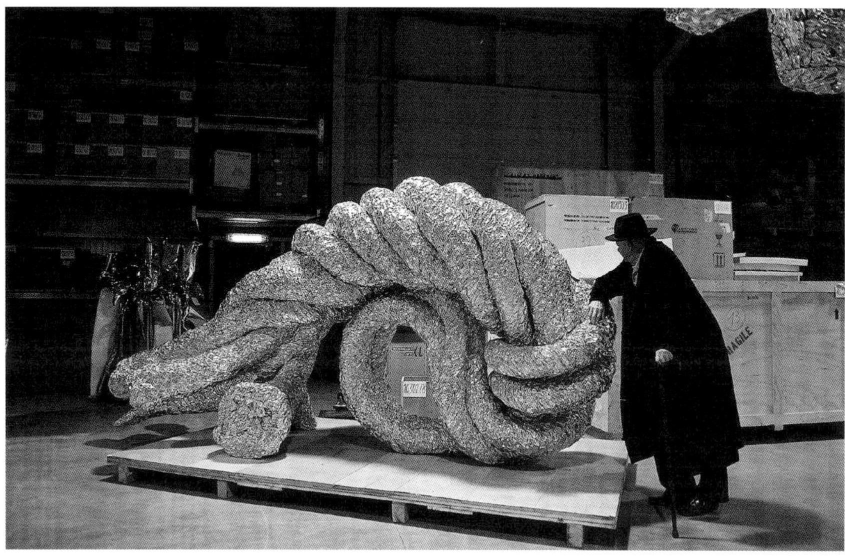

John Chamberlain arbeitet in Belgien an seinen umfangreichen Werken aus Aluminium / John Chamberlain working on his large-scale aluminum works in Belgium

The Nathan Manilow Sculpture Park, Governors State University, University Park, Illinois
National Museum of American Art, Smithsonian Institution, Washington, D.C.
The Nelson-Atkins Museum of Art, Kansas City, Missouri
The New Museum of Contemporary Art, New York
Orlando Museum of Art, Orlando, Florida
Philadelphia Museum of Art, Philadelphia, Pennsylvania
Polk Museum of Art, Lakeland, Florida
The Refco Collection, Chicago, Illinois
Rivendell Collection, Center for Curatorial Studies, Bard College, Annandale-on-Hudson, New York
The Saint Louis Art Museum, Saint Louis, Missouri
Solomon R. Guggenheim Museum, New York
Southwestern Bell, Saint Louis, Missouri
Städtisches Museum Abteiberg Mönchengladbach, Mönchengladbach, Deutschland / Germany
Stedelijk Museum, Amsterdam, Niederlande / Netherlands
Tate Gallery, London, England
University of North Carolina, Greensboro, North Carolina
Vanderbilt University, Nashville, Tennessee
Virginia Museum of Fine Arts, Richmond, Virginia
Walker Art Center, Minneapolis, Minnesota
Warner Brothers, Burbank, Kalifornien / California
Washington University Gallery of Art, Saint Louis, Missouri
Wayne State University, Detroit, Michigan
Whitney Museum of American Art, New York
Winterthur Museum, Winterthur, Schweiz / Switzerland

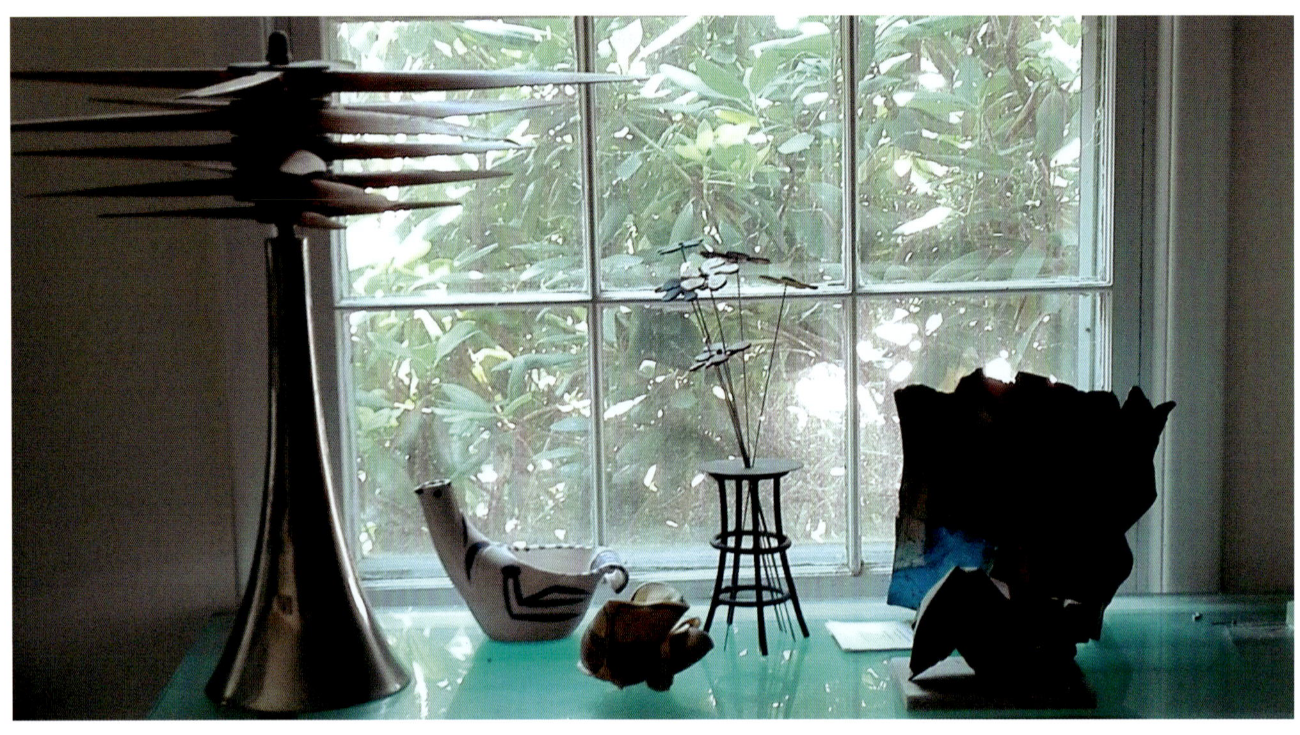

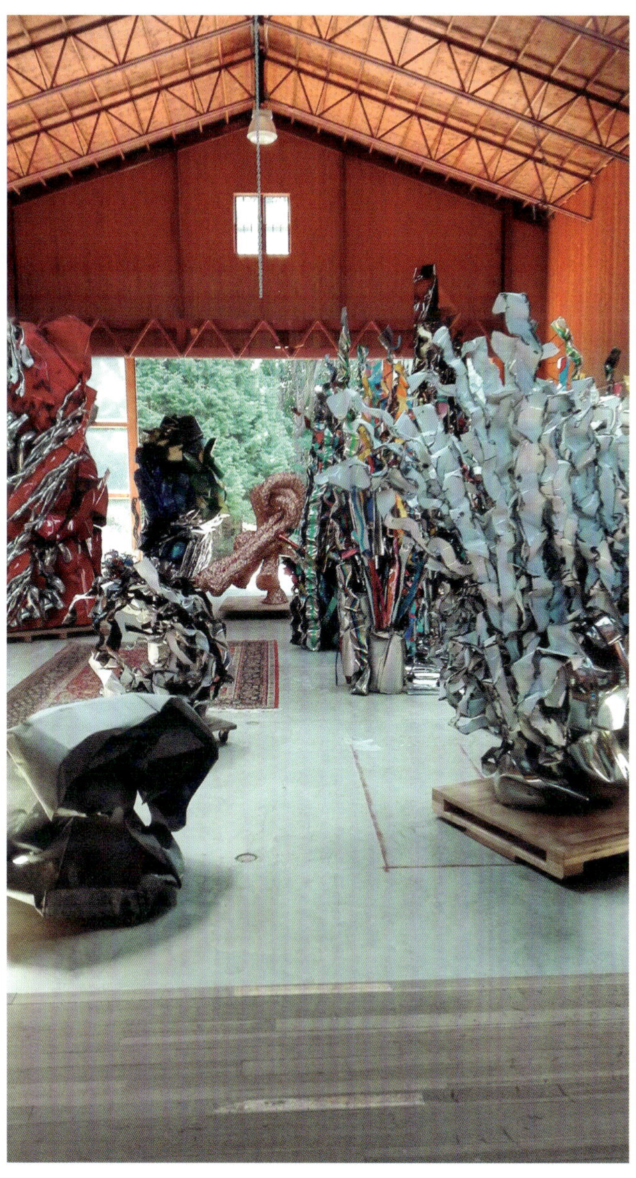

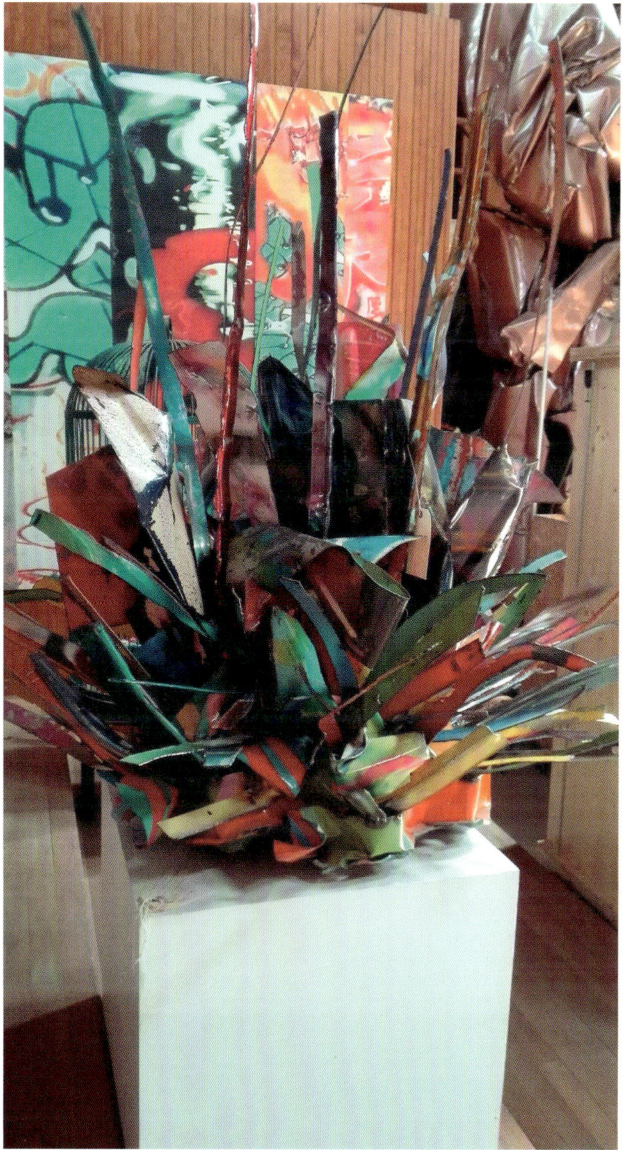

Eindrücke aus dem Atelier auf Shelter Island / Sculptures installed on Shelter Island, 2017

BIOGRAFIEN DER AUTOREN

BEATE REIFENSCHEID

Beate Reifenscheid studierte Kunstgeschichte, Literaturwissenschaft, Publizistik und Kommunikationswissenschaft an der Ruhr-Universität Bochum. Stipendiatin des Cusanuswerks, Bonn. Nach einem Auslandsstudium in Madrid erwarb sie 1985 den Magister Artium in Kunstgeschichte. Auf ihre Promotion 1988 folgte ein zweijähriges Volontariat am Saarland Museum in Saarbrücken, wo sie anschließend die Grafische Sammlung und die Öffentlichkeitsarbeit leitete. 1997 wechselte sie als Direktorin an das Ludwig Museum Koblenz. Seit 1993 nimmt sie Lehraufträge an der Universität des Saarlandes, der Universität Hildesheim sowie ab 2000 an der Universität Koblenz-Landau wahr. Dort erhielt sie 2013 eine Honorarprofessur. Bereits seit 2004 pflegt sie intensive Kooperationen mit chinesischen Museen und Kunstakademien. Seit 2010 ist sie Mitglied im Vorstand ICOM Deutschland und seit 2017 dessen Präsidentin. Zahlreiche internationale Ausstellungsprojekte und Publikationen kennzeichnen ihre Vita.

KLAUS HONNEF

Klaus Honnef, geb. 1939, Autor und Kurator, Redaktionsleiter bei den „Aachener Nachrichten", Geschäftsführer des „Westfälischen Kunstvereins", Münster und Ausstellungschef des „Rheinischen Landesmuseums Bonn".
1972 und 1977 Mitorganisator der documenta 5 und 6 in Kassel.
Prof. em. für „Theorie der Fotografie" in Kassel, Gastprofessor und Lehrbeauftragter an mehreren deutschen Universitäten und Hochschulen.
Klaus Honnef ist Träger des „Chevalier de l'ordre des arts et des lettres" (Ordensritter der Kunst und der Literaturwissenschaft) der französischen Republik und erhielt 2011 den Kulturpreis der Deutschen Gesellschaft für Photographie.

CORINNA THIEROLF

Corinna Thierolf ist Referentin für Kunst ab 1945 in der Pinakothek der Moderne, München und kuratierte dort zahlreiche Ausstellungen, darunter zu Joseph Beuys, Dan Flavin, Arnulf Rainer oder John Chamberlain. Als Autorin widmete sie sich in Publikationen u.a. dem Schaffen von Joseph Beuys, John Cage, Dan Flavin, Willem de Kooning, Arnulf Rainer, Fred Sandback, Fabienne Verdier oder Andy Warhol. Thierolf ist treibende Kraft der Ausstellungsserie „Königsklasse". Seit 2013 werden dabei hochkarätige zeitgenössische Kunstwerke in bislang weitgehend ungenutzten Rohbauräumen in Schloss Herrenchiemsee gezeigt, das von König Ludwig II. errichtet worden ist. Die „Königsklasse" ist ein Ort auf einer Route mit weiteren Orten für Kunst, die Wirklichkeit werden soll.

BIOGRAPHIES OF THE AUTHORS

BEATE REIFENSCHEID

Beate Reifenscheid studied Art History, Literary Studies, Journalism, and Communication Sciences at the Ruhr University Bochum, and was a recipient of the Cusanuswerk scholarship. After studying abroad in Madrid, she received her M.A. in Art History in 1985. After obtaining her Ph.D. in 1988 and working as a trainee for two years at the Saarland Museum in Saarbrücken, she directed the Department of Prints and Drawings and the PR Deprtament there. Reifenscheid was appointed director of the Ludwig Museum in Koblenz in 1997. She has been teaching at Saarland University and at the University of Hildesheim since 1993, and at the University of Koblenz-Landau since 2000, from which she received an honorary professorship in 2013. She has been cultivating intensive collaborations with Chinese museums and art academies since 2004, and in 2010 she became a member of the board of ICOM Deutschland, and in 2017 its president. Her résumé boasts numerous international exhibition projects and publications.

KLAUS HONNEF

Klaus Honnef, born 1939, author and curator, managing editor at the *Aachener Nachrichten* newspaper, executive director of the Westfälischer Kunstverein art association in Münster, and chief of exhibitions at the Rheinisches Landesmuseum in Bonn.
Co-organiser of documenta 5 and 6, 1972 and 1977, in Kassel.
Emeritus professor for 'Theorie der Fotografie' (Theory of Photography) in Kassel, visiting professor and lecturer at various German universities and colleges.
Klaus Honnef was made a 'Chevalier de l´orde des arts et des lettres' by the French Republic and was awarded the 2011 cultural award of the Deutsche Gesellschaft für Photographie (German Association for Photography).

CORINNA THIEROLF

Corinna Thierolf has been a consultant for art since 1945 in the Pinakothek der Moderne in Munich, and curated numerous exhibitions, including on Joseph Beuys, Dan Flavin, Arnulf Rainer or John Chamberlain. As an author, she dedicates herself to publications including on the works of Joseph Beuys, John Cage, Dan Flavin, Willem de Kooning, Arnulf Rainer, Fred Sandback, Fabienne Verdier or Andy Warhol. Thierolf is the driving force behind the *Königsklasse* exhibition series. Since 2013, edgy contemporary artworks have been displayed in previously widely unused bare rooms in Schloss Herrenchiemsee, which was built by King Ludwig II. The "Königsklasse" is en route to several other locations dedicated to art becoming reality.

LISTE DER WERKE
LIST OF WORKS

1. *Laperouse Paris*,1989
Fotografie / Photograph, Ed. 4/9
50,8 x 61 cm / 20 x 24 in
Recto unten rechts signiert und nummeriert/ recto lower right signed and numbered: Chamberlain 4/9; gestempelt / stamped: John Chamberlain; recto lower middle titled: Laperouse Paris
JC 13-13-89; JC/F 1; 76 x 84,5 x 3 cm
© Galerie Karsten Greve AG, St. Moritz, Fotograf / Photographer: Saša Fuis

2. *An Aside*, 1989
Fotografie / Photograph, Ed. 1/9
50,8 x 61 cm / 20 x 24 in
JC 013-897; JC/F 2; 54,5 x 64,7 x 2,5 cm
© Galerie Karsten Greve AG, St. Moritz, Fotograf / Photographer: Saša Fuis

3. *Ohne Titel / Untitled*, 1989
Fotografie / Photograph, Ed. 1/9
50,8 x 61 cm / 20 x 24 in
Recto unten rechts signiert / recto lower right signed: Chamberlain 17-20-89; JC/F 3; 76 x 84,5 x 3 cm
© Galerie Karsten Greve AG, St. Moritz, Fotograf / Photographer: Saša Fuis

4. *Lite Dot*, 1989
Fotografie / Photograph, Ed. 1/9
61 x 50,8 cm / 24 x 20 in
JC 019-903; JC/F 4; 64,7 x 54,5 x 2,5 cm
© Galerie Karsten Greve AG, St. Moritz, Fotograf / Photographer: Saša Fuis

5. *Ohne Titel / Untitled*, 1989
Fotografie / Photograph, Ed. 1/9
50,8 x 61 cm / 20 x 24 in
Recto unten rechts signiert / recto lower right signed: Chamberlain 24-10-89; JC/F 8
76 x 84,5 x 3 cm
© Galerie Karsten Greve AG, St. Moritz, Fotograf / Photographer: Saša Fuis

6. *Paris Gangel*, 1989
Fotografie / Photograph, Ed. 1/9
50,8 x 61 cm / 20 x 24 in
Verso mittel links nummeriert / verso middle left numbered: 1/9 916; Verso mittel betitelt / verso middle titled: ADAPUSS III;
Verso mittel rechts signiert und datiert / verso middle right signed and dated: Chamberlain 89 JC 036-920; JC/F 10; 76 x 84,5 x 3 cm
© Galerie Karsten Greve AG, St. Moritz, Fotograf / Photographer: Saša Fuis

7. *Happy Birthday II*, 1989
Fotografie / Photograph, Ed. 5/9
50,8 x 61 cm / 20 x 24 in
Recto unten rechts signiert und nummeriert / recto lower right signed and numbered: Chamberlain 5/9 0041-10-1989; JC/F 13
76 x 84,5 x 3 cm
© Galerie Karsten Greve AG, St. Moritz, Fotograf / Photographer: Saša Fuis

8. *Downtown*, 1989
Fotografie / Photograph, Ed. 6/9
50,8 x 61 cm / 20 x 24 in
Recto unten rechts signiert und nummeriert / recto lower right signed and numbered: Chamberlain 6/9 0049-31-1989; JC/F 19
76 x 84,5 x 3 cm
© Galerie Karsten Greve AG, St. Moritz, Fotograf / Photographer: Saša Fuis

9. *Studio Lite III*, 1989
Fotografie / Photograph, Ed. 4/9
50,8 x 61 cm / 20 x 24 in
Recto unten rechts signiert und nummeriert / recto lower right signed and numbered: Chamberlain 4/9 0056-22-1989
JC/F 24; 76 x 84,5 x 3 cm
© Galerie Karsten Greve AG, St. Moritz, Fotograf / Photographer: Saša Fuis

10. *Studio Lite IV*, 1989
Fotografie / Photograph, Ed. 5/9
50,8 x 61 cm / 20 x 24 in
Recto unten rechts signiert und nummeriert / recto lower right signed and numbered
Chamberlain 5 /9 0056-05-1989; JC/F 30
76 x 84,5 x 3 cm
© Galerie Karsten Greve AG, St. Moritz, Fotograf / Photographer: Saša Fuis

11. *Studio Lite VIII*, 1989
Fotografie / Photograph, Ed. 1/9
50,8 x 61 cm / 20 x 24 in
Recto unten rechts signiert und nummeriert / recto lower right signed and numbered: Chamberlain 1/9 0042-18-1989
JC/F 35; 76 x 84,5 x 3 cm
© Galerie Karsten Greve AG, St. Moritz, Fotograf / Photographer: Saša Fuis

12. *Studio Lite IX*, 1989
Fotografie / Photograph, Ed. 4/9
50,8 x 61 cm / 20 x 24 in
Recto unten rechts signiert und nummeriert / recto lower right signed and numbered: Chamberlain 4/9 0046-10-1989; JC/F 40
76 x 84,5 x 3 cm
© Galerie Karsten Greve AG, St. Moritz, Fotograf / Photographer: Saša Fuis

13. *Studio Lite XI*, 1989
Fotografie / Photograph, Ed. 4/9
50,8 x 61 cm / 20 x 24 in
Recto unten rechts signiert und nummeriert / recto lower right signed and numbered: Chamberlain 4/9 0046-31-1989; JC/F 45
76 x 84,5 x 3 cm
© Galerie Karsten Greve AG, St. Moritz, Fotograf / Photographer: Saša Fuis

14. *Studio Lite XV*, 1990
Fotografie / Photograph, Ed. 7/9
50,8 x 61 cm / 20 x 24 in
Recto unten rechts signiert und nummeriert / recto lower right signed and numbered: Chamberlain 7/9 0062-20-1990; JC/F 57
76 x 84,5 x 3 cm
© Galerie Karsten Greve AG, St. Moritz, Fotograf / Photographer: Saša Fuis

15. *Studio Lite XVII*, 1990
Fotografie / Photograph, Ed. 2/9
50,8 x 61 cm / 20 x 24 in
Recto unten rechts signiert und nummeriert / recto lower right signed and numbered: Chamberlain 2/9 0061-31-1990; JC/F 60
76 x 84,5 x 3 cm
© Galerie Karsten Greve AG, St. Moritz, Fotograf / Photographer: Saša Fuis

16. *Addapuss*, 1989
Fotografie / Photograph, Ed. 4/9
50,8 x 61 cm / 20 x 24 in
Recto unten rechts signiert und nummeriert / recto lower right signed and numbered
Chamberlain 4/9 0055-16-1989; JC/F 64
76 x 84,5 x 3 cm
© Galerie Karsten Greve AG, St. Moritz, Fotograf / Photographer: Saša Fuis

17. *Addapuss II*, 1989
Fotografie / Photograph, Ed. 2/9
50,8 x 61 cm / 20 x 24 in
Recto unten rechts signiert und nummeriert / recto lower right signed and numbered: Chamberlain 2/9 0055-29-1989
JC/F 70; 76 x 84,5 x 3 cm
© Galerie Karsten Greve AG, St. Moritz, Fotograf / Photographer: Saša Fuis

18. *Addapuss III*, 1989
Fotografie / Photograph, Ed. 1/9
61 x 50,8 cm / 24 x 20 in
JC 032-916; JC/F 72; 64,7 x 54,5 x 2,5 cm
© Galerie Karsten Greve AG, St. Moritz,
Fotograf / Photographer: Saša Fuis

19. *Dining Out*, 1990
Fotografie / Photograph, Ed. /9
50,8 x 61 cm / 20 x 24 in
Signiert, gestempelt und datiert rchto unten rechts / signed, stamped and dated recto lower right: Chamberlain 90; Recto mittel betitelt / recto middle titled: Dining Out
JC 054-1-057-19-9; JC/F 75
54,5 x 64,7 x 2,5 cm
© Galerie Karsten Greve AG, St. Moritz,
Fotograf / Photographer: Saša Fuis

20. *Me & Overhead*, 1990
Fotografie / Photograph, Ed. 3/9
50,8 x 61 cm / 20 x 24 in
Recto unten rechts signiert und nummeriert / recto lower right signed and numbered Chamberlain 3/9; recto middle titled: me & overhead; JC 061-3-090-05-90
JC/F 77; 76 x 84,5 x 3 cm
© Galerie Karsten Greve AG, St. Moritz,
Fotograf / Photographer: Saša Fuis

21. *Flores Awning*, 1990
Fotografie / Photograph, Ed. 6/9
50,8 x 61 cm / 20 x 24 in
Recto unten rechts signiert und nummeriert / recto lower right signed and numbered: Chamberlain 6/9 0070-22-1990; JC/F 79
76 x 84,5 x 3 cm
© Galerie Karsten Greve AG, St. Moritz,
Fotograf / Photographer: Saša Fuis

22. *Rogues Gallery*, 1990
Fotografie / Photograph, Ed. 2/9
50,8 x 61 cm / 20 x 24 in
Recto unten rechts signiert und nummeriert / recto lower right signed and numbered: Chamberlain 2/9 0071-22-1990
JC/F 81; 76 x 84,5 x 3 cm
© Galerie Karsten Greve AG, St. Moritz,
Fotograf / Photographer: Saša Fuis

23. *Me-Portrait,* 1990
Fotografie / Photograph, Ed. 2/9
50,8 x 61 cm / 20 x 24 in
Recto unten rechts signiert und nummeriert / recto lower right signed: John Chamberlain und gestempelt / and stamped: John Chamberlain; Recto unten mittel betitelt / recto lower middle titled: me JC 072-2-070-32-90
JC/F 83; 76 x 84,5 x 3 cm
© Galerie Karsten Greve AG, St. Moritz,
Fotograf / Photographer: Saša Fuis

24. *Inca Dinka Dew*, 1990
Fotografie / Photograph, Ed. 3/9
50,8 x 61 cm / 20 x 24 in
Recto unten rechts signiert /recto lower right signed: Chamberlain 74-23-90; JC/F 86
76 x 84,5 x 3 cm
© Galerie Karsten Greve AG, St. Moritz,
Fotograf / Photographer: Saša Fuis

25. *Three Lites*, 1990
Fotografie / Photograph, Ed. 1/9
50,8 x 61 cm / 20 x 24 in
Recto unten rechts signiert / recto lower right signed: Chamberlain und gestempelt / and stamped: John Chamberlain; Recto unten mittel getitelt / recto lower middle titled: Three Lites JC 098-060-02-90; JC/F 89
76 x 84,5 x 3 cm
© Galerie Karsten Greve AG, St. Moritz,
Fotograf / Photographer: Saša Fuis

26. *Larry Bell*, 1990
Fotografie / Photograph, Ed. 1/9
50,8 x 61 cm / 20 x 24 in
Recto unten rechts signiert / recto lower right signed: John Chamberlain; Recto unten mittel betitelt / recto lower middle titled: Larry Bell
JC 100-112-19-90; JC/F 90; 76 x 84,5 x 3 cm
© Galerie Karsten Greve AG, St. Moritz,
Fotograf / Photographer: Saša Fuis

27. *888 Lite*, 1990
Fotografie / Photograph, Ed. 3/9
50,8 x 61 cm / 20 x 24 in
Recto unten rechts signiert und nummeriert / recto lower right signed and numbered: Chamberlain 3/9 0074-26-1990
JC/F 94; 76 x 84,5 x 3 cm
© Galerie Karsten Greve AG, St. Moritz,
Fotograf / Photographer: Saša Fuis

28. *888 Lite II*, 1990
Fotografie / Photograph, Ed. 2/9
50,8 x 61 cm / 20 x 24 in
Recto unten rechts signiert und nummeriert / recto lower right signed and numbered: Chamberlain 2/9 0070-34-1990; JC/F 98
76 x 84,5 x 3 cm
© Galerie Karsten Greve AG, St. Moritz,
Fotograf / Photographer: Saša Fuis

29. *Dutch Lights*, 1990
Fotografie / Photograph, Ed. 2/9
50,8 x 61 cm / 20 x 24 in
Recto unten rechts signiert, nummeriert und gestempelt / recto lower right signed, numbered and stamped: Chamberlain 2/9; Recto und mittel betitelt / recto and middle titled: Dutch Lights; JC 107-17-90
JC/F 91; 76 x 84,5 x 3 cm
© Galerie Karsten Greve AG, St. Moritz,
Fotograf / Photographer: Saša Fuis

30. *Sunday at Leacock's*, 1991
Fotografie / Photograph, Ed. 1/9
50,8 x 61 cm / 20 x 24 in
Recto signiert, datiert, nummerier und betitelt / recto signed, dated, numbered and titled: John Chamberlain '91 1/9
Sunday at Leacock's; signiert / stamped: John Chamberlain; JC 049-1-216-20-91
JC/F 100; 54,5 x 64,7 x 2,5 cm
© Galerie Karsten Greve AG, St. Moritz,
Fotograf / Photographer: Saša Fuis

31. *Ohne Titel / Untitled*, 1995
Fotografie/ Photograph, Ed. 2/9
Recto signiert, datiert, nummeriert und betitelt / recto signed, dated, numbered and titled: John Chamberlain 393-95; JC/ F 143;
76 x 84,5 x 3 cm
© Galerie Karsten Greve AG, St. Moritz,
Fotograf / Photographer: Saša Fuis

32. *Ohne Titel / Untitled*, 1991
Fotografie / Photograph, Ed. 2/9
50,8 x 61 cm / 20 x 24 in
Recto unten rechts signiert / recto lower right signed: John Chamberlain 204-25-91
JC/F 102; 76 x 84,5 x 3 cm
© Galerie Karsten Greve AG, St. Moritz,
Fotograf / Photographer: Saša Fuis

33. *Ohne Titel / Untitled*, 1992
Fotografie / Photograph, Ed. 6/9
50,8 x 61 cm / 20 x 24 in
Recto unten rechts signiert und nummeriert / recto lower right signed and numbered: Chamberlain 6/9; Verso nummeriert / verso numbered: 0313-06-1992 6 /9
0313-06-1992; JC/F 120; 76 x 84,5 x 3 cm
© Galerie Karsten Greve AG, St. Moritz,
Fotograf / Photographer: Saša Fuis

34. *Studio*, 1994
Fotografie / Photograph, Ed. 3/9
50,8 x 61 cm / 20 x 24 in
Recto unten rechts signiert und nummeriert / recto lower right signed and numbered Chamberlain 3/9 JC 093-363-29-94
JC/F 124; 54,5 x 64,7 x 2,5 cm
© Galerie Karsten Greve AG, St. Moritz, Fotograf / Photographer: Saša Fuis

35. *Studio 1994 P106/107*, 1994
Fotografie / Photograph, Ed. 3/9
50,8 x 61 cm / 20 x 24 in
Recto unten rechts signiert und nummeriert / recto lower right signed and numbered: Chamberlain 3/9 0363-26-1994
JC/F 127; 76 x 84,5 x 3 cm
© Galerie Karsten Greve AG, St. Moritz, Fotograf / Photographer: Saša Fuis

36. *Studio 1994 P106/107*, 1994
Fotografie / Photograph, Ed. 7/9
50,8 x 61 cm / 20 x 24 in
Recto unten rechts signiert und nummeriert / recto lower right signed and numbered: Chamberlain 7/9 0363-34-1994
JC/F 133; 76 x 84,5 x 3 cm
© Galerie Karsten Greve AG, St. Moritz, Fotograf / Photographer: Saša Fuis

37. *Ohne Titel / Untitled*, 1995
Fotografie / Photograph, Ed. 4/9
50,8 x 61 cm / 20 x 24 in
Recto unten rechts signiert und nummeriert / recto lower right signed and numbered: Chamberlain 4/9 0380-03-1995
JC/F 138; 76 x 84,5 x 3 cm
© Galerie Karsten Greve AG, St. Moritz, Fotograf / Photographer: Saša Fuis

38. *Ohne Titel / Untitled*, 1995
Fotografie / Photograph, Ed. 3/9
50,8 x 61 cm / 20 x 24 in
Recto unten rechts signiert /recto lower right signed: John Chamberlain 388-17-95
JC/F 140; 76 x 84,5 x 3 cm
© Galerie Karsten Greve AG, St. Moritz, Fotograf / Photographer: Saša Fuis

39. *Ohne Titel / Untitled*, 1997
© Ringier AG / Sammlung Ringier
Fotograf / Photographer: Paul Seewer

40. *Ohne Titel / Untitled*, 1995
Fotografie / Photograph, Ed. 3/9
50,8 x 61 cm / 20 x 24 in
Recto unten rechts signiert /recto lower right signed: Chamberlain 390-8-95
JC/F 142; 76 x 84,5 x 3 cm
© Galerie Karsten Greve AG, St. Moritz, Fotograf / Photographer: Saša Fuis

41. *Ohne Titel / Untitled*, 1995
Fotografie / Photograph, Ed. 5/9
50,8 x 61 cm / 20 x 24 in
Recto unten rechts signiert / recto lower right signed: Chamberlain 405-18-95
JC/F 147; 76 x 84,5 x 3 cm
© Galerie Karsten Greve AG, St. Moritz, Fotograf / Photographer: Saša Fuis

42. *Ohne Titel / Untitled*, 1995
Fotografie / Photograph, Ed. 2/9
50,8 x 61 cm / 20 x 24 in
Recto unten rechts signiert / recto lower right signed: John Chamberlain 435-18-95
JC/F 148; 76 x 84,5 x 3 cm
© Galerie Karsten Greve AG, St. Moritz, Fotograf / Photographer: Saša Fuis

43. *Ohne Titel / Untitled*, 1996
Fotografie / Photograph, Ed. 1/9
50,8 x 61 cm / 20 x 24 in
Recto unten rechts signiert / recto lower right signed: John Chamberlain 419-6-96
JC/F 153; 76 x 84,5 x 3 cm
© Galerie Karsten Greve AG, St. Moritz, Fotograf / Photographer: Saša Fuis

44. *Ohne Titel / Untitled*, 1996
Fotografie / Photograph, Ed. 1/9
50,8 x 61 cm / 20 x 24 in
Recto unten rechts signiert / recto lower right signed: John Chamberlain 403-5-96
JC/F 152; 76 x 84,5 x 3 cm
© Galerie Karsten Greve AG, St. Moritz, Fotograf / Photographer: Saša Fuis

45. *Ohne Titel / Untitled*, 1995
Courtesy Ringier AG / Sammlung Ringier
Fotograf / Photographer: Paul Seewer

46. *Ohne Titel / Untitled*, 1996
Fotografie / Photograph, Ed. 2/9
50,8 x 61 cm / 20 x 24 in
recto lower right signed: John Chamberlain 419-7-96; JC/F 155; 76 x 84,5 x 3 cm
© Galerie Karsten Greve AG, St. Moritz, Fotograf / Photographer: Saša Fuis

47. *Ohne Titel / Untitled*, 1997
Fotografie / Photograph, Ed. 1/9
50,8 x 61 cm / 20 x 24 in
Recto unten rechts signiert / signed recto lower right: John Chamberlain 437-24-97
JC/F 161; 76 x 84,5 x 3 cm
© Galerie Karsten Greve AG, St. Moritz, Fotograf / Photographer: Saša Fuis

48. *Ohne Titel / Untitled*, 1997
Fotografie / Photograph, Ed. 1/9
50,8 x 61 cm / 20 x 24 in
Recto unten rechts signiert / recto lower right signed: Chamberlain 438-3-97
JC/F 165; 76 x 84,5 x 3 cm
© Galerie Karsten Greve AG, St. Moritz, Fotograf / Photographer: Saša Fuis

49. *Ohne Titel / Untitled*, 1997
Fotografie / Photograph, Ed. 1/9
50,8 x 61 cm / 20 x 24 in
Recto unten rechts signiert / recto lower right signed: Chamberlain 438-8-97
JC/F 166; 76 x 84,5 x 3 cm
© Galerie Karsten Greve AG, St. Moritz, Fotograf / Photographer: Saša Fuis

50. *Ohne Titel / Untitled*, 1997
Fotografie / Photograph, Ed. 1/9
50,8 x 61 cm / 20 x 24 in
Recto unten rechts signiert / recto lower right signed: Chamberlain 438-9-97
JC/F 167; 76 x 84,5 x 3 cm
© Galerie Karsten Greve AG, St. Moritz, Fotograf / Photographer: Saša Fuis

51. *Ohne Titel / Untitled*, 1997
Fotografie / Photograph, Ed. 1/9
50,8 x 61 cm / 20 x 24 in
Recto unten rechts signiert / recto lower right signed: Chamberlain 438-11-97
JC/F 168; 76 x 84,5 x 3 cm
© Galerie Karsten Greve AG, St. Moritz, Fotograf / Photographer: Saša Fuis

52. *Ohne Titel / Untitled*, 1997
Fotografie / Photograph, Ed. 1/9
50,8 x 61 cm / 20 x 24 in
Recto unten rechts signiert / recto lower right signed: John Chamberlain 438-16-97
JC/F 169; 76 x 84,5 x 3 cm
© Galerie Karsten Greve AG, St. Moritz, Fotograf / Photographer: Saša Fuis

53. *Ohne Titel / Untitled (Flavin/Church Milan)*, 1997
Fotografie / Photograph, Ed. 1/9
50,8 x 61 cm / 20 x 24 in
recto lower right signed: Chamberlain 440-13-97
JC/F 172; 76 x 84,5 x 3 cm
© Galerie Karsten Greve AG, St. Moritz, Fotograf / Photographer: Saša Fuis

54. *Ohne Titel / Untitled (Flavin/Church Milan)*, 1997
Fotografie / Photograph, Ed. 1/9
50,8 x 61 cm / 20 x 24 in
Recto unten rechts signiert / recto lower right signed: Chamberlain 440-18-97
JC/F 174; 76 x 84,5 x 3 cm
© Galerie Karsten Greve AG, St. Moritz, Fotograf / Photographer: Saša Fuis

55. *Ohne Titel / Untitled*, 1997
Fotografie / Photograph, Ed. 1/9
50,8 x 61 cm / 20 x 24 in
Recto unten rechts signiert / recto lower right signed: John Chamberlain RS4-3-97
JC/F 177; 76 x 84,5 x 3 cm
© Galerie Karsten Greve AG, St. Moritz, Fotograf / Photographer: Saša Fuis

56. *Ohne Titel / Untitled*, 1997
Fotografie / Photograph, Ed. 2/9
50,8 x 61 cm / 20 x 24 in
Recto unten rechts signiert / recto lower right signed: Chamberlain RS4-3-97
JC/F 178; 76 x 84,5 x 3 cm
© Galerie Karsten Greve AG, St. Moritz, Fotograf / Photographer: Saša Fuis

57. *Ohne Titel / Untitled*, 1997
Fotografie / Photograph, Ed. 3/9
50,8 x 61 cm / 20 x 24 in
Recto unten rechts signiert und nummeriert / recto lower right signed and numbered:

Chamberlain 3/9; Verso nummeriert / verso numbered: RS-004-05-1997 3/9 RS-004-05-1997; JC/F 179; 76 x 84,5 x 3 cm
© Galerie Karsten Greve AG, St. Moritz, Fotograf / Photographer: Saša Fuis

58. *Ohne Titel / Untitled (Flavin Foto)*, 1997
Fotografie / Photograph, Ed. 1/9
50,8 x 61 cm / 20 x 24 in
Recto unten rechts signiert / recto lower right signed: Chamberlain RS4-6A-97
JC/F 181; 76 x 84,5 x 3 cm
© Galerie Karsten Greve AG, St. Moritz, Fotograf / Photographer: Saša Fuis

59. *Ohne Titel / Untitled (Flavin Foto)*, 1997
Fotografie / Photograph, Ed. 6/9
50,8 x 61 cm / 20 x 24 in
Recto unten rechts signiert / recto lower right signed: Chamberlain RS4-7-97
JC/F 184; 76 x 84,5 x 3 cm
© Galerie Karsten Greve AG, St. Moritz, Fotograf / Photographer: Saša Fuis

60. *Ohne Titel / Untitled*, 1997
Fotografie / Photograph, Ed. 2/9
50,8 x 61 cm / 20 x 24 in
Recto unten rechts signiert / recto lower right signed: Chamberlain RS4-16-17-97
JC/F 185; 76 x 84,5 x 3 cm
© Galerie Karsten Greve AG, St. Moritz, Fotograf / Photographer: Saša Fuis

61. *Ohne Titel / Untitled*, 1997
Fotografie / Photograph, Ed. 4/9
50,8 x 61 cm / 20 x 24 in
Recto unten rechts signiert und nummeriert / recto lower right signed and numbered: Chamberlain 4/9 RS-005-31-1997
JC/F 192; 76 x 84,5 x 3 cm
© Galerie Karsten Greve AG, St. Moritz, Fotograf / Photographer: Saša Fuis

62. *Ohne Titel / Untitled*, 1996
C-Print; 75 x 84,5 x 3 cm
Courtesy Ringier AG / Sammlung Ringier
Fotograf / Photographer: Paul Seewer

63. *Ohne Titel/ Untitled*, 1996
C-Print; 75,8 x 84,5 x 3 cm; 1995
Courtesy Ringier AG / Sammlung Ringier
Fotograf / Photographer: Paul Seewer

64. *Ohne Titel / Untitled*, 1997
Fotografie / Photograph, Ed. 4/9
50,8 x 61 cm / 20 x 24 in
Recto unten rechts signiert / recto lower right signed: Chamberlain RS-5-36-97
JC/F 194; 76 x 84,5 x 3 cm
© Galerie Karsten Greve AG, St. Moritz, Fotograf / Photographer: Saša Fuis

65. *Ohne Titel / Untitled*, 1998
Fotografie / Photograph, Ed. 2/9
50,8 x 61 cm / 20 x 24 in
Recto unten rechts signiert / recto lower right signed: John Chamberlain RS3-24-25-98
JC/F 196; 76 x 84,5 x 3 cm
© Galerie Karsten Greve AG, St. Moritz, Fotograf / Photographer: Saša Fuis

66. *Carlton Hotel St. Moritz*, 2001
Fotografie / Photograph, Ed. 4/9
50,8 x 61 cm / 20 x 24 in
Recto unten rechts signiert / recto lower right signed and numbered: Chamberlain 4/9 0481-07-2001; JC/F 198; 76 x 84,5 x 3 cm
© Galerie Karsten Greve AG, St. Moritz, Fotograf / Photographer: Saša Fuis

67. *St. Moritz Series*, 2001
Fotografie / Photograph, Ed. 2/9
50,8 x 61 cm / 20 x 24 in
Recto unten rechts signiert / recto lower right signed: Chamberlain 0481-17-2001
JC/F 201; 76 x 84,5 x 3 cm
© Galerie Karsten Greve AG, St. Moritz, Fotograf / Photographer: Saša Fuis

68. *St. Moritz Series*, 2001
Fotografie / Photograph, Ed. 3/9
50,8 x 61 cm / 20 x 24 in
Recto unten rechts signiert / recto lower right signed: Chamberlain 0481-19-2001
JC/F 206; 76 x 84,5 x 3 cm
© Galerie Karsten Greve AG, St. Moritz, Fotograf / Photographer: Saša Fuis

69. *St. Moritz Series*, 2001
Fotografie / Photograph, Ed. 2/9
50,8 x 61 cm / 20 x 24 in
Recto unten rechts signiert / recto lower right signed: Chamberlain 0481-32-2001
JC/F 213; 76 x 84,5 x 3 cm
© Galerie Karsten Greve AG, St. Moritz, Fotograf / Photographer: Saša Fuis

70. *St. Moritz Series*, 2001
Fotografie / Photograph, Ed. 1/9
50,8 x 61 cm / 20 x 24 in
Recto unten rechts signiert / recto lower right signed: Chamberlain 0483-15-2001
JC/F 218; 76 x 84,5 x 3 cm
© Galerie Karsten Greve AG, St. Moritz, Fotograf / Photographer: Saša Fuis

71. *St. Moritz Series*, 2001
Fotografie / Photograph, Ed. 1/9
50,8 x 61 cm / 20 x 24 in
Recto unten rechts signiert / recto lower right signed: Chamberlain 0483-22-2001
JC/F 220; 76 x 84,5 x 3 cm
© Galerie Karsten Greve AG, St. Moritz, Fotograf / Photographer: Saša Fuis

72. *St. Moritz Series*, 2001
Fotografie / Photograph, Ed. 2/9
50,8 x 61 cm / 20 x 24 in
Recto unten rechts signiert / recto lower right signed: Chamberlain 0484-33-2001
JC/F 232; 76 x 84,5 x 3 cm
© Galerie Karsten Greve AG, St. Moritz, Fotograf / Photographer: Saša Fuis

73. *The Golden Dick*, 1989/1991
4,24 x 0,69 m, © Privatsammlung Schweiz / Private Collection Switzerland, Fotograf / Photographer: Thomas Pizer

74. *Ohne Titel / Untitled*, ca. 1969
Urethanschaum, Schnur und Farbe / Urethane foam, cord and paint, 10,2 x 16,5 x 15,2 cm
© Sammlung Daniel Buchholz & Christopher Müller, Köln, Fotograf / Photographer: Lothar Schnepf

75. *Ohne Titel / Untitled*, 1970
Urethanschaum und Schnur / Urethane foam and cord, 22,86 x 33,02 x 35,56 cm
© Sammlung Daniel Buchholz & Christopher Müller, Köln, Fotograf / Photographer: Lothar Schnepf

76. *Socket*, 1977
Metall, Farbe / Metal, paint, 12 x 11 x 12 cm
© Sammlung Daniel Buchholz & Christopher Müller, Köln, Fotograf / Photographer: Lothar Schnepf

77. *Cunning Linguist*, 1988
Bemalter und verchromter Stahl / Painted and chromed steel, 66 x 96 x 58 cm, © Privatsammlung Schweiz / Private Collection Switzerland, Fotograf / Photographer: Marcus Vetter

78. *MADONNA JUANA*, 2006
Bemalter und verchromter Stahl / Painted and chromed steel, 125 x 89 x 131 cm
© Galerie Terminus, Fotograf / Photographer: Marcus Vetter

79. *Chromo Domo*, 2006
Bemalter und verchromter Stahl / Painted and chromed steel, 158 x 197 x 144 cm, © Galerie Terminus, Fotograf / Photographer: Marcus Vetter

80. *Barnumizick*, 2006
Bemalter und verchromter Stahl / Painted and chromed steel, 33 x 51 x 18 cm
© Privatsammlung Schweiz / Private Collection Switzerland, Fotograf / Photographer: Marcus Vetter

81. *Tu MAMUSE*, 2006
Bemalter und verchromter Stahl / Painted and chromed steel, 30,5 x 33 x 33 cm,
© Privatsammlung Schweiz / Private Collection Switzerland, Fotograf / Photographer: Marcus Vetter

82. *Buoy Crazy*, 1992
Verchromter und lackierter Stahl / chromed and lacquered steel, 2,12 x 1,46 x 1,4 m
Skulpturenpark Waldfrieden, Wuppertal, Courtesy Cragg Foundation, Wuppertal.
© Fotograf / Photographer: Charles Duprat, 2010

83. *LATRAVIATAPOSEXIA*, 2009
Verchromter und lackierter Stahl / Chromed and lacquered steel, 1,88 x 2,35 x 1,30 m
Skulpturenpark Waldfrieden, Wuppertal, Courtesy Cragg Foundation, Wuppertal.
© Fotograf/ Photographer: Charles Duprat, 2010

84. *Aucaussen + Nicolette*, 1992
verchromter und lackierter Stahl / chromed and lacquered steel, 1,04 x 1,75 x 1,75 m
Skulpturenpark Waldfrieden, Wuppertal, Courtesy Cragg Foundation, Wuppertal. Copyright Fotograf/ Photographer: Charles Duprat, 2010

BIBLIOGRAFIE
BIBLIOGRAPHY

2018 *John Chamberlain. Bending spaces.* Exhibition catalogue / Exhibition catalogue, Ludwig Museum, Koblenz, Deutschland / Germany, Mailand / Milan: Silvana Editoriale.

2017 *John Chamberlain Masks. Gagosian, Madison Ave. New York, NY*
John Chamberlain: Foils. LongHouse Reserve, East Hampton, NY.

2016 *John Chamberlain: Poetic Form.* Gagosian Gallery, Genf, Schweiz.

2015 *John Chamberlain.* Inverleith House, Royal Botanic Garden, Edinburgh, Schottland / Scotland.

2013 *The Artist's Studio: John Chamberlain.* Guild Hall, East Hampton, NY.
John Chamberlain: It Ain't Cheap. Dan Flavin Art Institute, Dia Art Foundation, Bridgehampton, NY.

2012 Thomas Crow, Dan Graham, Donna de Salvo, Susan Davidson, Dave Hickey, Helen Hsu, Adrian Kohn, Don Quaintance, Charles Ray. *John Chamberlain: New Sculpture.* New York: Rizzoli Publications.
Davidson, Susan. John Chamberlain: Choices. New York, USA: Guggenheim Museum Publikationen.

2011 *John Chamberlain: CURVATUREROMANCE.* München / Munich, Deutschland / Germany: Pinakothek der Moderne. Text von / Text by Corinna Thierolf.
John Chamberlain: New Sculpture. Gagosian Gallery, New York / London. Text von / Text by Thomas Crow, Dan Graham.

2010 *John Chamberlain „SINKOPEEFEAST".* Giswil, Schweiz: Angelo Piccozzi.

2009 *John Chamberlain: Early Years.* New York; USA: L & M Arts. Text von / Text by Mark Rosenthal.
It's All in the Fit: The world of John Chamberlain. Marfa, TX: Chinati Foundation. Texte von / Texts by Steven Nash, Klaus Kertess, Dieter Schwarz, Adrian Kohn, Donna De Salvo, Francesca Esmay, David J. Getsy, William C. Agee.

2007 *John Chamberlain: The Foam Sculptures.* Marfa: Chinati Foundation. Texte von / Texts by Klaus Kertess, Marianne Stockebrand, Iris Winkelmeyer.
Korrespondenzen — Vincent Van Gogh / John Chamberlain. Paris, Frankreich: Argol Verlag. Texte von Ann Hindry and Claire Frèches-Thory.

2006 *John Chamberlain: It's his show.* Berlin, Deutschland: Buchmann Galerie. Text von / Text by Jon Wood.

2005 *John Chamberlain: Without Fear*, Skulpturen von 1988 bis 2003. London, England: Waddington Galleries.
John Chamberlain: Recent Sculpture. New York, USA: PaceWildenstein. Text von / Text by Irving Sandler.

2003 *John Chamberlain: Early Works.* New York, USA: Allan Stone Gallerie. Text von / Text by Allan Stone.

2002 *John Chamberlain: Sculpture 1988–2001.* London, England: Waddington Galleries. Text von / Text by David Anfam.

2001 *De Kooning / Chamberlain: Influence and Transformation (Einfluss und Transformation).* New York, USA: PaceWildenstein. Text von / Text by Bernice Rose.

2000 *John Chamberlain: Recent Sculpture.* New York, USA: PaceWildenstein.

1998 *Chamberlain's Fauve Landscape.* New York, USA: PaceWildenstein.

1997 *Baby Tycoons: Skulpturen von John Chamberlain.* Münster, Deutschland / Germany: Galerie Daniel Blau.

1996 *John Chamberlain: Current Work and Fond Memories, Sculptures and Photographs 1967–1995.* Amsterdam: Stedelijk Museum. Texte von / Texts by Rudi Fuchs, John Yau, Julie Sylvester, Donald Judd, Marja Bloem.

1994 *John Chamberlain: Recent Sculpture.* New York: PaceWildenstein. Text von / Text by Brian O'Doherty.

1993 *Wide Point: The Photography of John Chamberlain.* Southampton: Parrish Art Museum. Text und interview von / Text and interview by Donna De Salvo.

1992 *John Chamberlain: Recent Work*. New York: The Pace Gallery. Interview von /Interview by Henry Geldzahler.
Conversations with Myself. New York: Pace Editions.
John Chamberlain. Milan: Galleria Seno; London: Edward Totah Gallery.

1991 *John Chamberlain: Gondolas and Dooms Day Flotilla*. New York: Dia Center for the Arts. Interviews von / Interviews by Lawrence Weiner and Julie Sylvester.
John Chamberlain. Baden-Baden: Kunsthalle Baden-Baden. Texte von / Texts by Jochen Poetter, Angelika Beckmann.
John Chamberlain: New Sculpture. New York: The Pace Gallery.

1990 *John Chamberlain*. London: Waddington Galleries. Texte von / Text by Brian O'Doherty.

1989 *John Chamberlain: New Sculpture*. New York: Pace Gallery. Text von / Text by Donald Judd.

1988 *John Chamberlain*. Geneva: Galerie Sonia Zannettacci.

1987 *Sculpture, John Chamberlain, 1970s & 1980s*. Houston: The Menil Collection. Text von / Text by Robert Creeley; Aussage vom Artist / artist statement by John Chamberlain.

1986 Sylvester, Julie. *John Chamberlain: A Catalogue Raisonné of the Sculpture 1954–1985*. New York: Hudson Hills Press in Zusammenarbeit mit dem / in association with the Museum of Contemporary Art, Los Angeles.

1985 *Art of Our Time: The Saatchi Collection*. New York: Rizzoli. Text über John Chamberlain von Michael Auping / Text on John Chamberlain by Michael Auping.

1984 *John Chamberlain: New Sculpture*. New York: Xavier Fourcade.
John Chamberlain: Esculturas. Madrid: Ministerio de Cultura.

1983 *John Chamberlain Reliefs 1960–1982*. Sarasota: The John and Mable Ringling Museum of Art Foundation. Text und interview von / Text and interview by Michael Auping.

1979 *Chamberlain. Bern: Kunsthalle Bern; Eindhoven: Van Abbemuseum*. Texte von / Texts by Johannes Gachnang, R. H. Fuchs, Donald Judd; Interview mit / interview with Robert Creeley.

1971 *John Chamberlain: A Retrospective Exhibition*. New York: Solomon R. Guggenheim Museum. Text von / Text by Diane Waldman; Gespräch zwischen / conversation between Elizabeth C. Baker, John Chamberlain, Donald Judd, and / und Diane Waldman.

1964 *Rauschenberg & Noland & Johns & Louis & Chamberlain & Dine & Stella & Oldenburg: The Biennale Eight*. Boston: Institute of Contemporary Art.
Chamberlain. Paris: Galerie Ileana Sonnabend.

Umschlag / Cover
Laperouse Paris, 1989 (Detail / detail)
Fotografie / Photograph, Ed. 4/9
Rectounten rechts signiert und nummeriert /recto lower right signed
and numbered: John Chamberlain 4/9; JC 13-13-89; JC/ F1
© Galerie Karsten Greve AG, St. Moritz,
Fotograf / Photographer: Saša Fuis

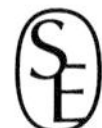

Silvana Editoriale

Verlagsleiter / Direction
Dario Cimorelli

Art Director
Giacomo Merli

Redaktionskoordinator / Editorial Coordinator
Sergio Di Stefano

Korrektoren / Copy Editor
Paola Rossi
Chiara Terraneo

Übersetzung / Translation
Contextus srl, Pavia (Lori Larsen-Hoff, Calum Short)

Layout und Textsatz / Layout
Denise Castelnovo

Produktionskoordination / Production Coordinator
Antonio Micelli

Redaktionsassistentin / Editorial Assistant
Ondina Granato

Photo Editor
Alessandra Olivari, Silvia Sala

Pressestelle / Press Office
Lidia Masolini, press@silvanaeditoriale.it

Available through ARTBOOK | D.A.P.
155 Sixth Avenue, 2nd Floor, New York, N.Y. 10013
Tel: (212) 627-1999 Fax: (212) 627-9484

Silvana Editoriale S.p.A.
via dei Lavoratori, 78
20092 Cinisello Balsamo, Milano
tel. 02 453 951 01
fax 02 453 951 51
www.silvanaeditoriale.it

Reproduktionen, Druck und Einbindung
wurden in Italien ausgeführt
Reproductions, printing and binding by
Grafiche Aurora srl, Verona
Fertig gedruckt im August 2018
Printed August 2018